交通土建类专业来华留学生专用教材
跟我学铁路系列丛书

桥 梁 工 程

Bridge Engineering

丛书主编 井国庆
主　　编 周智辉　侯文崎　敬海泉

中国建材工业出版社
北 京

图书在版编目（CIP）数据

桥梁工程 / 周智辉，侯文崎，敬海泉主编. －北京：中国建材工业出版社，2023.9

（跟我学铁路系列丛书 / 井国庆主编）

ISBN 978-7-5160-3820-8

Ⅰ. ①桥… Ⅱ. ①周… ②侯… ③敬… Ⅲ. ①桥梁工程－高等学校－教材 Ⅳ. ①U44

中国国家版本馆 CIP 数据核字（2023）第 161502 号

内 容 简 介

本书共设九章内容，包括概述，铁路桥梁设计方法，铁路混凝土简支梁桥，铁路混凝土连续体系梁桥，铁路拱桥，铁路斜拉桥，铁路悬索桥，铁路钢桥概述，桥梁支座、墩台和基础等，重点讲述了铁路桥梁的基础知识，同时兼顾铁路桥梁最新发展动态。

本书可作为交通土建类专业来华留学生“铁路桥梁”课程的教材，也可作为相关专业对外培训的参考资料。

桥梁工程

QIAOLIANG GONGCHENG

主编　周智辉　侯文崎　敬海泉

出版发行：中国建材工业出版社

地　　址：北京市海淀区三里河路 11 号

邮　　编：100831

经　　销：全国各地新华书店

印　　刷：北京雁林吉兆印刷有限公司

开　　本：710mm×1000mm　1/16

印　　张：13.75

字　　数：270 千字

版　　次：2023 年 9 月第 1 版

印　　次：2023 年 9 月第 1 次

定　　价：56.00 元

本社网址：www. jccbs. com，微信公众号：zgjcgycbs

本书如有印装质量问题，由我社市场营销部负责调换，联系电话：(010)57811386

《跟我学铁路系列丛书》
编　委　会

序 言

Preface

2023 年是“一带一路”倡议提出十周年，《跟我学铁路系列丛书》（简称《丛书》）出版是一件喜事。

从事来华留学教育管理工作 20 年来，恰逢中国留学教育快速发展阶段，我非常幸运地参与并见证了北京交通大学轨道交通国际教育的发展壮大。随着中国铁路走出去，以及高铁名片影响力不断增大，学习铁路相关专业的留学生越来越多。学校建设了高铁双语教学虚拟现实实践平台，以满足学生对铁路相关词汇和知识的学习，但浅显易懂、图文并茂，能体现实用性、先进性的系列教材还是空白。

近年来，随着采用中国设备、中国标准、中国管理等不同模式的多条铁路进入运行，如亚吉铁路、蒙内铁路、雅万高铁等，铁路各专业人才的培养与培训需求增加，也将进一步推动相关教材的建设。

《丛书》既可以作为有汉语基础的人士快速学习铁路知识的自学教材，又可以作为对外汉语教师编写铁路专业汉语教材的参考书目，也可以用于海外企业员工的基本能力培训，还可以成为海外企业中国员工与本土员工共同学习及交流的媒介。

《丛书》一定会为从事铁路相关专业的人士所喜爱，成为中国铁路走出去的一座知识桥梁，为“一带一路”建设做出贡献。

北京交通大学国际教育学院　院长

2023 年 4 月

丛书前言

Foreword to the series

自 2013 年中国提出“一带一路”倡议以来，共建“一带一路”倡议得到越来越多的国家和国际组织的积极响应，影响力日益扩大。中国与“一带一路”共建国家以政策沟通、设施联通、贸易畅通、资金融通、民心相通为重点，把理念转化为行动，把愿景转化为现实，不断造福共建国家和人民。

2023 年是“一带一路”倡议提出十周年，恰逢这一重要时刻，《跟我学铁路系列丛书》付梓，令人心情激动。铁路在“一带一路”设施互联互通中，发挥了至关重要的基础性和先导性作用，深受共建国家的欢迎和期待。十年来，以中老铁路、中泰铁路、匈塞铁路、雅万高铁等合作项目为重点的区际、洲际铁路网络建设取得重大进展。泛亚铁路、巴基斯坦铁路、中吉乌铁路、中国—尼泊尔跨境铁路、中欧班列等合作取得积极进展。据测算，铁路合作直接催生的人才培养和培训需求超过 30 万人。

来自“一带一路”共建国家的留学生来华学习铁路知识的热情持续高涨，北京交通大学已成为接收相关留学生的重要基地。自 1996 年开始，学校已为蒙古国培养了 400 多名专业留学生。100 名肯尼亚留学生通过四年本科专业学习，回国后直接服务蒙内铁路（蒙巴萨至内罗毕铁路，由中国帮助肯尼亚建设，于 2017 年通车运营）的运维。马来西亚政府公务员管理局全额资助 300 名本国学生来校完成本科双学位学习，以服务马来西亚东海岸铁路项目的建设与后期运营管理。

在留学生培养过程中，我发现除蒙古国留学生外，其他国家的留学生大都采用英文教学，由于欠缺专业中文方面的学习衔接，导致他们对中国铁路的学习和后续的继续教育存在不足。这些留学生虽然通过了中国的汉语水平（HSK）考试，但是对铁路专业词汇了解得还不够深入，急需在其进入专业学习阶段之前，对铁路的基本词汇有所理解和掌握。这也是我十年前萌生组织编写本套丛书的初衷。

语言是连接不同文化的纽带，希望来华留学生能借助《跟我学铁路系列丛书》等专业资料，源源不断地学习中国铁路的技术和管理并付诸实践，与中国铁路工业界保持紧密联系和合作，服务于各国的铁路事业。

本丛书主要作为交通土建类相关专业来华留学生的专用教材，同时适用于中国铁路“走出去”后本土化员工的培训和学习。为了更好地服务海外学员，我们还将与企业合作开发专业的应用程序（App），也计划通过版权合作、版权转让等方式，直接将本丛书推广到海外发行。

中国铁路技术的发展一日千里，铁路国际合作大踏步前行。我们深知本丛书还有一些不成熟和不完善的地方，希望读者或者使用教材的老师不吝赐教。让我们化知识为力量，助力中国铁路纵横四海，践行人类命运共同体理念，更好服务“一带一路”共建国家的人民。

北京交通大学　教授

井国庆

2023 年 4 月

前 言

Foreword

近年来，中国铁路“走出去”的步伐不断加快，足迹遍及亚洲、欧洲、北美洲和非洲，成为“一带一路”建设和国际产能合作的一张亮丽名片，为全球铁路事业发展贡献了中国力量。中国铁路建设的实践经验与创新成就值得与全球铁路技术人员分享。支持和发展来华留学生教育，为“一带一路”共建国家培养知华、友华的专业技术管理人才，培养了解中国文化、中国理念的大使，对提升我国国际话语权、拓展海外市场、增强经济抗风险和持续发展能力具有重大意义。

根据来华留学生中文底子薄、理论基础弱的特点，编写浅显易懂的专业课教材并辅以英文名词解释，能够有效助力针对来华留学生的课程教学，同时可以提升来华留学生中文水平，提高他们对中国的认识和认同程度。为此，我们编写了《跟我学铁路系列丛书》之《桥梁工程》。全书重点讲述铁路桥梁的基础知识，同时兼顾铁路桥梁领域的最新进展。

本书简要介绍了铁路桥梁工程的基本知识，全书共分为九章。第一章介绍了桥梁工程基本概念与铁路桥梁发展概况；第二章讲述了铁路桥梁设计方法，包括设计内容、设计程序以及相关规范要求；第三章至第七章分别介绍了铁路混凝土简支梁桥、混凝土连续体系梁桥、拱桥、斜拉桥以及悬索桥的构造特点、设计计算要点及施工技术；第八章简述了钢桥在铁路中的应用情况，主要包括钢板梁桥、钢桁梁桥以及组合梁桥；第九章讲述了桥梁下部结构（支座、墩台、基础）的基本类型、构造特点及其适用条件。

全书由中南大学周智辉、侯文崎、敬海泉编写，具体分工如下：周智辉负责编写第二章、第八章、第九章以及全书统稿工作；侯文崎承担第三章至第五章的编写工作；敬海泉撰写第一章、第六章、第七章。

本书的编写与出版得到中南大学本科教材建设项目资助。本书在编写过程中，得到北京交通大学井国庆教授的极大鼓励与支持，同时得到中国建材工业出版社王萌萌编辑的大力帮助，在此表示衷心的感谢。

限于作者水平，错漏之处难免，欢迎各位同行朋友批评指正。

编　者

2023 年 6 月

目 录
Contents

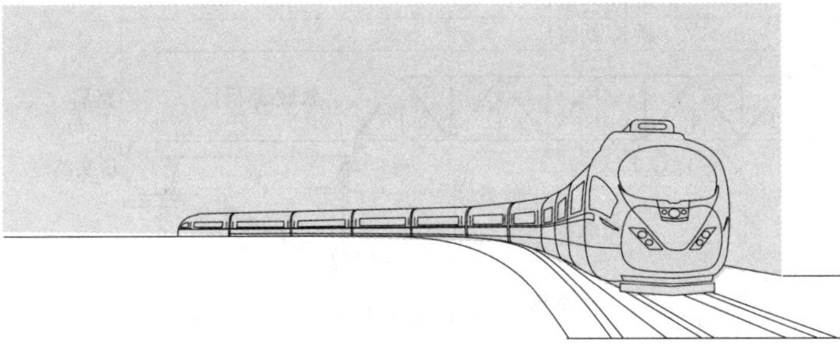

第　一　章

概　述

Overview

第一节　桥梁的定义与组成

(Definition and Composition for Bridge)

桥梁是供铁路、公路、渠道、管线等跨越河流、山谷或其他障碍并具有承载能力的架空建筑物。一般包括上部结构（superstructure）、下部结构（substructure）、支座（bearing）和附属工程（accessory structure）四个部分。上部结构为支座以上的桥跨结构和桥面系（bridge deck）。桥跨结构是承重和跨越结构；桥面系是保证跨越结构正常使用的各种设施。下部结构为支座以下的桥墩（pier）、桥台（abutment）和基础（foundation）。桥墩为桥梁中部支撑结构，将荷载（load）传递给基础；桥台位于桥梁两端，在支撑上部结构、传递荷载的同时，还起到衔接桥梁与路堤、防止路堤坍塌的作用；基础包括多种形式，承受桥墩或桥台传递下来的所有荷载。支座设置于桥墩和桥台顶部，传递桥跨结构的荷载至桥墩或桥台，并适应桥跨结构的变形。附属工程是辅助性的配套工程，依据工程具体情况进行设置，主要包括锥体护坡、桥台搭板、引道工程以及导流坝、丁坝、护岸等。图 1-1 为典型跨河桥图示。

与桥梁有关的主要专业术语如下：

跨度（span），也称跨径（span）。公路桥梁（highway bridge）对跨度的定义为两桥墩中线距离或桥墩与台背前缘之间的水平投影距离；铁路桥梁（railway bridge）对跨度的定义为顺桥方向两支座中心之间的水平投影距离。

计算跨度（径）（computed span），一般指桥跨结构相邻两个支座中心之间的距离。

净跨径（clear span），是设计洪水位上相邻两个桥墩（或桥台）之间的净距。

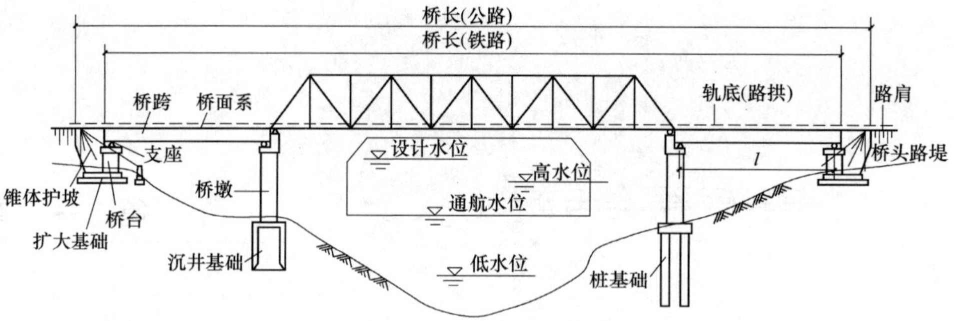

图 1-1　跨河桥图示 (river-crossing bridge)

桥梁孔径 (bridge span for flood discharge)，是多孔桥梁中各孔净跨径的总和，反映桥下泄洪能力。

桥长 (bridge length)，铁路梁桥的桥长指桥台挡砟前墙之间的长度，公路梁桥的桥长指两桥台侧墙或八字墙尾端间的距离。

建筑高度 (construction depth)，是桥上行车路面 (或轨底) 至桥跨结构最下缘之间的距离。

水位 (water level)，是河流湖泊等水体自由水面的高程。低水位是指枯水季节最低的水面高程，高水位是指出现洪峰时最高的水面高程。设计水位指相应于设计洪水频率的洪峰流量水位，即设计流量的水位；能保持船舶正常航行的最高和最低水位称为通航水位 (navigation water level)。

设计洪水频率 (designed flood frequency)，指的是工程设计时采用的某洪水重现概率，常用“1/年数”表示，如 1/100 表示“百年一遇”，是为了合理选择设计流量、水位而制定的一个设计标准。

净空 (clearance)，又分为桥面净空 (clearance above bridge deck) 和桥下净空 (clearance under bridge)。桥面净空是指保证车辆、行人安全通过桥梁所需的桥面上的净空界限，在此限界内，不得有任何结构侵入；桥下净空是指桥梁下方满足通车、通航、泄洪等功能要求的净空限界。

桥梁工程 (bridge engineering) 一般包含主桥 (main bridge) 和引桥 (approach bridge) 两部分，跨越主要障碍物部分的结构称为主桥，而连接主桥与道路部分的结构称为引桥。在独立的桥梁工程中，桥梁两端外的道路部分称为引道。对于多跨桥梁，最大跨度称为主跨 (main span)。

第二节　桥梁的分类 (Classification for Bridge)

根据桥梁结构属性的不同，桥梁存在多种分类方式。

一、按桥型结构分类 (Classification by Bridge Structure)

桥梁的结构形式很多，且仍在不断创新中。简支梁 (simply supported

beam)、悬臂梁（cantilever beam)、连续梁（continuous beam)、拱桥（arch bridge)、悬索桥（suspension bridge)、地道桥梁等属于传统桥型结构，连续刚构、斜腿刚构、系杆拱桥（tied arch bridge)、斜拉桥（cable-stayed bridge)、斜拉拱、叠合拱是相对新型桥型结构。

（1）梁桥（beam bridge)

梁桥在竖向荷载作用下，只产生竖向反力。根据主梁结构形式，梁桥进一步可分为简支梁桥（图 1-2)、连续梁桥（图 1-3）和悬臂梁桥（图 1-4）等。若连续梁与墩刚性连接，则称连续刚构桥（continuous rigid frame bridge)（图 1-5)。

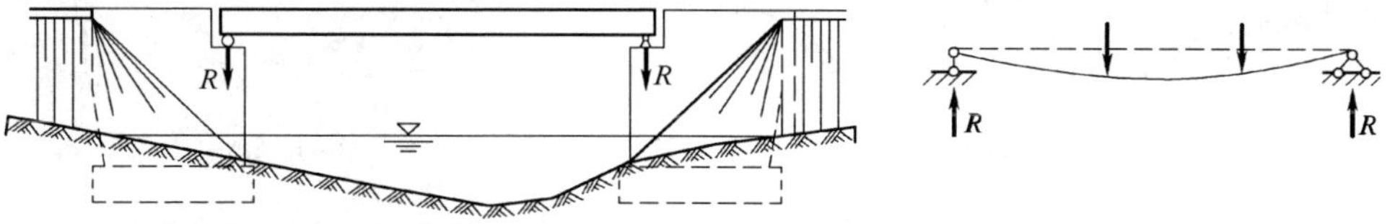

(a) 桥式　　(b) 力学简图

图 1-2 简支梁桥图式（simply supported beam bridge)

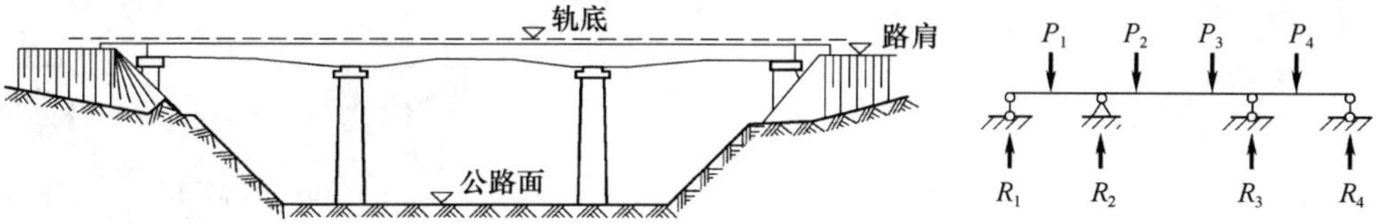

(a) 桥式　　(b) 力学简图

图 1-3 连续梁桥图式（continuous beam bridge)

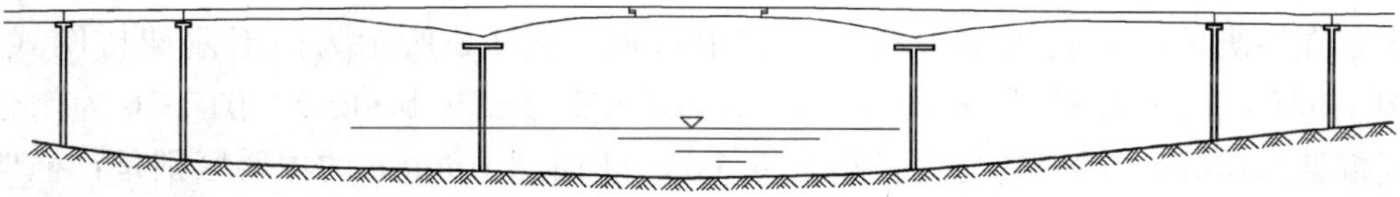

图 1-4 悬臂梁桥图式（cantilever beam bridge)

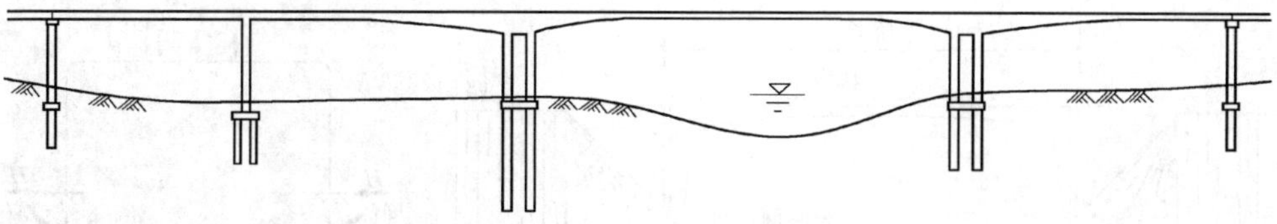

图 1-5 连续刚构桥图式（continuous rigid frame bridge)

（2）拱桥（arch bridge）

拱桥在竖向荷载作用下有竖向反力和拱脚（arch springing）推力（水平反力），无铰拱还有支承弯矩。拱桥的桥跨结构简称主拱，以受压为主，同时也受弯矩和剪力，图 1-6 所示为上承式双铰实腹拱（拱上填实）(spandrel arch）桥图式，图 1-7 所示为中承式空腹无铰拱桥图式。

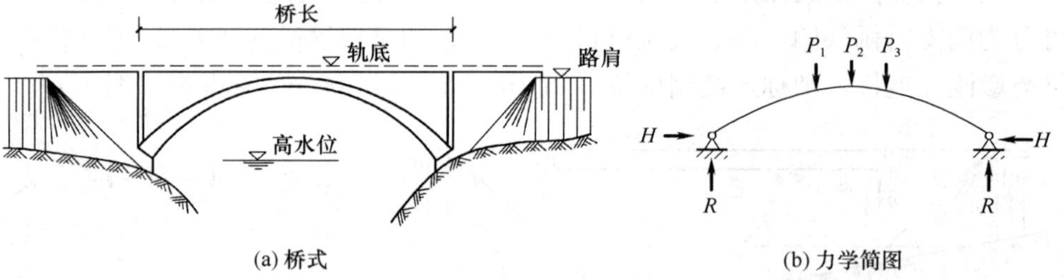

图 1-6　上承式双铰实腹拱桥图式（deck type double-hinged solid-web arch bridge）

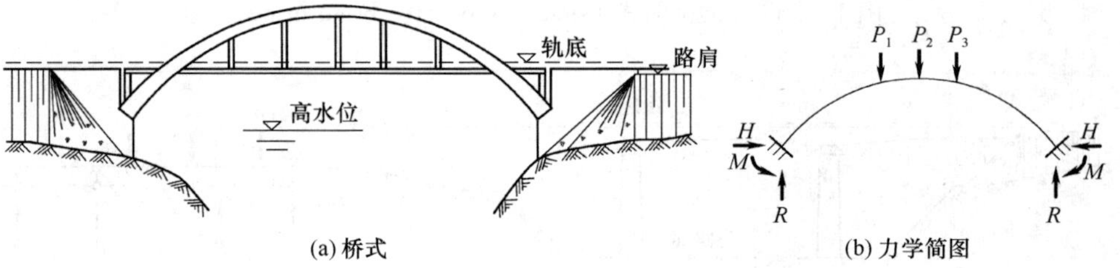

图 1-7　中承式空腹无铰拱桥图式（half-through arch bridge without hinge）

（3）刚构桥（rigid frame bridge）

刚架桥的特点是桥跨和墩台刚性连接，与连续刚构桥的区别是：墩的刚度较大，在柱脚处产生较大水平反力和支承弯矩。图 1-8 所示为门形刚架桥图式，图 1-9所示为斜腿刚架桥图式（slant-legged rigid frame bridge）。图 1-10 为闭合式框架（frame）桥，它与门式刚架桥（portal rigid frame）的主要区别是：框架桥为整体基础，根据其受力特性，属于刚架桥类型，常用于铁路、公路线上的下穿式立交，又称为地道桥（underpass bridge）。

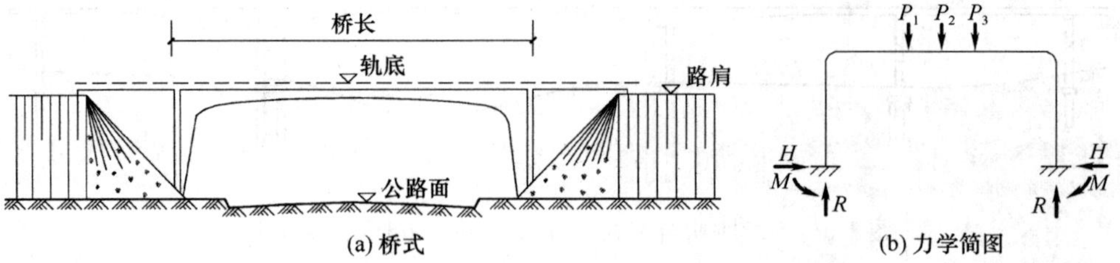

图 1-8　门形刚架桥图式（portal rigid frame bridge）

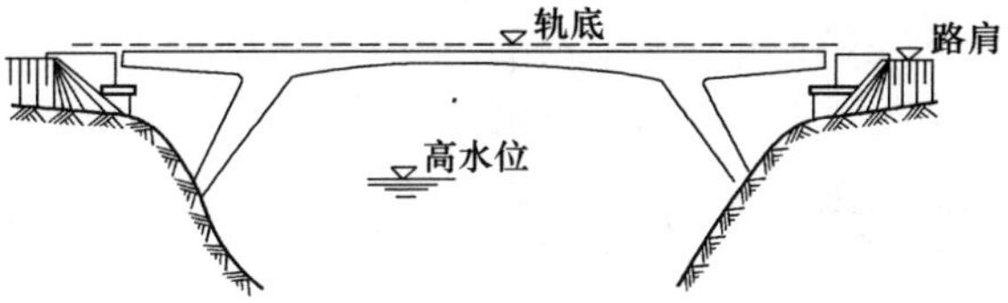

图 1-9 斜腿刚架桥图式
（slant-legged rigid frame bridge）

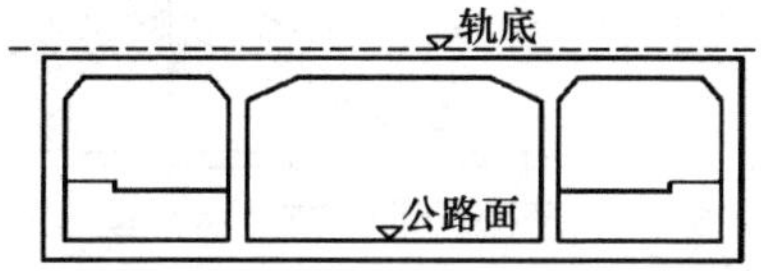

图1-10 闭合式框架桥（地道桥）图示
（closed frame bridge）

（4）悬索桥（suspension bridge）

悬索桥图式如图 1-11 所示，由主缆（main cable）、索塔、主梁（加劲梁）、吊杆（suspender）、锚碇（anchorage）和索鞍等组成。主缆受拉，是桥的承重结构（load-bearing structure）。吊杆悬挂在主缆上，吊挂加劲梁。主缆通过索鞍跨过塔顶锚固于锚碇上。依据主缆的锚固方式，悬索桥可分为地锚式（external anchored）悬索桥和自锚式（self-anchored）悬索桥，前者的锚碇设置在河岸上，如图 1-11(a) 所示；后者直接锚固于加劲梁上，如图 1-11(b) 所示。

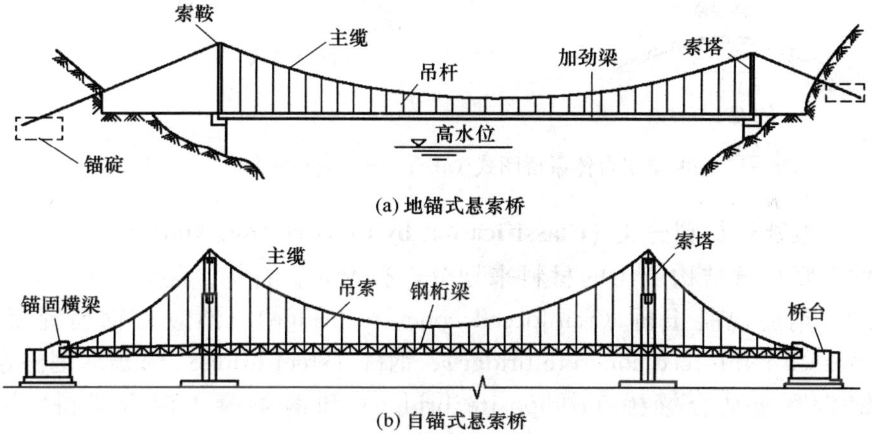

图 1-11 悬索桥图式（suspension bridge）

（5）组合体系桥（combined system bridge）

组合体系桥是由不同体系组合而成的桥梁。

图 1-12 所示为斜拉桥，是梁、索组合体系，斜拉索一端锚在塔上，另一端锚在梁上，梁和索共同承受荷载，是应用最为广泛的组合体系桥。

图 1-13 所示为拱-梁组合体系桥图式，其中系杆拱的水平推力由系杆承受，在竖直荷载作用下，支座只产生竖向反力。

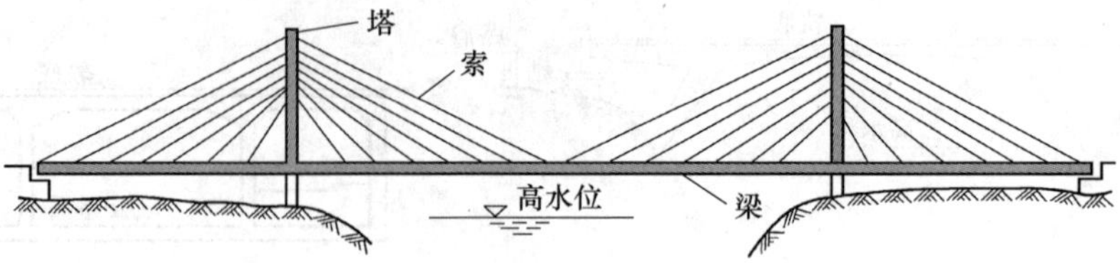

图 1-12　斜拉桥图式（cable-stayed bridge）

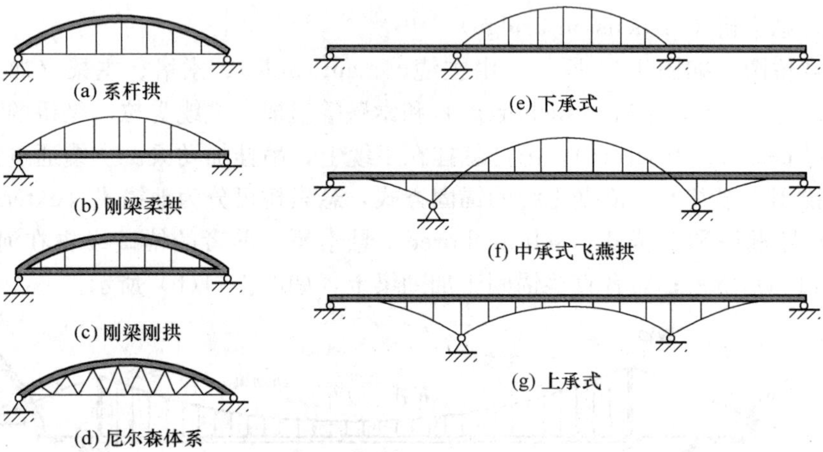

图 1-13　拱-梁组合体系桥图式（arch-girder combined system bridge）

二、按建筑材料分类（Classification by Construction Material）

按主要承重结构所用的材料来划分，有木桥、石桥、混凝土桥（concrete bridge）、钢筋混凝土桥（reinforced concrete bridge）、预应力钢筋混凝土桥（prestressed reinforced concrete bridge）、钢桥（steel bridge）和玻璃钢桥等。

钢-混凝土结合梁桥（composite bridge）和钢-混凝土混合梁桥（hybrid bridge）是为充分发挥两种材料各自的优势而形成的桥梁结构，前者指主要的承重结构（load-bearing structure）为钢，而桥面板为混凝土结构（concrete structure）的桥梁，后者系指桥梁承重结构中某段结构为钢，而其余部分为混凝土的桥梁。

以砖、石、素混凝土为主要建筑材料的桥，又称圬工桥（masonry bridge），多用于小跨度桥（跨度小于 20m）。

玻璃钢即纤维强化塑料，由于其轻质、高强性能和特殊的美观效果，在桥梁工程已经开始应用，特别是在风景区或人行桥上。

三、按使用功能分类（Classification by Function）

按使用功能或用途分为公路桥、铁路桥、公铁两用桥（rail-cum-road

bridge)、人行桥（天桥）(overbridge)、轻轨铁路桥、其他专用桥梁（如通过管路、电缆等）。

四、按跨越对象分类（Classification by Crossing Object）

跨越河流、山谷、海洋的桥梁分别称为跨河桥（river-crossing bridge)、跨谷桥（gorge-crossing bridge）和跨海桥（sea-crossing bridge)。城市桥梁中，为了提高通行能力，沿道路方向建成的以桥代路的桥梁称为高架桥（viaduct bridge)。跨越铁路或公路的桥梁称为跨线立交桥（overpass)。旱桥为跨越无水区域的桥，线路通过城市区、工业区或农作物区，为保留线路通过地段的空间或少占耕地，不修路堤而以桥梁通过，这种桥也称为旱桥。从线路的下方穿越而呈框架式结构的桥梁称为地道桥（underpass bridge)。

五、按建设规模分类（Classification by Construction Scale）

在铁路桥涵中，按建设规模分类，桥长大于 500m 的称为特大桥（super-span bridge)，桥长在 100～500m 的称为大桥，桥长在 20～100m 的称为中桥，小于 20m 的称为小桥，当桥长小于 6m 且桥顶上有填土时称为涵洞（culvert)。

六、按桥面位置分类（Classification by Bridge Deck Position）

按桥面所处桥梁结构的位置，分为上承式、中承式和下承式桥梁（through bridge)。对拱桥而言，桥面布置在桥梁顶部的称为上承式拱桥，如图 1-14(a) 所示；桥面布置在桥梁结构中部的称为中承式拱桥，如图 1-14(b) 所示；桥面布置在桥梁底部的称为下承式拱桥，如图 1-14(c) 所示。

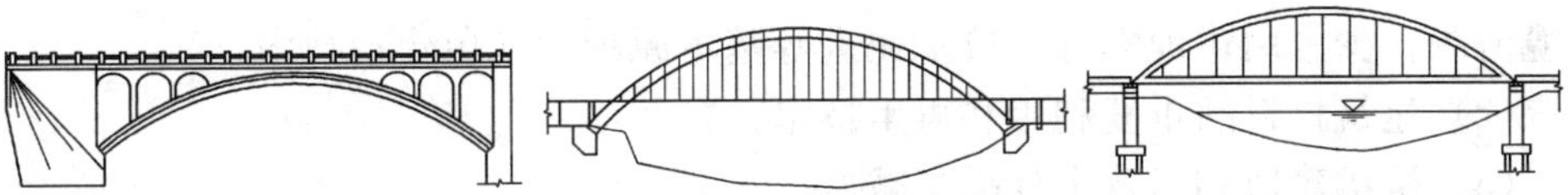

(a) 上承式拱桥　(b) 中承式拱桥　(c) 下承式拱桥

图 1-14 桥面位置（bridge deck position）

第三节 铁路桥梁工程展望
(Prospects for Railway Bridge Engineering)

桥梁的建造技术体现了经济、工业和科学技术水平。近年来，随着世界经济不断发展，工程机械水平不断提升，桥梁工程进入了快速发展阶段，并取得了丰硕成果。为了持续推进桥梁工程技术进步，在新材料、新结构、新工艺、新理论和新方法等方面仍需开展进一步的研究工作。

一、新材料、新工艺、新结构和新设备及其应用（Application of New Material, Technology, Structure and Device）

（1）高性能钢材（500MPa 以上高强度、高焊接性能、高耐火性、高耐候性、低屈强比和超厚板）、高性能混凝土（HPC）、超高性能混凝土（UHPC）、纤维增强复合材料（FRP）、高性能涂装材料、纤维素纳米纤维、智能材料和自修复混凝土等新材料，这些材料的优越性能很好地满足桥梁工程大跨化、轻型化、薄壁化以及耐久性的需求。

（2）装配式桥梁建造、智能建造、60～100m 深水基础施工等新工艺；超大跨度桥梁、高墩、深水基础、超长桥梁等新结构。

（3）吊装设备、大直径钻机、大型浮吊（floating crane）、深水基础施工机具、标准构件的制运架设备、智能检测设备、精密测量仪器、结合互联网技术（Internet Technology，IT）行业的新功能装备等新设备。

二、设计理念和方法（Concept and Method of Design）

（1）可靠度（reliability）设计理论深化与应用研究，基于性能优化和全寿命周期的设计理论；

（2）桥梁抗震抗风、车桥振动、非线性仿真分析，基于高原、高寒、铁路重载等特色问题的深化研究；

（3）基于 100 年的“设计使用年限”耐久性措施的深化研究以及基于提高使用年限的耐久性措施研究等。

三、桥梁绿色建造与可持续发展（Green Construction and Sustainable Development of Bridge）

（1）遵从全过程闭环、资源最佳利用、能源最小消耗、零污染、生态保护、环境协调、少占用耕地资源、技术先进等基本原则的绿色建造技术；

（2）建筑材料的重复利用和再生技术；

（3）桥梁建造和运营中降噪与减振；

（4）面向标准化、机械化、自动化的装配式建造技术。

四、桥梁防灾减灾与维养技术（Disaster Prevention and Mitigation, Maintenance of Bridge）

（1）面对地震（earthquake）、强风、洪水、火灾、滑坡、泥石流、爆炸、撞击、列车脱轨等自然和人为灾害，研究桥梁防灾减灾分析理论和设计方法，探索灾害预警和预报技术；

（2）桥梁智能化及其智能运营维护新技术，包括桥梁健康监测系统的智能传感技术、荷载及结构响应数据分析技术、数据挖掘技术、状态评估和安全评估新技术、维护和管理智能决策方法等。

五、桥梁工程与信息技术等多学科融合发展（Fusion of Bridge Engineering and Information Technology）

学科交叉是当代科学发展的一个重要主题，桥梁专业也需要注重多学科的融合发展，如卫星定位系统、地理信息系统（Geographic Information System，GIS）和遥感技术的研发与应用，建筑信息模型（Building Information Modeling，BIM）技术，桥梁信息管理和智能分析，无人机检测和自动识别技术，人工智能和建筑机器人应用等。

专业词汇汉英对照（Glossary）

专业词汇	拼音	英文
桥梁	qiáoliáng	bridge
上部结构	shàngbù jiégòu	superstructure
下部结构	xiàbù jiégòu	substructure
支座	zhīzuò	bearing
附属工程	fùshǔ gōngchéng	auxiliary structure
桥面系	qiáomiànxì	bridge deck
桥墩	qiáodūn	pier
桥台	qiáotái	abutment
基础	jīchǔ	foundation
荷载	hèzài	load
公路桥	gōnglùqiáo	highway bridge
铁路桥	tiělùqiáo	railway bridge
净跨径	jìng kuàjìng	clear span
桥梁孔径	qiáoliáng kǒngjìng	bridge span for flood discharge
桥长	qiáocháng	bridge length
建筑高度	jiànzhù gāodù	construction depth
水位	shuǐwèi	water level
通航水位	tōngháng shuǐwèi	navigation water level
设计洪水频率	shèjì hóngshuǐ pínlǜ	designed flood frequency
净空	jìngkōng	clearance
桥面净空	qiáomiàn jìngkōng	clearance above bridge deck
主桥	zhǔqiáo	main bridge
引桥	yǐnqiáo	approach bridge

续表

专业词汇	拼音	英文
桥下净空	qiáoxià jìngkōng	clearance under bridge
桥梁工程	qiáoliáng gōngchéng	bridge engineering
主跨	zhǔkuà	main span
简支梁	jiǎnzhīliáng	simply supported beam
悬臂梁	xuánbìliáng	cantilever beam
拱桥	gǒngqiáo	arch bridge
悬索桥	xuánsuǒqiáo	suspension bridge
系杆拱桥	xìgǎn gǒngqiáo	tied arch bridge
斜拉桥	xiélāqiáo	cable-stayed bridge
梁桥	liángqiáo	beam bridge
连续梁	liánxùliáng	continuous beam
连续刚构桥	liánxù gānggòuqiáo	continuous rigid frame bridge
实腹拱	shífùgǒng	solid spandrel
拱脚	gǒngjiǎo	arch springing
斜腿刚架桥	xiétuǐ gāngjiàqiáo	slant-legged rigid frame bridge
框架	kuàngjià	frame
门式刚架	ménshì gāngjià	portal rigid frame
地道桥	dìdàoqiáo	underpass bridge
主缆	zhǔlǎn	main cable
吊杆	diàogān	suspender
锚碇	máodìng	anchorage
承重结构	chéngzhòng jiégòu	load-bearing structure
地锚式	dìmáoshì	external anchored
组合体系	zǔhé tǐxì	combined system
混凝土桥	hùnníngtǔqiáo	concrete bridge
钢筋混凝土	gāngjīn hùnníngtǔ	reinforced concrete
预应力混凝土桥	yùyìnglì hùnníngtǔqiáo	prestressed reinforced concrete bridge
结合梁桥	jiéhéliángqiáo	composite beam bridge
混合梁桥	hùnhéliángqiáo	hybrid beam bridge
混凝土结构	hùnníngtǔ jiégòu	concrete structure
圬工桥	wūgōngqiáo	masonry bridge

续表

专业词汇	拼音	英文
公铁两用桥	gōngtiě liǎngyòngqiáo	rail-cum-road bridge
天桥	tiānqiáo	overbridge
跨河桥	kuàhéqiáo	river-crossing bridge
跨谷桥	kuàgǔqiáo	gorge-crossing bridge
跨海桥	kuàhǎiqiáo	sea-crossing bridge
高架桥	gāojiàqiáo	viaduct bridge
立交桥	lìjiāoqiáo	overpass
特大桥	tèdàqiáo	super-span bridge
涵洞	hándòng	culvert
下承式桥梁	xiàchéngshì qiáoliáng	through bridge
浮吊	fúdiào	floating crane
可靠度	kěkàodù	reliability
设计使用年限	shèjì shǐyòng niánxiàn	design working life
地震	dìzhèn	earthquake
腹拱	fùgǒng	spandrel arch
刚构桥	gānggòuqiáo	rigid frame bridge

思考题（Questions）

1. 简述铁路桥与公路桥的差别。

2. 分析简支梁、连续梁与连续刚构桥的受力特点和异同点。

3. 随着人工智能技术的发展，桥梁工程智能化的主要发展方向有哪些？前景如何？

4. 从绿色发展的角度了解桥梁装配式建造技术的发展现状，预测其市场前景。

拓展阅读（Extensive Reading）

“一带一路”中的重点桥梁建设项目简介

2013 年，我国提出了“一带一路”倡议，并提出要创新合作模式，加强

"五通"，即政策沟通、设施联通、贸易畅通、资金融通和民心相通。其中，设施联通便是"一带一路"倡议"五通"中的重点内容。

"一带一路"倡议得到国际社会的广泛关注和积极响应。10 年来，"一带一路"建设取得了令人瞩目的成绩，其中一批有影响力的桥梁建设项目逐步落地。下面对一些海外代表性桥梁建设项目进行介绍。

(1) 孟加拉国帕德玛大桥

帕德玛大桥位于孟加拉国首都达卡偏西南约 40km 处，是连接中国与东南亚泛亚铁路重要通道之一，是"一带一路"倡议的重要交通支点工程，由我国中铁大桥勘测设计院集团有限公司设计，中铁大桥局集团有限公司承建。帕德玛大桥（图 1-15）的主桥为长 6.15km 的公铁两用双层钢桁梁桥，上层为四车道高速公路，下层为单线铁路。同时，大桥还预留了天然气及光缆等其他线路设备的管道。

图 1-15 孟加拉国帕德玛大桥

帕德玛大桥的建设难度是属于世界级的。帕德玛河下游河道宽阔、水流湍急、洪水频发，台风、雷击等时有发生，且桥址所处河床土质极其松软。因此，大桥在建设过程中遇到了巨大的挑战。在这样的情况下，施工方将 22 个主桥墩设计变更为在 6 个倾斜桩基础上再加 1 个直桩的方式，其中 11 个墩位钢管桩增设桩外深基坑止水帷幕（Tube-A-Manchette，TAM）压浆管，并采用世界首创钢管桩桩侧预压技术，来进一步增大承载力。经过近 8 年的建设，2022 年 6 月 25 日，帕德玛大桥正式通车。

大桥建成后结束了孟加拉国南部 21 个区与达卡之间居民的摆渡史，升级了孟加拉国西南部与达卡的交通运输能力，加快了商品流通。经初步估算，大桥为孟加拉国带来每年 1.5%左右 GDP 的增长，受益人口超过 8000 万人。此外，大桥还为泛亚铁路和亚洲公路网填补上重要一环，成为孟中印缅经济走廊的关键节点。随着大桥投入使用，一个一体化程度更高的孟加拉国将为南亚乃至其他地区的繁荣做出更大贡献。

(2) 北非摩洛哥王国穆罕默德六世大桥

摩洛哥王国穆罕默德六世大桥位于摩洛哥布里格里格河蓄水大坝下游约1km处，横跨布里格里格河谷。大桥由中铁大桥局集团有限公司承建，是摩洛哥王国乃至非洲大陆建设的第一座现代化斜拉桥，也是当前非洲大陆已建成的最大跨径斜拉桥。大桥于2016年7月9日建成通车。

穆罕默德六世大桥（图1-16）全长952m，桥面总宽30.4m，主桥采用183m+376m+183m叠合梁斜拉桥，主塔采用四肢分离式空间曲线形混凝土结构，主梁采用边主梁结构，混凝土边主梁之间通过钢横梁连接，钢横梁上安装预制混凝土桥面板，主塔墩采用扩大基础。“此桥最显著的特点是首次采用空间三维曲线纺锤形主塔及Π形混凝土边主梁结构”，斜拉桥项目总经理表示，“我国不但为摩洛哥王国高水平建设了非洲最大斜拉桥，而且为摩洛哥王国培养了一批桥梁工程师和技术工人。”

图1-16　北部非洲摩洛哥王国穆罕默德六世大桥

穆罕默德六世大桥是摩洛哥王国首都拉巴特绕城公路的重点控制性工程，对当地经济发展起到了极大的推动作用，成为拉巴特的新地标工程和摩洛哥王国的标志性建筑之一。大桥建设是我国“一带一路”倡议在北部非洲成功实施的代表性项目。该桥的建成通车，展现了“中国制造”的独特魅力。

(3) 塞尔维亚泽蒙-博尔察大桥

泽蒙-博尔察大桥（图1-17）位于塞尔维亚贝尔格莱德市泽蒙区，跨越多瑙河，连接贝尔格莱德市和塞尔维亚郊区。泽蒙-博尔察大桥是中国在欧洲修建的首座大桥，由中国路桥工程有限责任公司（以下简称“中国路桥”）实施建设。大桥于2014年12月建成通车，结束了近70年来贝尔格莱德市多瑙河上仅有一座大桥的历史。

图1-17　塞尔维亚泽蒙-博尔察大桥

大桥设计全长1499m，宽29.1m，高22.8m，分为南引桥、主桥、滩桥及北引桥四个部分，主桥上部结构为95m＋172m＋95m预应力混凝土连续箱梁。在建设泽蒙-博尔察大桥之初，中国路桥面临的挑战是巨大的。环境陌生，管理难度大，工程质量与环保要求高。此外，该建设项目还肩负着不同寻常的政治意义。为了力保项目完成、不辱使命，经过缜密的调研，中国路桥最终确定了属地化建设的根本方针，大力开发并整合当地资源，对接并融入当地市场，适应周边市场项目运作模式，着重了解并掌握欧洲建筑施工管理体系和相关规范法律，同时尊重当地文化习俗。

泽蒙-博尔察大桥建设项目的成功实施，对中国建筑企业进入并拓展欧洲市场具有重要的战略意义。正如中国路桥管理层所说："通过高质量地完成泽蒙-博尔察跨多瑙河大桥项目，中国企业证明了自己有实力打开欧洲基建市场的大门。"泽蒙-博尔察大桥让欧洲切实感受到中国基建人的专业能力和敬业精神，在国际建筑市场上为中国企业赢得了敬意。

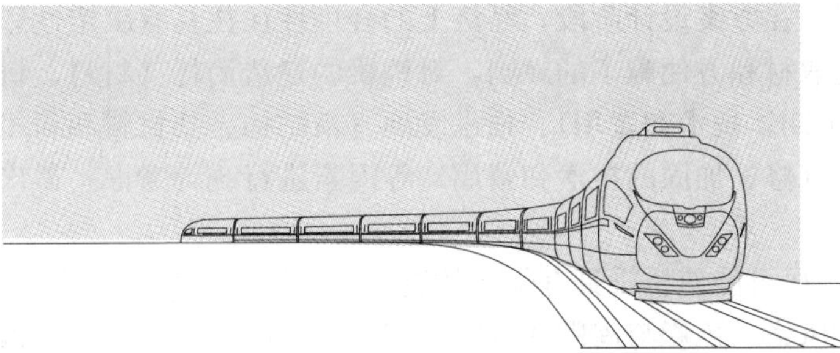

第 二 章

铁路桥梁设计方法

Design Method for Railway Bridges

第一节 桥梁设计基本原则（Bridge Design Principles）

桥梁建设应根据所在线路的作用、性质和发展的需要，遵循安全、适用、耐久、经济、美观和环保等原则。

安全性（safety）：一方面，整个桥跨结构及各部分构件，在制造、运输、安装和使用过程中应具有足够的强度、稳定性，在各种自然力和人为荷载作用下，具有足够的承载力，正常使用荷载下，具有必要的安全度和抗风险能力，包括泄洪、防冲刷、防撞、抗风、抗震等诸多方面。另一方面，保证桥上、桥下的行人和车辆在施工和运营过程中的安全。应在桥上设置防撞栏、分隔带、铁路桥梁护轨、高速铁路桥梁挡砟墙或防护墙等设施，设计好照明设施和明确的交通标志，两端引桥坡度不宜太陡。

适用性（serviceability）：保证桥梁的功能性要求，包括车辆和人群的畅通、舒适，并应满足将来交通量增长的需要。桥下应满足泄洪、安全通航或通车等要求。桥梁结构便于检查和维修；靠近城市、村镇、铁路及水利设施的桥梁还应结合各有关方面的要求。此外，桥梁还应考虑在战时适应国防的要求。

耐久性（durability）：结构的耐久性问题，是指结构在正常维修养护条件下未到使用年限，桥涵结构出现混凝土开裂、混凝土风化与碳化、钢筋与钢结构锈蚀、冻融病害、盐侵蚀、疲劳损伤等问题，使桥涵结构的适用性甚至安全性受损，使用寿命严重缩短。桥梁设计中明确提出了桥梁使用年限，建成的桥梁应在常规维修养护下就可保证使用年限。提高桥梁结构的耐久性，对降低桥梁工程的后期养护、维修费用非常重要，这就要求从全寿命周期的角度来综合考虑工程建设。

经济性（economy）：桥梁在高速铁路中占有很大的比重，桥梁设计必须注重经济性。重大的桥梁工程，在方案设计阶段，经济上的合理性往往具有决定性影响。根据因地制宜、就地取材和方便施工的原则，对桥梁的建造消耗（材料、机械设备和劳力）、施工（工期、技术和费用）、技术发展（新结构、新材料和新工艺）和运营使用（养护、维修、加固的技术和费用）等因素进行统筹考虑，得出合理的经济结论。

美观性（aesthetics）：尽可能使桥梁具有优美的造型，与周围的环境相协调。合理的结构造型、布局、风格、色彩与周围环境的协调是美观的主要因素。根据桥梁建筑艺术的基本原则和美学观点，桥梁与景观的协调包括造型简单，线条流畅；与周围环境协调和统一；比例适当，匀称和谐，韵律流畅等。

环保性（environmental protection）：桥梁建设中应考虑生态、水、空气、噪声、环境污染等方面的环保问题，同时满足节能、节材、减少土地占用等可持续发展的需要。从桥位（bridge site）选择、桥跨布置、墩身外形、基础方案、施工方法、施工组织设计等方面考虑环境要求，采取必要的工程控制措施，必要时建立环境监测保护体系，将不利影响减至最小。桥梁建设材料选用方面，尽可能使用可循环利用的材料，减少使用不可再生资源。

第二节　桥梁设计内容与设计程序
(Contents and Procedures for Bridge Design)

桥梁设计内容包括：①桥位选择；②技术标准的确定，包括安全等级、车道布置、行车速度、荷载等级、通航标准、抗震等级等；③桥梁长度和桥面（deck）标高的确定；④桥式（bridge type）拟定：选择经济合理的桥梁结构形式，确定墩位，拟定结构主要尺寸、桥跨及墩台基础的施工方案，对结构进行初步的计算分析；⑤对桥跨、墩台、基础（foundation）等进行结构设计：确定桥梁各部分的细节尺寸，确定施工方案，保证满足桥梁在强度、刚度、稳定性和耐久性等方面的要求；⑥附属工程设计。

为合理解决上列各问题，一般通过不同深度的勘测和设计阶段完成。铁路桥梁设计，一般随着铁路线路的设计程序进行，独立大桥或特大桥的设计，通常需经过前期研究和设计两个阶段，大型桥梁设计程序见表 2-1。

表 2-1　大型桥梁设计程序（steps for large-scale bridge design）

阶段	名称	内容	成果
前期研究	预可行性研究和可行性研究	1. 论证：建设的必要性、经济上的合理性、工程和投资的可行性。 2. 确定建桥地点、规模、标准、环境评估、桥位与桥式方案、投资控制等宏观和重大问题。 3. 对多方案进行评估。 4. 预可行性研究和可行性研究深度不同	可研报告，投资估算。 报审、报批：项目建议书，设计任务书

续表

阶段	名称	内容	成果
设计阶段	初步设计（初步勘察）	在初勘的基础上，做以下工作： 1. 桥式方案比选，得出推荐方案。 2. 提出科研项目和技术难点。 3. 编制施工组织设计（料源、工期等）。 4. 编制概算，不超出估算的10%	初步设计图、设计概算（投资依据）。 报审、报批：招标文件
	技术设计（技术勘察）	在技勘的基础上，针对选定的方案，做以下工作： 1. 研究处理各结构总体的、细部的技术问题。 2. 实施科研成果。 3. 提交详尽的设计图纸。 4. 调整概算（修正概算）	技术设计图、修正概算。 报审、报批
	施工图设计（详细勘察）	1. 桥梁结构与构件的详细设计与计算。 2. 绘制施工图详图（一般不能对结构进行大的变动，可对配筋进行大的修改）。 3. 提出大临工程措施。 4. 编制施工图预算，不超过概算的10%	施工设计图、施工图预算（发包依据）

一、前期研究阶段（Early Stage Investigation Phase）

前期研究即工程可行性研究（feasibility study），研究的重点在于论证建设的必要性、经济上的合理性、工程上的可行性和投资上的可行性，确定建桥地点、规模、标准、环境评估、地质灾害评估、桥位与桥式方案、投资控制等宏观和重大问题，其中应对桥位和方案进行多方案的评估，形成项目建议书和设计任务书。

规模特别大的桥梁，其前期研究会被划分为预可行性研究（pre-feasibility study）和工程可行性研究，两者的研究内容和目的基本一致，成果均为研究报告和投资估算（investment estimate）。预可行性研究着重研究建设的必要性、经济上的合理性。在预可行性研究的基础上，撰写项目建议书，根据工程规模和管辖权限上报相应政府部门，批准后工程立项；工程可行性研究在工程立项后，在预可行性研究的基础上，着重研究工程上的可行性和投资上的可行性，工程可行性研究上报相应政府部门批准后，形成设计任务书。

工程可行性研究报告的主要内容包括：概述、现状及发展、交通量分析及预测、建设规模及主要技术指标、建设条件、桥位方案选择、工程方案选择、工程环境影响分析、投资估算、财务分析、经济分析、节能评价、有关专题研究结论、推荐工程建设方案、问题与建议、附件等。

二、设计阶段（Design Phase）

根据设计任务书进行桥梁的设计工作，依据桥梁的规模和复杂程度，桥梁设计可采用三阶段设计、两阶段设计和一阶段设计。三阶段设计包括初步设计、技术设计和施工图设计三个阶段，见表 2-1，一般用于大型、复杂的工程，如复杂的特大桥、互通式立交或新型桥梁结构。两阶段设计包括初步设计和施工图设计两个阶段，国内一般（常规）桥梁设计工作通常采用这种设计步骤。一阶段设计仅包括施工图设计一个阶段，一般适用于技术简单，方案明确的中、小桥建设项目。

（1）初步设计（preliminary design）

初步设计的目的是确定桥梁设计方案。在该阶段，应根据桥梁规划设计中所确定的桥位、设计荷载等级以及其他各项设计要求，如桥面宽度、桥梁建筑高度、通航标准、设计行车速度、桥面最大纵坡、桥面平纵曲线半径以及抗震安全等级等要求，按照安全、适用、耐久、经济、美观和环保等原则设计桥梁方案，拟定结构形式与主要构造尺寸，确定需要的附属构造物，估算工程数量和主要材料数量，提出施工方案和工期，并据此编制工程概算与文字说明、图表资料等技术文件，进行不同方案综合评比，确定推荐方案，报送上级主管部门审批。初步设计的概算应作为控制建设项目和以后编制施工预算的依据。

（2）技术设计（technical design）

技术设计是对初步设计的进一步深化，是在已批准的初步设计及审批意见的基础上，对重大、复杂的技术问题通过科学试验、专题研究、加深勘探调查（补充勘测）及分析比较，进一步解决和完善批复的初步设计中未能解决的技术问题。批准后则成为编制施工图设计的依据，技术设计后应对概算重新进行调整，这项工作简称修正概算。

（3）施工图设计（construction detail design）

施工图设计是根据初步设计或技术设计的批复意见，进行桥梁各部分结构、构件的详细设计计算，绘制施工详图，为施工提供所必需的图纸、材料数量表及有关说明。施工图设计一般应全面贯彻初步设计与技术设计的各项技术要求，与前一设计阶段比较，设计图应有更加详细、具体的细部构造和尺寸、材料用量、大临工程措施等，并应编制施工组织设计和施工预算。永久结构符合按图施工的深度要求，可直接交付施工部门作为施工依据。施工图文件是安排材料和设备、加工制造非标准设备、编制施工图预算和决算的依据。

第三节　桥梁设计基本资料（Basic Information for Bridge Design）

桥梁设计涉及的因素很多，必须经过充分的调查研究，根据具体情况，提出正确合理的设计建议和计划任务书。为此必须进行一系列的野外勘测和资料的收集工作，内容包括交通流量调查、地形图的测绘、实地水文勘测调查、工程地质和水文地质调查及地质钻探，建造材料调查等。对于跨越河流的桥梁一般包括以下几个方面的内容。

（1）桥梁功能需求调查：对于铁路桥梁，一般在线路设计中已确定，无须重复调查。

（2）桥位的选择：特大桥及大中桥的桥位选择，一般选择2～3个桥位，开展桥式方案设计，连同引线工程一起进行各方面的综合比较，然后选择最合理的桥位和桥式。在路线和路网层面，应力求避免或减少车辆绕道以节省运营时间和运输成本。在桥梁本身的经济性和稳定性层面，应尽量选择在河道顺直、水流稳定、河面较窄、地质良好、冲刷较少的河段上，以降低造价和养护费用，并防止因冲刷过大而发生桥梁倒塌的危险。此外，桥中线与洪水流向应尽量正交，也应避免在河汊、沙洲、古河道、急弯、汇合口、港口作业区等地段修建桥梁，以免增加桥梁建设费用和降低使用功能。

小桥涵的桥位应完全服从路线走向，当遇到不利地形、地质和水文条件时，应采取适当工程措施，不应因此而改变线路。桥梁建在城市范围内时，要重视桥梁建设满足城市规划的要求。

（3）桥位的地形、地质勘测和调查：不同的研究和设计阶段，收集基本信息的外业勘察和测量工作深度不同。可研阶段，一般为踏勘；初步设计阶段为初步勘察和测量（简称初勘、初测）；技术设计阶段为技术勘察（简称技勘）；施工图设计阶段为详细勘察和测量（简称详勘、定测）。

调查收集航拍地图，供可研阶段使用，测量桥位附近的地形、地貌，绘制大比例地形图，供设计阶段中桥位中线位置、桥墩（pier）位置确定，桥头接线以及施工时布置场地使用。探测桥位的地质情况，包括土壤的分层标高、物理力学性能、地下水位以及有无不良地质现象（如滑坡、断层、溶洞、裂隙等），编制工程地质勘探报告并将钻探资料绘成地质剖面图，作为墩台、基础设计的重要依据。

（4）河流的水文情况调查：调查和测量河流的水文情况，包括调查河道性质，了解河道的水流特点、季节性，有无潮水，河床及两岸的冲刷和淤积，以及河道的自然变迁和人工规划情况，以便选择合适的方案，减少桥梁建成后受河道变迁影响的程度；测量桥位处河床纵横断面，调查河槽各部分的形态、标高和粗糙率等，计算流速、流量等有关资料，调查了解洪水位的历年资料通过分析推算设计洪水位；结合河道性质确定桥梁所需要的最小总跨径（span）和冲刷深度（scouring depth）；根据有关规定要求，向航运部门了解和协商确定航道等级、设计通航水位和通航净空（clearance），根据通航要求和设计洪水位，选择通航孔的位置，确定桥梁的分孔与桥跨底缘设计标高。

此外，还要对一些特殊水文条件进行研究，如涌潮河段的涌潮、沿海地区的潮汐、跨海桥梁的水流特点、流冰河流的流冰信息等。

（5）其他与建桥有关的资料调查：调查当地建筑材料（砂、石料等）的来源，水泥、钢材的供应情况，以及水陆交通的运输情况，以便因地制宜、就地取材，降低工程造价；有关气象资料，包括气温变化、降雨量、冰冻以及风速或台风影响等情况，为施工组织设计提供依据；调查了解施工场地的征用情况，是否需要占用农田、有无拆迁的建筑物，有无文物等；调查新建桥位上下游有无老桥，其桥型布置和使用情况等；调查桥梁施工可能带来的环境影响，如施工引起的噪声、振动、废水污染，施工取土、弃土造成的植被破坏、野生动物迁徙、道路受阻等。

第四节　铁路桥梁净空要求
(Clearance Requirement for Railway Bridge)

一、桥面净空 (Clearance above Bridge Deck)

桥梁净空按其位置分为桥面净空和桥下净空（clearance under bridge）。按功能分为泄洪、通车、通航等净空。桥面净空是保证车辆、行人安全通过桥梁所需要的桥梁净空界限。在净空界限范围内不得有桥跨结构的构件或其他建筑物侵入，否则将危及行车安全。铁路桥梁净空根据《标准轨距铁路限界 第 2 部分：建筑限界》（GB 146. 2—2020）的规定，桥限-1 适用于 1959 年后新建或改建为设计速度不大于 160km/h 的内燃牵引铁路的桥梁，见图 2-1(a)；桥限-2 适用于 1959 年后新建或改建为设计速度不大于 160km/h 的电力牵引铁路的桥梁，见图 2-1(b)；对于设计速度大于 160km/h 客货共线铁路，内燃牵引区段桥隧建筑限界采用桥限-1，电力牵引区段桥隧建筑限界采用桥隧限-1，见图 2-1(c)；客运专线铁路的基本建筑限界（fundamental structure gauge）采用建限-4，见图 2-1(d)。曲线上的桥梁，由于线路受曲线外轨超高等的影响，桥上净空界限应加宽，具体要求见规范《标准轨距铁路限界 第 2 部分：建筑限界》（GB 146. 2—2020）。

铁路人行道一般仅供养护和巡道人员用。根据《铁路桥涵设计规范》（TB 10002—2017），直线桥梁线路中心至人行道栏杆内侧的最小距离为 2. 45～3. 75m，铁路和道床类型不同则取值不同，曲线桥梁尚需考虑曲线加宽的影响。

二、桥下净空 (Clearance under Bridge)

桥下净空包括无水桥下通车净空和有水桥下通航、泄洪净空两类。

满足立交或跨线功能的桥下净空系满足桥跨下方交通功能所需净空，确定原则同“桥面净空”，当被交叉的铁路设排水沟时，还应包括这部分的宽度。

有水桥跨桥下净空指通航、排筏、流水、漂流物、泄洪等所需的净宽和净高，其取值除与功能有关，还与设计洪水频率和设计水位有关。

(1) 设计洪水频率（designed flood frequency）

铁路桥涵设计洪水频率为 1/100；特大桥等重要桥梁还需按检算洪水频率 1/300进行检算。

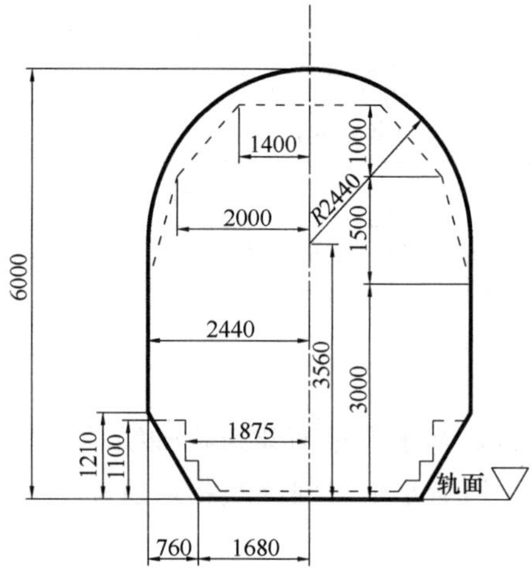

(a) 桥限-1

注:

—— 桥梁建筑限界。

- - - - 基本建筑限界。

在基本建筑限界与桥梁建筑限界之间可以装设照明、通信、警告信号及色灯信号等设备。

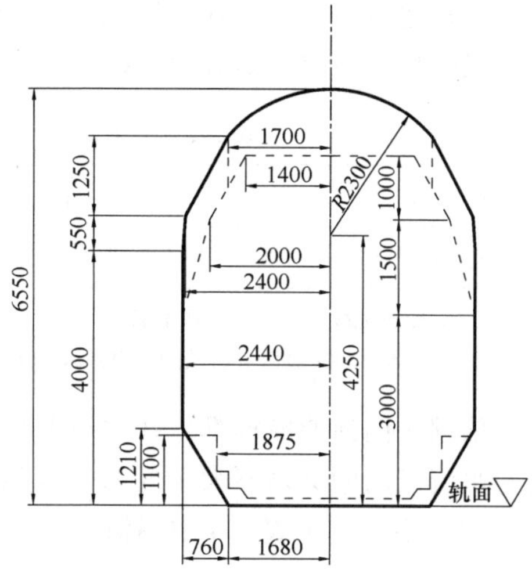

(b) 桥限-2

注:

—— 桥梁建筑限界。最大高度根据接触网络结构高度计算确定，最小不应小于6550mm。

- - - - 基本建筑限界。

在基本建筑限界与桥梁建筑限界之间可以装设照明、通信、警告信号及色灯信号等设备。

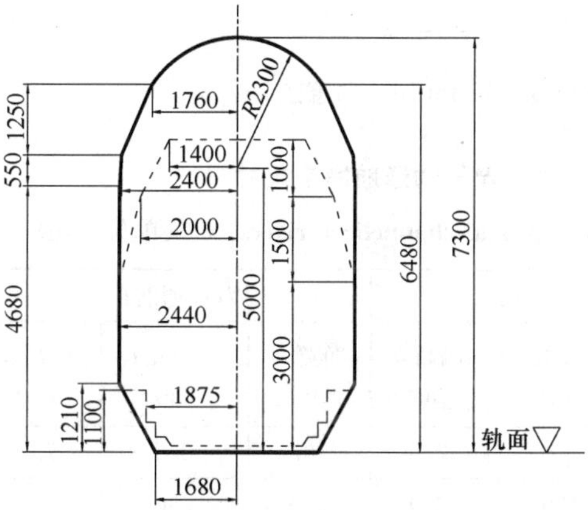

(c) 桥隧限-1

注:

—— 桥梁建筑限界。

- - - - 基本建筑限界。

在基本建筑限界与桥梁建筑限界之间可以装设照明、通信、警告信号及色灯信号等设备。

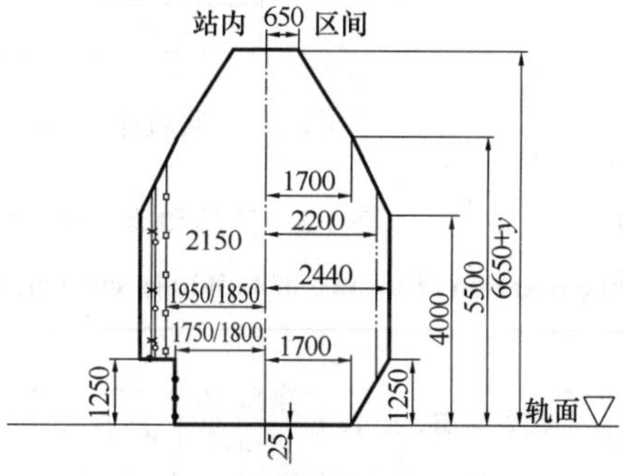

(d) 建限-4

注: -·-·- 城际铁路基本限界的最大半宽为2200mm。

-×-×-×- 信号机、高架候车室结构柱和接触网、跨线桥、天桥、电力照明、雨篷等杆柱的建筑限界（正线不适用）为2150mm。

-○-○-○- 1. 旅客站台建筑限界（侧线站台为1750mm；正线站台，无列车通过或列车通过速度不大于80km/h时为1750mm，列车通过速度大于80km/h时为1800mm）。

2. 站内反方向运行矮型出站信号机的限界为1800mm。

-○○○- 站台门的建筑限界：城际铁路（正线不适用）地面车站或高架车站为1950mm，地下车站为1850mm；设计速度为250km/h及以上的客运专线由设计确定。

—— 各种建(构)筑物的基本限界(城际铁路的最大宽度为4400mm)，也适用于桥梁和隧道。

y为接触网结构高度，根据设计确定。

图 2-1　铁路建筑限界（单位：mm）（railway structure gauge）

(2) 通航净空 (navigation clearance)

我国将内河航道划分为 7 级，见表 2-2。

表 2-2 航道等级划分 (channel classification)

航道等级	Ⅰ	Ⅱ	Ⅲ	Ⅳ	Ⅴ	Ⅵ	Ⅶ
船舶吨级 (t)	3000	2000	1000	500	300	100	50

注：1. 船舶吨级按船舶设计载重确定；
  2. 通航 3000t 级以上船舶的航道列入Ⅰ级航道。

依据《内河通航标准》(GB 50139—2014)，当水上过河建筑物轴线的法线方向与水流流向的交角不大于 5°时，天然和渠化河流水上过河建筑物通航净空尺寸(图 2-2) 不得小于表 2-3 中的值。

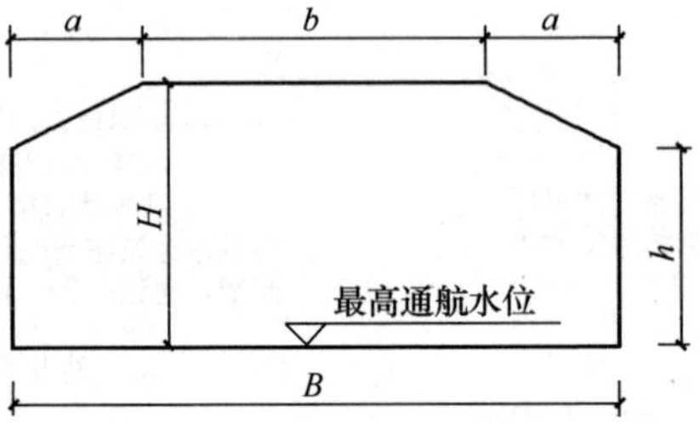

图 2-2 通航净空 (navigation clearance) 示意图

表 2-3 天然和渠化河流水上过河建筑物通航净空尺寸

(navigation clearance of buildings crossing natural and channelized rivers) (单位：m)

航道等级	代表船舶、船队	净高 H (m)	单向通航孔			双线通航孔		
			净宽 B (m)	上底宽 b (m)	侧高 h (m)	净宽 B (m)	上底宽 b (m)	侧高 h (m)
Ⅰ	(1)4 排 4 列	24.0	200	150	7.0	400	350	7.0
	(2)3 排 3 列	18.0	160	120	7.0	320	280	7.0
	(3)2 排 2 列		110	82	8.0	220	192	8.0
Ⅱ	(1)3 排 3 列	18.0	145	108	6.0	290	253	6.0
	(2)2 排 2 列		105	78	8.0	210	183	8.0
	(3)2 排 1 列	10.0	75	56	6.0	150	131	6.0
Ⅲ	(1)3 排 2 列	18.0* 10.0	100	75	6.0	200	75	6.0
	(2)2 排 2 列	10.0	75	56	6.0	150	131	6.0
	(3)2 排 1 列		55	41	6.0	110	96	6.0

续表

航道等级	代表船舶、船队	净高 H (m)	单向通航孔			双线通航孔		
			净宽 B (m)	上底宽 b (m)	侧高 h (m)	净宽 B (m)	上底宽 b (m)	侧高 h (m)
Ⅳ	(1)3 排 2 列	8.0	75	61	4.0	150	136	4.0
	(2)2 排 2 列		60	49	4.0	120	109	4.0
	(3)2 排 1 列		45	36	5.0	90	81	5.0
	(4) 货船							
Ⅴ	(1)2 排 2 列	8.0	55	44	4.5	110	99	4.5
	(2)2 排 1 列	8.0 或 5.0▲	40	32	5.5 或 3.5▲	80	72	5.5 或 3.5▲
	(3) 货船							
Ⅵ	1 拖 5	4.5	25	18	3.4	40	33	3.4
	(2) 货船	6.0			4.0			4.0
Ⅶ	1 拖 5	3.5	20	15	2.8	32	27	2.8
	(2) 货船	4.5						

注：1. 带＊的尺度仅适用于长江。
2. 带▲的尺度仅适用于通航拖带船队的河流。

(3) 非通航河流

《铁路桥涵设计规范》(TB 10002—2017) 规定，桥涵孔径必须保证设计频率洪水、流冰、流木、泥石流、漂流物等安全通过，并应考虑壅水、冲刷对上下游的影响，确保桥涵附近路堤的稳定，便于养护与维修。不通航也无流筏的桥孔，桥下净空高度应符合表 2-4 的规定，有流冰和流木的桥下净空宜按实际调查资料确定。

表 2-4 不通航也无流筏的桥孔桥下净空高度

(clearance under bridge without navigation or rafts) (单位：m)

桥梁部位		高出设计洪水频率水位加 Δh 后的最小高度	高出检算洪水频率水位加 Δh 后的最小高度
梁底	洪水期无大漂流物	0.50	0.25
	洪水期有大漂流物	1.50	1.00
	有泥石流	1.00	—
支承垫石顶		0.25	—
拱肋和拱圈的拱脚		0.25	—

注：Δh 表示根据河流具体情况，分别考虑壅水、浪高、河湾超高、河床淤积、局部股流涌高等影响高度。

无铰拱的拱脚容许被设计洪水淹没，但不宜超过拱圈高度的 2/3，且拱顶底面至水面的净高不小于 1.0m。

第五节 桥梁纵、横断面设计和平面布置
(Longitudinal Section, Cross Section and Plane Layout for Bridge)

一、桥梁纵断面设计 (Bridge Longitudinal Section Design)

桥梁纵断面设计包括：桥梁孔径确定、桥梁分孔、桥下净空与桥面标高确定、桥上及桥头引道的纵坡布置、基础形式等。

(1) 桥梁总跨径的确定

对于一般跨河桥，桥梁总跨径往往参考桥涵水文的计算结果，并结合桥位地形、断面形态、河床地质、桥头引道填土高度等综合分析确定。桥墩、桥台(abutment)、桥台锥体以及桥头路堤的建造，使得桥下过水断面减少、流速加大，引起河床冲刷，桥上游壅水加高。确定的桥梁总跨径必须保证桥下有足够的泄洪面积，使河床不会受到过大的冲刷。冲刷将导致河床下切，有利于过水面积的恢复，这是有利的一面；其不利的一面是，局部冲刷和一般冲刷将使基础的覆盖层减小，严重时将导致基础的持力层被掏空，危及桥梁安全。根据建桥经验，桥梁孔径宜长不宜短，规范对孔径压缩及冲刷有限制，目前一些地方水利部门颁布的地方规范，对桥梁的阻水率（阻水面积/过水面积）提出了明确的要求和限制值，使得河道内设墩数量减小、桥梁的跨径加大、山区河流中路堤入河长度减小。水深、地质复杂、流速大的跨河桥，主桥孔径一般取值较大，反之亦然。

路桥分界位置和桥长（bridge length）主要依据经济性和美观性确定，经济性中应包括土地这一不可再生资源的因素。如单纯从建设的直接投资考虑，高路堤方案是比较经济的，但是考虑高路堤占地多，特别是占用耕地时，长远和综合分析是不经济的，低路堤相对更合适；如果两岸取土困难，则宜延长桥孔；在软土地区路堤高度受到路堤稳定性要求的限制。城市桥梁，过高的引道将加大两端引道的长度而影响景观和通透性，城市桥梁的路桥分界位置路堤高度往往选择较小值，一般 2～3m 为宜。

对于旱桥，桥梁跨径应该由立交条件、地质条件和经济性等确定，桥下有交通功能需求时，须保证桥下的交通净空需求。墩台位置选择上，尽量回避不良地质区，合理匹配桥跨与墩高的关系。

(2) 桥梁的分孔和桥型确定

桥梁总孔径或桥长确定后，下一步是确定跨径、分孔布置，此时往往是桥式方案拟定和桥梁分孔设计同步、交融地开展。

对于通航河流，首先确定通航孔跨径，使其满足通航的使用功能要求；同时要考虑基础施工因素，如果基础施工困难，基础施工时航运繁忙，则宜加大孔跨；从经济上考虑，一般说来，大跨度相对小跨度造价要高，工期要长。在满足

通航要求的前提下通过经济技术比较，最后确定通航孔跨径。综合经济指标相差不大的情况下，宜采用大跨度，不选小跨度。根据已建桥梁经验，通航船只常撞击桥墩，危及桥墩安全，采用大跨度有利。

对于变迁性河流，应视河道可能变迁情况，加设通航孔，桥梁布置必须在掌握充分资料的基础上进行。对于通航河流，要研究在高、中、低水位时的航道轨迹，通航桥跨位置要与航道适应，能覆盖各种水位下航道可能出现的变化。

通航孔或主跨确定后，对应连续体系结构，参照桥梁的设计理论配置合理的边跨，对非连续体系桥，可按美学要素进行配孔。

对于非通航孔，则选用经济跨径（标准跨径），一般拟定 2～3 种桥跨方案作经济比较，尽量采用预制梁、标准化设计和施工工艺。同一座桥梁中标准跨径的类型不宜过多，以免造成模板等施工费用不必要的增加。

此外，墩、台位置还要考虑地形、地质条件、基础施工等因素。

（3）桥面标高的确定

对于跨河桥，梁底的标高应保证桥下排洪和通航的要求；对于跨线桥，应满足桥下行车净空，当这些条件均不控制时，由路线纵断面设计确定。

对于通航河流，往往根据通航净空等要求确定梁底最小高程，对于非通航河流或立交桥，根据桥下净空确定梁底的最小高程，梁底的最小高程叠加结构高度后，可确定桥面高程 H_{min}，即

$$H_{min} = \max\{H_{sh} + h_{c0} + h, H_n + h_{nc} + h\} \tag{2-1}$$

式中，H_{sh} 为设计水位高程；h_{c0} 为非通航河流或通航河流非通航时的桥下最小净空；H_n 为最高通航水位高程；h_{nc} 为通航净空；h 为桥梁上部结构建筑高度（含桥面铺装高度）。

当线路高程已知或一定时，线路高程与上述梁底最小高程之差即构成的桥梁的建筑高度。当此桥面高程高于线路高程，即建筑高度受限时，则需调整桥梁结构，如改为下承式结构，或修改线路高程；反之，此桥面高程低于设计的线路高程时，建筑高度不受限，此时需要研究其富余量。一般情况下，桥梁越高，引道越长，造价越高。

（4）桥上及桥头引道的纵坡

桥梁标高确定后，就可根据两端桥头的地形和线路要求来设计桥梁的纵断面线形。

出于安全考虑，桥头坡度不能过大。对于铁路桥梁，如桥跨结构为钢桁梁等明桥面梁，则纵坡不得大于 4‰，其他桥跨结构纵坡宜在 6‰以内。

（5）基础选型与埋深

基础的选型应综合地质、水文、工期、经济性等因素而定，基础的埋深对基础的安全性至关重要，一些桥梁被洪水冲毁，最主要原因是基础选型不合适、基

底埋深不够、因冲刷导致基底被掏空。最常用的桥梁基础形式包括扩大基础、桩基础和沉井基础。

扩大基础属于浅基础，常用于无水、浅水且持力层埋深较小的情况。其中，浅水系指经过改河或筑堤、筑岛能排除的地表水，方便开挖施工。扩大基础的层数不宜过多，且埋深不宜过大；基坑开挖时不影响邻近建筑物的安全；深基坑开挖需采取工程措施确保基坑安全；用于有水河道中时，其基础底需埋置于局部冲刷线以下并预留一定的安全储备。

桩基础是目前最常用的基础类型，适用范围广泛，特别适用于深水和地质条件差、冲刷严重的场合。包括挖孔桩和钻孔桩两大类。前者用于无水且地下水不丰富、桩径大于或等于 1.0m 时，开挖过程中依据地质情况，做好井壁支护，当孔深超高 10m 时，必须采取强制通风措施。钻孔桩依据钻孔方法和原理有正循环回旋钻孔、反循环回旋钻孔、冲击钻孔、旋挖钻孔等，并向大直径发展。桩基应充分考虑冲刷对基桩入土深度以及整个下部结构受力的影响。水中桥梁的基桩可采用水中施工工艺，而承台和墩身需采取无水施工工艺，往往配以围堰进行施工。

沉井基础的特点是埋置深度可以很大，整体性强、稳定性好，具有较大的承载面积，能承受较大的垂直和水平荷载，它既是基础，又是施工时挡土和挡水的围堰结构物，过去为常用的基础类型，近年来由于大量采用桩基础而减少使用。当河床中有较大卵石不便于桩基础施工，或基础负荷特别大，需要承受较大的水平力和上拔力时，沉井仍是最合适的选择。沉井的缺点是工期较长，施工中易发生流沙、倾斜等现象，当基底埋深较大且基底的持力层平整度不够时慎用。

当基底下为非岩石地基时，需考虑基础沉降对结构受力的影响。除上述三类基础类型外，还有管柱基础、地下连续墙等。

（6）桥梁结构尺寸拟定

根据已有的设计资料拟定合适的桥梁结构尺寸。对于不同的桥梁结构类型，具体的结构分析方法与构造要求在第三章至第八章有简单的叙述。

二、桥梁横断面设计（Cross Section Design for Bridge）

桥梁横断面设计，主要是确定桥面净空和与此相适应的桥跨结构横断面的布置。

桥梁横断面的布置由桥梁的功能性要求按照前述的桥面净空要求确定，包括铁路的轨道数、公路的机动车道数、非机动车道数以及人行道、分隔带、栏杆等附属结构，并考虑上行与下行是否分离设置，最终形成横断面布置。

对于铁路桥梁，线间距等依据铁路的类型由线路总体设计确定。对于大跨度桥梁，横截面要满足横向刚度要求，一般要求梁宽满足 $L/20$（L 为跨度），否则应进行横向刚度计算、分析。

三、桥梁平面布置（Bridge Plan Layout）

桥梁平面布置与线路和河道（或其他线路）的相交情况有关，并受桥位处地形、地物的制约。桥梁的线形及桥头引道要保持平顺，使车辆能平稳地通过。

中、小桥梁的线形，按线路要求布置。大桥、特大桥一般布置于直线上。当线路受到两岸地形限制时，引桥部分或跨度不大的桥梁，可以建在曲线上。立交的匝道桥往往是曲线桥。曲线的各项指标应符合设计规范的要求。

曲线半径很大的桥梁，曲线部分一般采用直线梁折线布置构成，而小半径曲线桥梁可以设计成曲线梁。

桥梁纵轴线与洪水主流流向或与桥下路线应尽可能避免斜交。但对于一般小桥，为了改善路线线形或城市桥梁受原有建筑的制约时，也可修建斜交桥，斜交角度通常不宜大于45°。

第六节 桥梁设计方案比选
(Scheme Comparison for Bridge Design)

一座桥梁的方案设计涉及的因素很多，包括自然条件、功能需求等客观因素，也包括设计人员设计水平、偏好等主观因素，且“设计”本身不具有唯一性，同一工程可以采用不同的桥址；同一桥址可以采用不同的桥式方案；同一桥式结构还可以采用不同分孔跨径；设计成果只有“更好”，没有“最好”，桥梁工程师的义务就是试图在每项设计中尽可能地进行改进，即根据自然和技术条件，因地制宜，综合应用专业知识，合理运用新技术、新材料、新工艺，不断寻找方案中存在的问题或不足并不断修改完善，在不断完善设计方案的基础上，对不同的方案开展技术、经济等比选，提出推荐方案，是桥梁方案比选的内容，也是方案设计阶段最重要的环节之一。桥式方案设计和比选的步骤与过程如下：

（1）基本信息采集（basic information collection）

在外业勘测的基础上完成桥位河床地质纵断面图，并在该图上明确和绘制设计水位、通航水位、堤顶标高、桥面标高、通航净空、堤顶行车净空位置图。

（2）桥梁分孔和桥式方案草拟（bridge splitting and drafting for bridge scheme）

结合水文分析，根据泄洪总跨径的要求，做桥梁分孔和桥型方案草图，此过程中，思路要宽广，尽可能地多设计几个桥式方案，不要遗漏可能的桥型和布置，当然，方案的拟定也同样必须符合桥梁设计的基本原则。

（3）综合分析、判断和方案初筛（comprehensive analysis and preliminary selection of schemes）

对草图方案做技术和经济上的初步分析和判断，筛去弱势方案，从中选出2～4个构思好、特色鲜明的方案，做进一步详细研究和比较。

（4）桥式方案深化设计（deepening design for bridge scheme）

对初筛后保留下来的方案，拟定主要尺寸和施工方案，对新结构和非标设计开展力学分析，核实设计的可行性和合理性，绘制各个桥型方案的结构详图，编制施工横道图，估算工期。桥式方案基本确定后，需报相关的水利、航道、环境部门，对通航、泄洪、河道、环境和地质灾害影响进行评估和审批。

(5) 工程量统计（engineering quantity statistics）

依据编制方案的详图计算出上下部结构的主要工程数量。

(6) 编制估算或概算（budget estimates）

据各省、自治区、直辖市或行业的估算定额或概算定额，编制出各方案的主要材料（钢、木、混凝土等）用量、劳动力数量、全桥总造价，其中特大桥、深水基础等还应合理计算大型临时设施费用，工程实践中一些桥梁工程出现承包商巨额亏损的主要原因就是设计阶段中遗漏或低估了大型临时设施费用，如此也会导致工期的滞后。

(7) 方案比选（scheme comparison）

全面考虑功能适用性、技术先进性与成熟度、施工复杂程度、可维性、环境影响、美观性、建设工期、主要材料指标、建设造价和养护费用等因素，综合分析，阐述每个方案的优缺点，并形成桥式方案比选表，最后选定一个最佳的推荐方案，作为方案评审和业主决策的依据。

(8) 设计说明书编制（preparation of design specifications）

上述工作全部完成之后，着手编写方案设计说明书。设计说明书中应阐明方案编制的依据和标准，跨越河流的流域特征，桥址处地质、水文、通航情况，各方案的主要情况、特色、施工方法和工期，设计概算以及方案比较的综合性评述。对于推荐方案应做较详细的说明。方案说明中还应包括存在的问题和处置建议等内容，如后期需要开展的科学研究等。

第七节　铁路桥梁结构设计方法
(Structure Design Method for Railway Bridge)

我国铁路桥梁目前采用极限状态设计法设计，各类作用效应与抗力的取值及计算方法均遵循《铁路桥涵设计规范（极限状态法）》（Q/CR 9300—2018）的规定。以概率理论为基础的极限状态设计法基于可靠度理论，把荷载、抗力等参数作为随机变量，运用基于概率分析的分项系数来考虑其变异性并确定设计值，所以也称为荷载抗力分项系数设计法。

一、可靠度与极限状态（Reliability and Ultimate State）

结构设计的目的是在一定技术基础上，以最经济的手段，使结构在规定时间内和规定条件下，完成各项预定功能要求。结构在规定的设计基准使用期内和规定的条件（正常设计、正常施工、正常使用和维修）下完成预定功能的能力，称结构可靠性，而结构在规定时间内与规定条件下完成预定功能的概率，称为结构可靠度。结构可靠度是衡量结构可靠性的重要指标。

对于新建结构，规定的时间是指设计使用年限，即在正常设计、正常施工、正常使用、正常养护条件下，结构或结构构件不需进行大修或更换，即可按其预定目的使用的年限。设计使用年限是体现结构耐久性的重要指标，当结构的使用年限超过设计使用年限后，结构的可靠度将降低。铁路桥梁主体结构设计使用年限通常为 100 年。

桥梁结构可靠或失效的标志用极限状态来衡量。当整个结构或结构的一部分超过某一特定状态而不能满足设计规定的某一功能要求时，此特定状态称为该功能的极限状态。《铁路桥涵设计规范（极限状态法）》（Q/CR 9300—2018）将桥梁结构的极限状态分为承载能力极限状态（ultimate limit state）、正常使用极限状态（serviceability limit state）、疲劳极限状态（fatigue limit state）三种。

（1）承载能力极限状态：结构或其构件达到最大承载能力或产生不适于继续承载的变形的状态。结构或构件出现下列状态之一时，应认为超过了承载能力极限状态：

① 结构、构件或连接超过材料强度，或过度变形不适于继续承载；

② 结构或结构一部分作为刚体失去平衡；

③ 结构体系成为机动体系；

④ 结构或构件失稳（instability）；

⑤ 地基失去承载能力；

⑥ 影响结构安全的其他特定状态。

承载能力极限状态理解为结构或构件发挥允许的最大承载能力的状态。结构或构件的塑性变形（plastic deformation）使其几何形状发生显著变化，虽未达到最大承载能力，但已彻底不能使用，也属于达到这种极限状态。

（2）正常使用极限状态：结构或其构件达到正常使用或耐久性能的某项限值的状态。结构或构件出现下列状态之一时，应认为超过了正常使用极限状态：

① 影响正常使用的变形；

② 影响正常使用或耐久性能的裂缝、局部损坏；

③ 影响正常使用和舒适性的振动；

④ 影响正常使用的其他特定状态。

正常使用极限状态理解为结构或构件达到使用功能上允许的某个限值的状态。正常使用极限状态的控制，往往需要采用一定的约束条件，例如，某些构件需控制变形、裂缝才能满足使用要求。因过大的变形会造成列车运行的平稳性下降、舒适度降低等后果，过大的裂缝会影响结构的耐久性；过大的裂缝、变形也会造成用户心理上的不安全感，这些约束条件一般以规定值的形式列入规范。

（3）疲劳极限状态：重复荷载作用导致结构或构件失效，不适于继续承载的极限状态。结构或构件在重复荷载累积损伤（cumulative damage）作用下出现下列状态之一时，应认为超过了疲劳极限状态：

① 影响安全使用的疲劳裂纹；

② 影响安全使用的变形。

二、结构极限状态的表述（Expression of Structure Ultimate State）

桥梁结构的可靠度受到各种作用效应、材料性能、结构几何参数、计算模式准确程度等诸多因素的影响。在进行可靠度分析和设计时，应针对结构所要求的各种功能把这些有关因素作为基本变量 $X_1, X_2, \cdots, X_n$ 来考虑，形成结构功能函数 $Z = g(X_1, X_2, \cdots, X_n)$。

对于所有结构，这些因素可以分为对立的两类，即作用效应 S 和结构抗力 R。

作用是指使结构产生内力、变形或应力、应变的原因，分为直接作用和间接作用两种。直接作用（也称荷载）指施加在结构上的集中力或分布力，如列车、人群、结构自重等；间接作用是指引起结构外加变形或约束变形的原因，如地震、基础不均匀沉降、温度变化等。

作用效应是指由作用引起的结构或结构构件的反应，如结构产生的内力（如轴力、弯矩、剪力等）、变形（如挠度、转角等）或应力、应变等。

结构抗力是指结构或结构构件承受作用效应的能力，如构件的承载能力、结构刚度或材料的强度等，它是结构体系、材料性能和构件几何参数等的函数。

若将结构功能函数中作用效应方面的基本变量组合成综合作用效应 S，抗力方面的变量组合成综合抗力 R，则结构的功能函数为 $Z = R - S$。功能函数可能出现以下三种情况：

若 $Z = R - S > 0$，则结构处于可靠状态；

若 $Z = R - S = 0$，则结构处于极限状态；

若 $Z = R - S < 0$，则结构已失效或被破坏。

结构可靠性设计的目的就是使结构处于可靠状态。功能函数表示为：$Z = R - S \geqslant 0$。

三、结构失效概率与可靠指标（Probability of Structure Failure and Reliability Index）

作用效应 S 和结构抗力 R 都可理解为随机变量，因此，影响结构是否满足功能要求的事件也是随机的。一般把结构不满足功能要求这一事件的概率称为结构失效概率，记为 P_f；把结构满足功能要求的概率称为结构可靠概率，记为 P_r；这两者互补，即 $P_f + P_r = 1$。

结构的极限状态可用极限状态式（2-2）描述，它是判断结构是否失效和进行可靠度分析的重要依据。

$$Z = g(S,R) = R - S = 0 \tag{2-2}$$

为方便说明问题，设 R 和 S 都服从正态分布，且其平均值和标准差分别为 m_R、m_S 和 σ_R、σ_S，则两者的差值也是正态随机变量，并具有平均值 $m_Z = m_R - m_S$，标准差 $\sigma_Z = \sqrt{\sigma_R^2 + \sigma_S^2}$。$Z$ 的概率密度函数为：

$$f_Z(Z) = \frac{1}{\sqrt{2\pi}\sigma_Z}\exp\left[-\frac{1}{2}\left(\frac{Z-m_Z}{\sigma_Z}\right)^2\right] \quad (-\infty < Z < \infty) \tag{2-3}$$

其分布如图 2-3 所示。结构的失效概率就是图 2-3 中阴影面积 $P(Z<0)$，用公式表示为：

$$P_f = P(Z<0) = \int_{-\infty}^{0}\frac{1}{\sqrt{2\pi}\sigma_Z}\exp\left[-\frac{1}{2}\left(\frac{Z-m_Z}{\sigma_Z}\right)^2\right]dZ \tag{2-4}$$

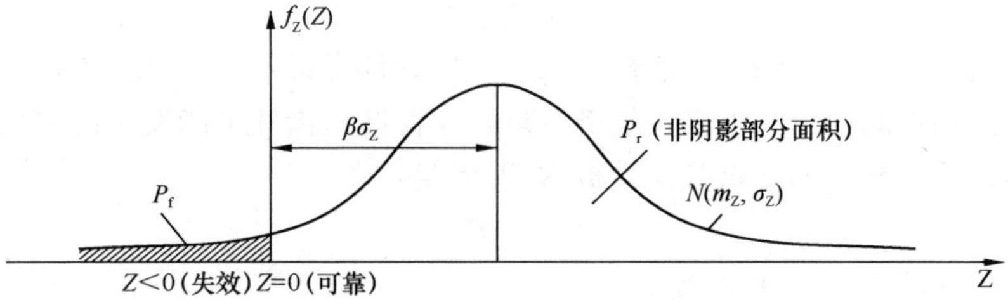

图 2-3　正态分布坐标系（normal distribution coordinate system）

现将 Z 的正态分布 $N(m_Z, \sigma_Z)$ 转换为标准正态分布 $N(0,1)$，引入标准化变量 t（$m_t=0$，$\sigma_t=1$），如图 2-4 所示，现取：

$$t = \frac{Z-m_Z}{\sigma_Z},\ dZ = \sigma_Z dt \tag{2-5}$$

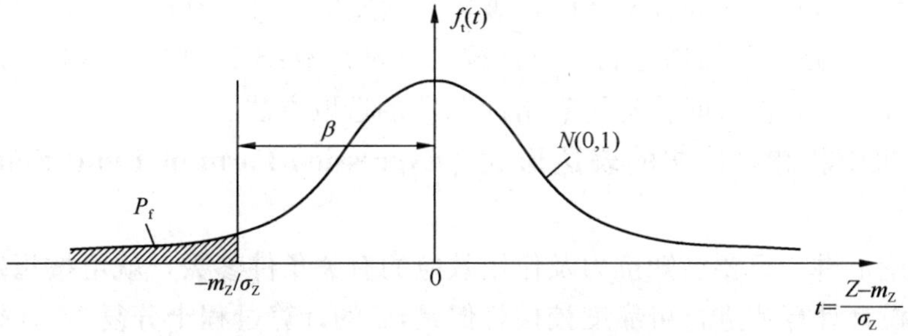

图 2-4　标准正态分布坐标系（standard normal distribution coordinate system）

当 $Z \to -\infty$ 时，$t \to -\infty$；当 $Z=0$ 时，$t = -m_Z/\sigma_Z$。

将以上结果代入式（2-4）得：

$$P_f = \int_{-\infty}^{-m_Z/\sigma_Z}\frac{1}{\sqrt{2\pi}}\exp\left(-\frac{t^2}{2}\right)dt = 1-\phi\left(\frac{m_Z}{\sigma_Z}\right)dZ = \phi\left(-\frac{m_Z}{\sigma_Z}\right) \tag{2-6}$$

式中，$\phi(\ )$ 为标准正态分布函数。

引入符号 β：

$$\beta = \frac{m_Z}{\sigma_Z} \tag{2-7}$$

则：

$$P_f = \phi(-\beta) \tag{2-8}$$

式中，β 为无量纲常数，称为结构可靠指标。

式（2-8）反映了失效概率与可靠指标之间的关系。由 $P_f + P_r = 1$ 还可导出可靠指标 β 与可靠概率 P_r 的一一对应关系为：

$$P_r = 1 - P_f = 1 - \phi(-\beta) = \phi(\beta) \tag{2-9}$$

式中，结构可靠指标 β 的表达式为：

$$\beta = \frac{m_R - m_S}{\sqrt{\sigma_R^2 + \sigma_S^2}} \tag{2-10}$$

在结构设计时，不能对所有构件的可靠指标都定得很高，这是不经济的。要使所设计的构件既安全、可靠又经济合理，应使结构构件可能发生的失效概率低于一个容许的水平，即要求其失效概率 P_f 满足：

$$P_f \leqslant [P_f] \tag{2-11}$$

式中，$[P_f]$ 为容许失效概率。

同样，当用指标 β 表示时，为：

$$\beta \geqslant [\beta] \tag{2-12}$$

式中，$[\beta]$ 为容许可靠指标，也称为目标可靠指标（objective reliability index）。

由于不同结构构件的破坏状态不同，有延性破坏和脆性破坏之分。结构构件发生延性破坏前是有预兆的，可及时采取弥补措施，因而其目标可靠指标可定得低些。相反，结构发生脆性破坏时，破坏突然发生，难以补救，目标可靠指标应定得高些。《铁路工程结构可靠性设计统一标准》（GB 50216—2019），规定了按承载能力极限状态设计时目标可靠指标 $[\beta]$ 的选取方法。

四、极限状态设计法的表达形式（Expression Form of Limit State Design Method）

从理论上讲，只要已知抗力及作用效应的有关条件参数，就可按指定的可靠指标进行设计计算或进行可靠度校核，但是，β 的计算过程十分复杂。《铁路桥涵设计规范（极限状态法）》（Q/CR 9300—2018）采用的基于近似概率极限状态设计法的实用设计计算方法，是在以近似概率理论确定可靠指标 β 后，采用分离系数的方法求得各作用分项系数和抗力分项系数（分项系数是以概率计算得到的系数，已包括随机变量的平均值和离散性，不同于传统的安全系数），方便实际使用。这样，设计人员不必计算可靠指标 β 值，而只要采用结构上作用组合的效应设计值及结构或结构构件的抗力设计值，按实用设计表达式对结构及构件进行设计计算，则认为设计的结构或构件所隐含的 β 值满足规定的目标可靠指标。极限状态设计法的实用设计表达式如下。

（1）承载能力极限状态计算表达式

桥梁承载能力极限状态的计算要求作用效应最不利组合（基本组合）的设计值小于或等于结构抗力的设计值。采用的极限状态设计表达式为：

$$\gamma_0 S_d \leqslant R_d \tag{2-13}$$

$$R_d = R\left(\frac{f_k}{\gamma_R}, \alpha_d\right) \tag{2-14}$$

式中，γ_0 为结构重要性系数，按结构设计安全等级采用，对应于设计安全等级一级、二级和三级分别取 1.1、1.0 和 0.9；S_d 为作用组合的效应（如轴力、弯矩等）设计值；R_d 为结构或结构构件的抗力设计值；f_k 为材料性能的标准值；γ_R 为材料抗力分项系数；α_d 为几何参数设计值，可采用几何参数标准值 α_k ，即设计文件规定值。

（2）正常使用极限状态计算表达式

桥梁正常使用极限状态的计算要求采用标准组合、频遇组合或准永久组合对结构或结构构件的变形、裂缝等进行计算，并使各项计算值不超过规范规定的限值。采用的极限状态设计表达式为：

$$S_d \leqslant C \tag{2-15}$$

式中，S_d 为作用组合的效应（如变形、裂缝等）设计值；C 为规范对变形、裂缝等规定的相应限值。

（3）疲劳极限状态计算表达式

《铁路桥涵设计规范（极限状态法）》（Q/CR 9300—2018）规定铁路桥涵结构中，承受动荷载的结构构件或连接应进行疲劳极限状态检算。

钢结构疲劳极限状态应按等效等幅重复应力法。当检算不能通过时，应再用极限损伤度法检算。检算能满足规定者，即认为该结构或细节符合疲劳承载能力的要求，否则应重新设计。

等效等幅重复应力法按下式检算：

$$\gamma_{fat} \Delta\sigma_e \leqslant \gamma_t \Delta\sigma_0 \tag{2-16}$$

式中，$\Delta\sigma_e$ 为等效等幅重复应力幅标准值（MPa）（计入运营动力系数、离心力）；$\Delta\sigma_0$ 为疲劳强度（fatigue strength）（MPa）；γ_{fat} 为疲劳荷载调整系数；γ_t 为板厚修正系数，当板厚 $t \leqslant 25$mm，$\gamma_t = 1$，当 $t > 25$mm，$\gamma_t = \sqrt[4]{25/t}$。

极限损伤度法应根据疲劳应力谱计算：

$$\sum \frac{n_i}{N_i} \leqslant 1 \tag{2-17}$$

式中，N_i 为 $\Delta\sigma_i$ 时的致伤次数；n_i 为应力谱中疲劳设计应力幅标准值 $\Delta\sigma_i$ 的循环次数，当应力谱中部分 $\Delta\sigma_i < \Delta\sigma_0$ 时，n_i 应采用 n'_i，n'_i 按下式计算：

$$n'_i = n_i\left(\frac{\Delta\sigma_i}{\Delta\sigma_0}\right)^2 \tag{2-18}$$

混凝土桥跨结构疲劳极限状态检算采用等效等幅重复应力法，具体检算表达式见《铁路桥涵设计规范（极限状态法）条文说明》（Q/CR 9300—2018）。

专业词汇汉英对照（Glossary）

专业词汇	拼音	英文
铁路桥梁	tiělù qiáoliáng	railway bridge
安全性	ānquánxìng	safety
适用性	shìyòngxìng	serviceability
耐久性	nàijiǔxìng	durability
经济性	jīngjìxìng	economy
美观性	měiguānxìng	aesthetics
环保性	huánbǎoxìng	environmental protection
桥位	qiáowèi	bridge site
桥面	qiáomiàn	deck
桥式	qiáoshì	bridge type
预可行性研究	yùkěxíngxìng yánjiū	pre-feasibility study
可行性研究	kěxíngxìng yánjiū	feasibility study
投资估算	tóuzī gūsuàn	investment estimate
设计阶段	shèjì jiēduàn	design phase
初步设计	chūbù shèjì	preliminary design
技术设计	jìshù shèjì	technical design
施工图设计	shīgōngtú shèjì	construction detail design
跨径	kuàjìng	span
冲刷深度	chōngshuā shēndù	scouring depth
基本建筑限界	jīběn jiànzhù xiànjiè	fundamental structure gauge
铁路建筑限界	tiělù jiànzhù xiànjiè	railway structure gauge
设计洪水频率	shèjì hóngshuǐ pínlǜ	designed flood frequency
纵断面	zòngduànmiàn	longitudinal section
横断面	héngduànmiàn	cross section
方案比选	fāng'àn bǐxuǎn	scheme comparison
极限状态	jíxiàn zhuàngtài	limit state
承载能力极限状态	chéngzài nénglì jíxiàn zhuàngtài	ultimate limit state

续表

专业词汇	拼音	英文
正常使用极限状态	zhèngcháng shǐyòng jíxiàn zhuàngtài	serviceability limit state
疲劳极限状态	píláo jíxiàn zhuàngtài	fatigue limit state
失稳	shīwěn	instability
塑性变形	sùxìng biànxíng	plastic deformation
累积损伤	lěijī sǔnshāng	cumulative damage
失效概率	shīxiào gàilǜ	probability of failure
可靠指标	kěkào zhǐbiāo	reliability index
目标可靠指标	mùbiāo kěkào zhǐbiāo	objective reliability index
疲劳强度	píláo qiángdù	fatigue strength

思考题（Questions）

1. 简述大型桥梁建设的基本程序和过程。
2. 桥梁工程应该遵循的设计基本原则有哪些？
3. 何为桥梁净空？它分为哪几类？为何说不能“侵限”？
4. 阐述桥梁设计方案比选的过程，以及成果应包含的主要内容。
5. 桥梁设计中应考虑哪几类极限状态？其具体的含义是什么？
6. 铁路桥梁正常使用极限状态对应的限值包括很多项，比如桥梁竖向挠度、梁端折角等，阅读铁路桥梁规范及其条文说明，认识这些限值背后的控制因素。
7. 利用网络资源查找 20 世纪最美的 10 座桥梁及相关资料，并分析其美学特征。

拓展阅读（Extensive Reading）

桥式方案比选案例

黑瞎子岛乌苏大桥地处“中国东极”——黑龙江省抚远市，跨越黑龙江与乌苏里江汇合处的抚远水道，被誉为神州东方第一桥，采用一级公路、双向 4 车道标准建设，设计速度 80km/h。通航要求为单孔单向不小于 95m×135m，单孔双向不小于 190m×135m，图 2-5 为黑瞎子岛乌苏大桥桥式方案比选图，各桥式方案的主要优缺点见表 2-5，经过综合比选，最终选择了单塔单索面斜拉桥方案。建成后的桥梁如图 2-6 所示。

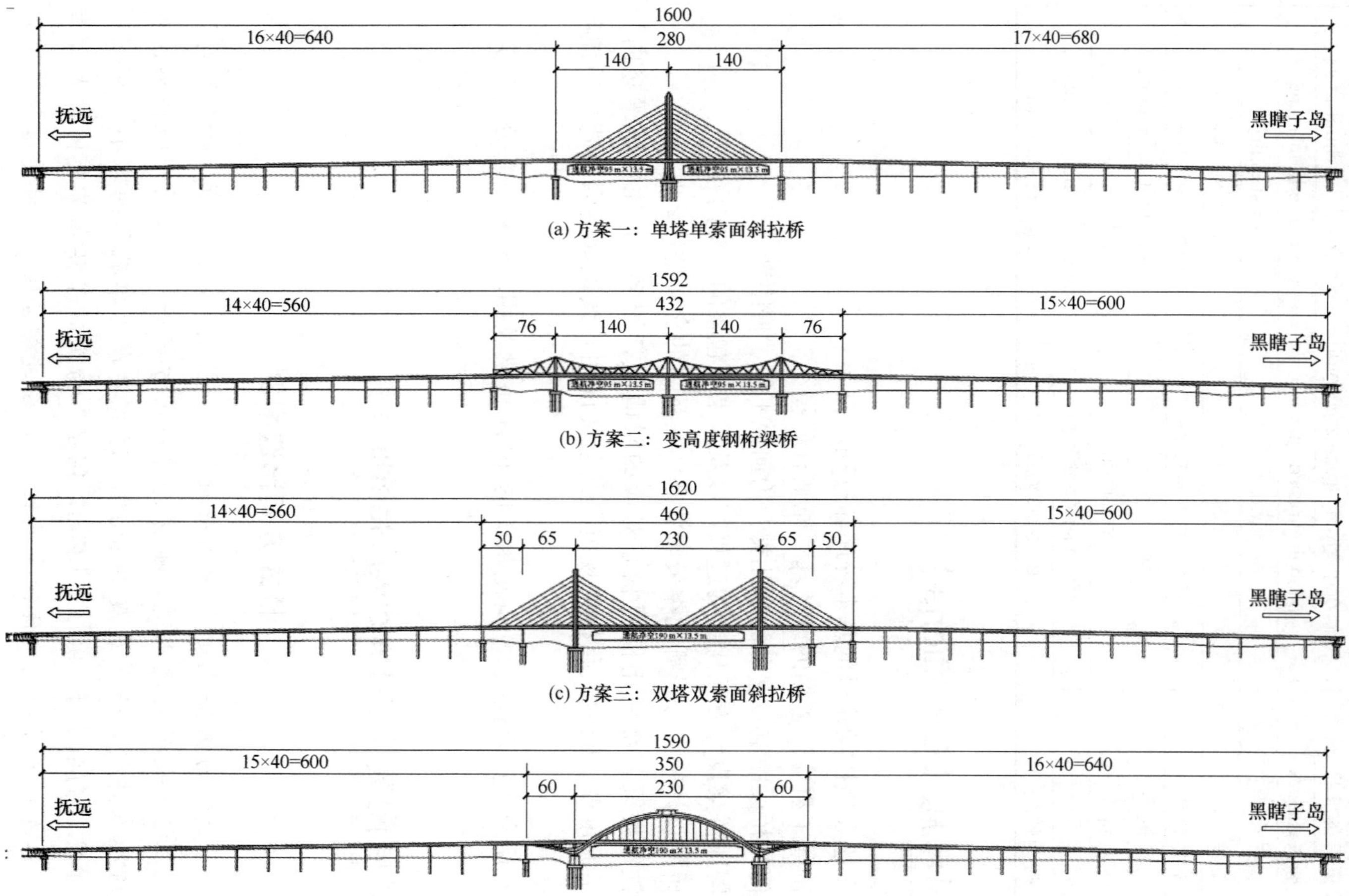

(a) 方案一：单塔单索面斜拉桥

(b) 方案二：变高度钢桁梁桥

(c) 方案三：双塔双索面斜拉桥

(d) 方案四：钢箱拱桥

图 2-5　黑瞎子岛乌苏大桥桥式方案比选图（单位：m）

表 2-5　黑瞎子岛乌苏大桥桥式方案比选表

序号	比较项目		方案一	方案二	方案三	方案四
			单塔单索面斜拉桥	变高度钢桁梁桥	双塔双索面斜拉桥	钢箱拱桥
			(140+140)m	(75+140+140+75)m	(50+65+230+65+50)m	(60+230+60)m
1	主桥长(m)		280	432	460	350
2	桥梁总长(m)		1600	1592	1620	1590
3	技术先进性		具有较好抗扭刚度与经济性的主梁，技术先进	板桁组合结构较为先进，技术成熟	结构普通，技术成熟，不是竞争力强的跨度范围	结构普通，技术成熟
4	施工复杂性		斜拉桥常规对称悬臂施工，技术成熟简单	钢结构工厂制造、现场安装，技术成熟但复杂	斜拉桥常规对称悬臂法施工，技术成熟简单	拱桥先拱后梁施工过程工序多、体系转换复杂
5	建设工期(月)		22	20	22	28
6	可维性		斜拉索与结合梁钢结构量小，维护工作简单	钢结构为主，维护工作量较大，钢桥面维护不易	斜拉索与混凝土结构为主，维护工作简单、量小	钢结构量大，维护工作量较大
7	美观性		单塔单索面斜拉桥简洁挺拔，景观效果好	变高度钢桁梁桥造型匀顺飘逸，但构件繁多杂乱	双塔双索面斜拉桥实例多且易重复，地标性不够	中承式拱桥景观效果好
8	环境影响		仅一个主桥基础位于主河槽，对水流影响小	仅一个主桥基础位于主河槽，对水流影响小	两个主桥基础位于主河槽，对水流影响稍大	两个主桥基础位于主河槽，对水流影响稍大
9	主要材料指标	混凝土(m^3)	62128	59802	68161	64387
		钢材(t)	2780	5600	4635	6200
10	造价(万元)	建安费	27177	34423	32849	39380
		年均维护费	120	100	150	150

图 2-6　黑瞎子岛乌苏大桥

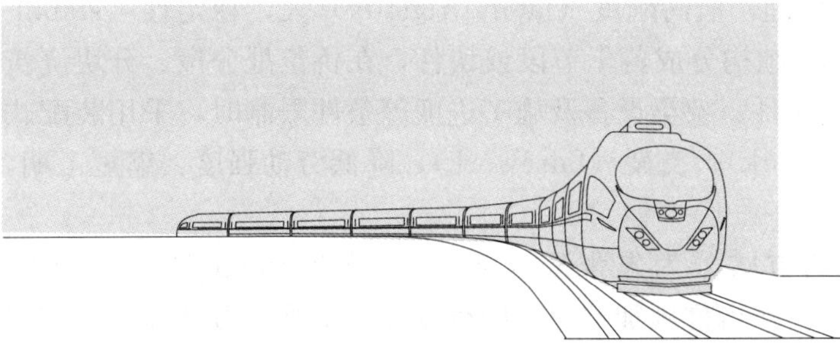

第 三 章

铁路混凝土简支梁桥

Railway Concrete Simply Supported Beam Bridge

第一节 概述（Overview）

简支梁桥是应用最早、使用最广的桥型，属于静定结构（statically determinate structure）。混凝土简支梁桥的优点：传力简单、受力明确，梁中只有正弯矩（bending moment）；结构构造和设计简单；易于系列化、标准化和规模化制造，施工方便，质量可靠；温度变化、基础（foundation）变位、混凝土收缩（shrinkage）和徐变（creep）以及张拉预应力（prestress tension）均不会在结构中产生附加内力（additional internal force）；在竖向荷载作用下，不会产生支点水平力（horizontal force），简化了下部结构的受力，特别适用于软土地基等地质较差的场合。混凝土简支梁桥的不足之处：跨越能力相对较弱，铁路最常用跨度为 40m 及以下；其次是梁缝较多。

铁路混凝土简支梁桥的主要类型：

(1) 按材料类型可分为钢筋混凝土简支梁（reinforced concrete simply supported beam）、预应力混凝土简支梁（prestressing concrete simply supported beam）和钢-混组合简支梁（steel-concrete composite simply supported beam）等。

钢筋混凝土简支梁一般只适合于 20m 以下小跨径。全预应力（full prestressed）混凝土简支梁适用跨度可达50～80m，目前常用的经济跨度为 20～40m。钢-混组合简支梁兼有钢结构和混凝土结构的优点，主要通过在钢梁和混凝土翼缘板（flang slab）之间设置剪力连接件，使混凝土板和钢梁协同工作，适用跨度在 50～64m。

(2) 按结构形式分为整孔式和装配式（assembly）两种。

整孔式指桥梁上部结构在桥位上整体现场浇筑（casting）或整体预制（precast）安装，其结构较为合理，横向刚度（lateral rigidity）大，稳定性（stability）好。装配式指桥梁上部结构分成若干节段或块件，在桥位处分段、分块浇筑或预制安装。当受到运输条件、架梁设备及施工进度等条件限制时，采用装配式结构可以节约模板（formwork）、支架（falsework），降低劳动强度，缩短工期，加快施工进度。

（3）按施加预应力的方式分为先张法（pretensioning method）和后张法（post-tensioning method）；按构件施加预应力的程度分为全预应力和部分预应力（partial prestressed）混凝土；按预应力与混凝土之间的黏结（bonding）性能分为有黏结和无黏结两类。

（4）按主梁截面类型分板梁、肋式梁（rib girder）和箱形梁（box girder），如图 3-1 所示。

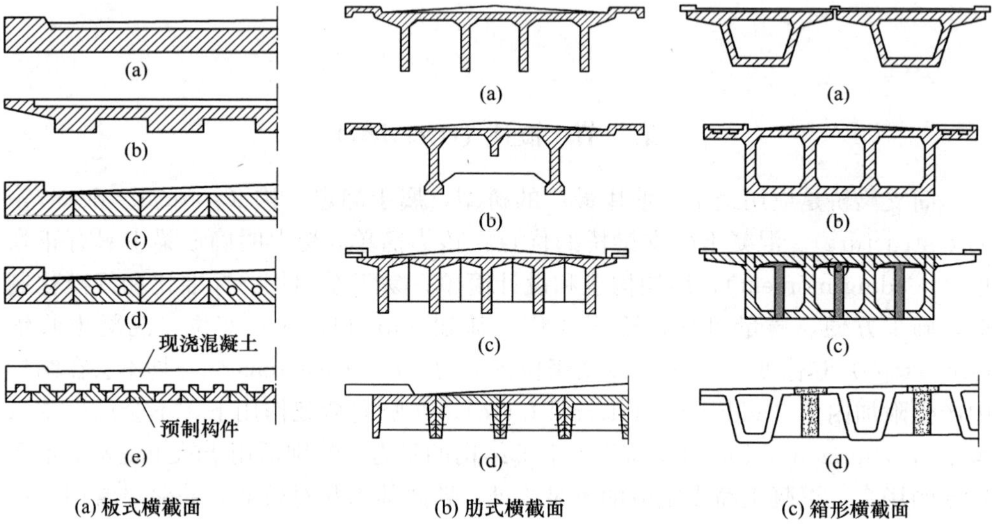

图 3-1　铁路混凝土简支梁截面形式

（cross-section forms of railway concrete simply supported beam）

板梁包括实体或空心板（voided slab），其构造简单、制作方便，但自重（gravity load）较大，梁高（depth of beam）小，适用跨径较小。肋式梁挖空了截面绝大部分不受力的受拉区（tensile region）混凝土，自重明显减轻，包括 Π 形、I 形和 T 形三种基本类型。目前，20～40m 简支梁及对于结构整体性（entirety）要求不高的桥梁结构常采用装配式肋式梁桥。箱形截面是一种闭口薄壁截面，依据构造不同分为分片式（piece assembly type）箱梁和整体式箱梁两类。箱形梁截面竖向、横向抗弯及抗扭刚度（torsional stiffness）均较大，顶板（top slab）和底板（bottom slab）面积均能有效地承担正负弯矩，并满足预应力钢筋布置的需要。对于弯桥、斜桥、异型结构或对整体性及抗扭刚度要求较高的桥梁，往往采用整体式箱形截面，现场浇筑法施工。

第二节 铁路混凝土简支梁构造
(Structure of Railway Concrete Simply Supported Beam)

铁路桥梁（railway bridge）以计算跨度（computed span）标识桥梁的跨度，常用计算跨度有16m、24m和32m等，对应实际梁长（length of beam）分别为16.50m、24.60m和32.60m，桥墩（pier）中心距离一般为16.60m、24.70m和32.70m。高速铁路（high-speed railway）桥梁中，因构造原因，梁长和墩中心距离与前述数据相同，但计算跨度略小。

一、钢筋混凝土简支梁 (Reinforced Concrete Simply Supported Beam)

铁路钢筋混凝土简支梁适用于计算跨度 L_0 小于或等于20m的小桥，主要跨度包括4m、5m、6m、8m、10m、12m、16m、20m。目前，L_0 大于或等于16m的梁多采用预应力混凝土结构。钢筋混凝土简支梁以分片式结构为主，单线铁路每跨为两片式结构，常用的截面形式有板式和肋板式。

对于计算跨度 L_0 小于或等于6m的简支梁，由于跨度小、梁高低，考虑制造方便，采用实体板式截面。图3-2为跨度为5m、由两片主梁组成的普通单线铁路桥的横截面。为了节省材料，在板的下部适当减窄。由于板底支承面较宽，截面重心较低，不会发生侧向倾覆，故两片梁之间未设置任何联结。

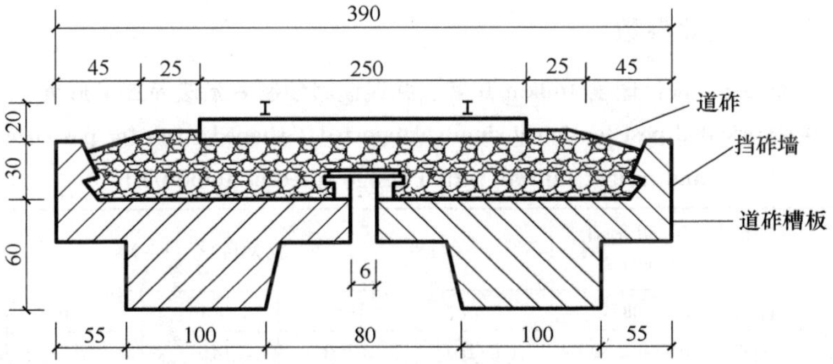

图3-2 单线铁路板梁桥横截面（单位：cm）
(cross section of single-track railway slab beam bridge)

对于跨度在8m及以上的梁，随着跨度的增大，梁高也随之增加，为了节省材料和减轻梁重，便于架设和运输，采用肋板式T形截面。

目前新建工程中，为提高分片式T形梁桥的整体性，分片架设后采取现浇混凝土桥面湿接缝、横隔板（diaphragm）连成整体并施加横向预应力等措施。横隔板设置在支点、跨中（midspan）、$L/4$、$3L/4$ 等位置。横隔板的作用不仅使梁连成整体，保持横向稳定性，更重要的是使各片梁在列车荷载下能很好地共同工作。由于单片T形梁易于侧向倾覆，运输及架设时应设置临时支撑。

铁路线路平曲线半径比较大，曲线上的简支梁一般采用与直线梁相同的结构尺寸，对配筋予以加强以满足偏心荷载要求。

二、后张法预应力混凝土简支梁（Post-tensioned Prestressed Concrete Simply Supported Beam）

为增强简支梁的跨越能力，充分利用高强度钢材及高等级混凝土，提高桥梁抗裂性能和耐久性（durability），计算跨度在12m以上的铁路混凝土简支梁常采用预应力混凝土梁。铁路预应力混凝土简支梁应用跨度一般为12～32m，最大跨度达64m，截面类型多为T形或箱形。

（1）普速铁路后张法预应力混凝土简支T形梁

现行客货共线铁路后张法预应力混凝土简支T形梁，有设计速度160km/h和200km/h，新建、改建Ⅰ、Ⅱ级单线和双线，跨度为32m、24m、20m、16m和12m等。对于客货共线标准轨距的新建、改建Ⅰ、Ⅱ级单线铁路，桥面宽4.9m，由两片梁组成；当双线线间距按4.2m设计时，桥面宽8.9m，由4片梁组成；当线间距大于4.2m，小于5.0m时，调整中梁间湿接缝宽度以满足需要。当线间距大于5.0m时，采用并置单线布置。两片梁的梁肋（rib of beam）中心距为2.2m（单线）或2.0m（双线）。对横隔板施加横向预应力将各片梁连成整体，并进行桥面连接。

表3-1和表3-2分别为不同跨度、设计速度160km/h的客货共线铁路预制后张法简支T形梁主要参数。

表3-1 设计速度160km/h客货共线铁路预制后张法简支T形梁（prefabricated post-tensioned simply supported T-shaped beam for passenger and freight railway with a design speed of 160km/h）

类型	二期恒载（dead load）（kN/m）		主梁自重（kN）				
线别	直线	曲线	12m	16m	20m	24m	32m
单线（孔）	78.83	88.50	841	1200	1497	1897	2685
双线（孔）	163.27	181.70	1637	2341	2885	3658	5187

表3-2 设计速度160km/h客货共线简支T形梁主要尺寸（primary dimensions of simply supported T-shaped beam for passenger and freight railway with a design speed of 160km/h）

类别	跨度（m）				
	12	16	20	24	32
计算跨度（m）	12.0	16.0	20.0	24.0	32.0
梁长（m）	12.5	16.5	20.6	24.6	32.6

续表

类别	跨度（m）				
	12	16	20	24	32
梁高（m）	1.3	1.6	1.8	2.1	2.5
轨底至梁底距离（m）	1.95	2.25	2.45	2.75	3.15

图 3-3 为计算跨度 16m、设计速度 160km/h 简支 T 形梁的一般构造图。混凝土强度等级为 C55。梁全长 16.5m，主梁高度为 1.6m，单线铁路梁顶面全宽 4.9m［不含人行道（sidewalk）］，单片 T 形梁的道砟（ballast）槽宽为 2.4m，

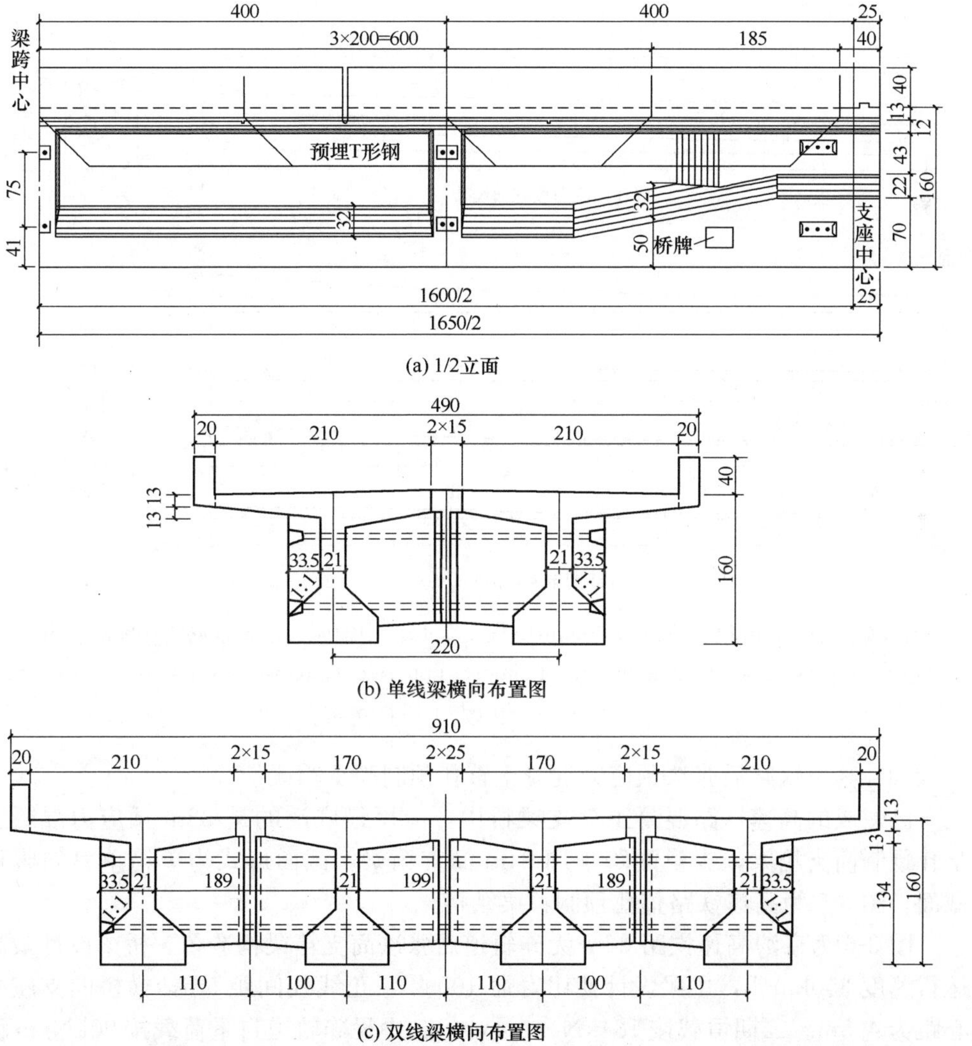

图 3-3 跨度 16m 设计速度为 160km/h 简支 T 形梁一般构造图（单位：cm）
(structural diagram of simply supported T-shaped beam with span of 16m and design speed of 160km/h)

跨中部分腹板（web）厚为 21cm，靠近梁端部分增厚到 44cm，以适应腹板内斜向拉力变化的需要。考虑钢筋的合理布置和施工方便，下翼缘宽 88cm。边梁道砟槽板边缘厚度为 130mm，满足最小厚度 120mm 的要求，挡砟墙（ballast wall）沿全桥设 2 条断缝。

图 3-4 为其预应力钢束布置图。每片梁中布置 5 束公称直径 15.2mm 的钢绞线（steel strand），抗拉强度为 1860MPa，弹性模量（elastic modulus）为 1.95×10^5 MPa，采用自锚式拉丝体系锚固、夹片式锚具（anchorage device）。横向预应力采用直径 16mm 的预应力混凝土用钢棒，抗拉强度为 1420MPa，弹性模量为 2.0×10^5 MPa。

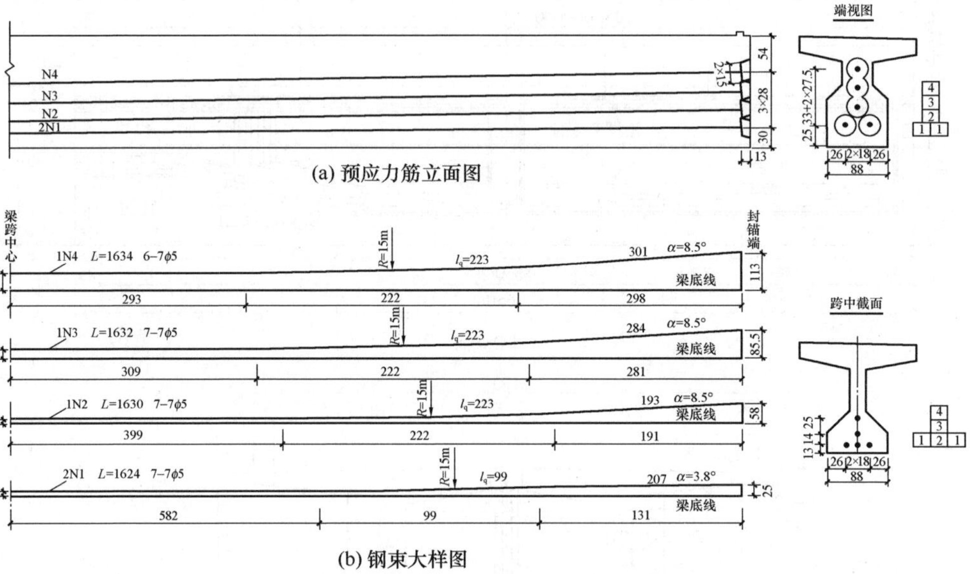

(a) 预应力筋立面图

(b) 钢束大样图

图 3-4 跨度 16m 设计速度为 160km/h 简支 T 形梁中预应力钢束布置图（单位：cm）
(layout of prestressed tendons layout of simply supported T-shaped beam with span of 16m and design speed of 160km/h)

（2）高速铁路后张法预应力混凝土整孔预制简支箱梁

已建成的高速铁路混凝土简支梁桥中，应用最广泛的是 32m 预应力混凝土整孔预制简支箱梁，少量配跨采用 24m 简支箱梁，截面形式为单箱单室斜腹板截面。图 3-5 为高速铁路整孔预制箱梁结构。

图 3-6 为京沪高速铁路 32m 无砟轨道后张法简支箱梁构造图。桥梁设计最高运行速度 350km/h，主梁设计使用寿命 100 年。正线线间距 5m，横桥向支座中心距为 4.5m。二期恒载按 184kN/m 设计，其中无砟轨道自重荷载按 90kN/m 设计。人行道外侧设置人行道栏杆（parapet）、挡板或声屏障，人行道挡板每侧按 6.5kN/m 设计，声屏障按每侧竖向力 15kN/m 设计，弯矩按 16.5kN·m 设计。

图 3-5 高速铁路整孔预制箱梁结构
(structure of whole span prefabricated box girders for high-speed railway)

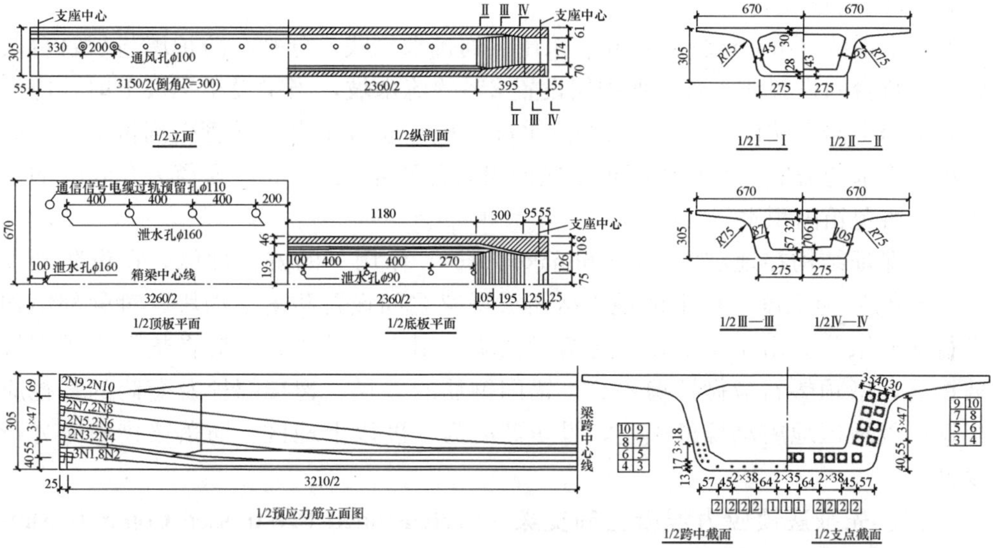

图 3-6 京沪高速铁路 32m 无砟轨道后张法简支箱梁构造图
(structure of post-tensioned simply supported box girder for 32m ballastless track of Beijing-Shanghai high-speed railway)

主梁为单箱单室等高度箱梁截面，梁端顶板、底板及腹板局部向内侧加厚。防护墙内侧的桥面净宽（clear width）9.4m，桥上人行道内侧净宽 13.2m，桥梁净宽 13.4m，桥梁建筑总宽度 13.8m。梁长 32.6m，跨度为 31.5m，梁高为 30.5m，箱梁顶板厚 30cm，跨中截面底板和腹板厚分别为 28cm 和 45cm。由于预应力钢束弯起锚固的需要，支座附近的底板加厚到 70cm，腹板厚度增大到 105cm。每孔梁重为 819.05t。

梁体采用 C50 混凝土，封锚采用 C50 无收缩混凝土，防护墙、遮板、电缆槽及盖板混凝土采用 C40。预应力钢绞线采用 1×7-15.20-1860，锚固体系采用自锚式拉丝体系，管道采用直径 80mm 和 90mm 的抽拔管或相同内径的波纹管 (corrugated pipe) 成型。整个截面共 27 束钢绞线。跨中反拱的理论值为 17.84mm，其他位置按二次抛物线设置，施工反拱的设置应充分考虑混凝土收缩徐变及预期二期恒载上桥时间确定。

支座采用客运专线盆式支座 (pot bearing)，型号为 KTPZ-I-6000 型或 KTPZ-IV-6000 型，每孔双线梁采用固定支座、纵向活动支座 (movable bearing)、横向活动支座、多向活动支座各一个。

主梁两侧腹板上设置直径为 100mm 的通风孔，通风孔距梁底距离为 1.9m，间距 2.0m。若通风孔与预应力筋相碰，则应适当移动其位置，并保证与预应力钢筋的保护层 (protective coating) 距离大于 1 倍管道直径，在通风孔处增设直径 170mm 的螺旋筋。

排水系统 (drainage system) 采用三列排水方式，分别在防护墙与承轨台及两线承轨台间设置泄水管。保护层设置 2%的流水坡，当梁设于平坡上时，应沿纵向由跨中向两端设置 3%左右的流水坡，积水通过排水管导管引到桥下。为满足箱内排水的需要，在箱梁底板沿纵向设置间距不大于 4m，内径为 80mm 的泄水孔，避免箱内积水。

为保证结构在地震力 (earthquake force) 作用下的安全性能，在设防烈度 (intensity) 为 7 度及以上的地震区桥梁墩梁之间设置防落梁挡块，对梁部结构进行横向限位。由于梁部预埋防落梁挡块作用于支承垫石，应在垫石中预埋抗剪钢筋，墩顶垫石应做抗剪检算。锚固钢筋的直径、连接螺栓及套筒的直径应根据所处地区地震动峰值确定，设防烈度为 8 度以上地区，防落梁措施应另行设计。

三、先张法预应力混凝土简支梁 (Pretensioned Prestressed Concrete Simply Supported Beam)

与后张法相比，先张法预应力混凝土简支梁的预应力靠黏结力自锚，省去了管道成型、压浆 (grouting)、封锚等工艺，施工简单，临时锚具可以重复使用，大批量生产时效率较高，质量稳定，张拉力较小，适用于小跨径桥梁批量化生产。

(1) 小跨度先张梁

针对不同荷载类型，小跨度先张梁跨度为 8～12m，包括直线和曲线、普通高度和低高度梁。小跨度先张梁截面形式有板式、工字形两种，其中板式包括空心和实心，如图 3-7 所示。普通高度的先张梁采用工字形截面 [图 3-7(a)]，每孔分为两片，梁在工地架设就位后，用横隔板连接成整孔。对于低高度先张梁，跨度 8m 的采用实心板式截面［图 3-7(b)］，跨度 10m 的采用空心板式截面［图 3-7(c)］，跨度 12m 和 16m 采用工字形截面［图 3-7(d)］。由于梁高较低，预应力钢束数量有所增加，为降低预应力筋重心位置，梁下翼缘较宽；且由于梁高较低，每片梁自身稳定性较好。

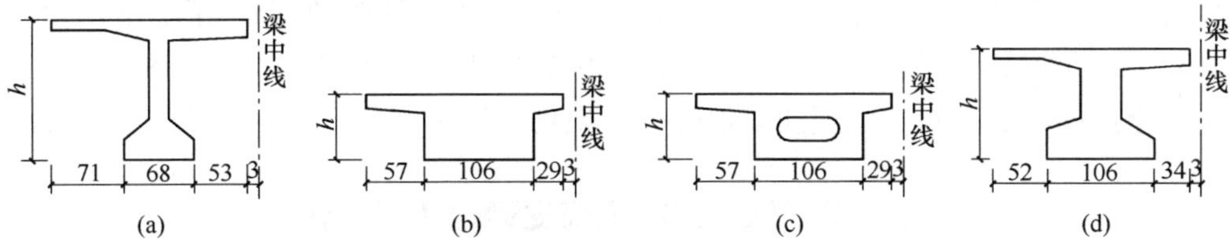

图 3-7　先张法铁路预应力混凝土简支梁截面形式（单位：cm）
(cross section forms of pretensioned prestressed concrete simply supported beam)

先张法预应力混凝土梁的力筋可以采用高强度钢丝（steel wire）、粗钢筋和钢绞线三种。其中，强度和疲劳性能满足铁路动载要求的高强度精轧螺纹钢和高强度低松弛的钢绞线，质量稳定，自锚可靠，是比较理想的力筋形式。

（2）高速铁路 32m 整孔预制先张箱梁

图 3-8 为高速铁路 32m 先张法整孔式箱梁构造图。跨中梁高 2.8m，支点梁高 3.0m，桥面宽度 13m，在距梁端 4.5m 范围内，箱梁顶板、底板及腹板均加

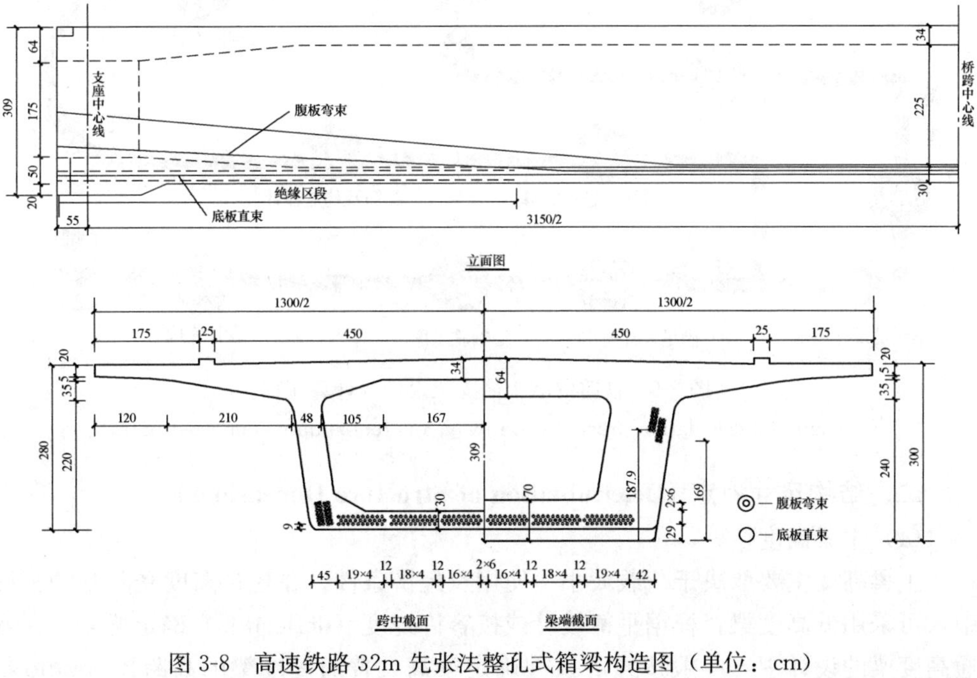

图 3-8　高速铁路 32m 先张法整孔式箱梁构造图（单位：cm）
(structural diagram of whole span pretensioned box girders of 32m for high-speed railway)

厚。为适应弯矩和剪力沿梁跨度分布，采用了“直线＋折线＋绝缘”的预应力钢束布置方式，其中腹板预应力钢束采用折线布置，底部束采用“直线＋绝缘”的方式。腹板弯束和底板直束分别采用 1×7-15.20-1860 和 1×7-17.80-1860 钢绞线。每片梁施工时当梁体混凝土强度达到设计强度的 90%、弹性模量达到相应数值时开始放张，放张控制应力为 1200MPa。整片箱梁的 C50 混凝土用量为 315.2m^3，曲线和直线箱梁的预应力钢束用量分别为 10.6t 和 10.4t。该梁型因制作台座造价昂贵、施工周期和效益问题，现场应用不多。

第三节　铁路混凝土简支梁设计与计算
(Design and Calculation of Railway Concrete Simply Supported Beam)

一、设计计算主要内容 (Main Contents of Design Calculation)

铁路混凝土简支梁设计与计算主要内容包括：①结构尺寸拟定；②结构荷载计算；③结构内力计算；④预应力和普通钢筋配置设计；⑤按照规范进行截面强度和结构刚度检算；⑥施工图纸绘制。图 3-9 为铁路混凝土简支梁设计与计算流程。

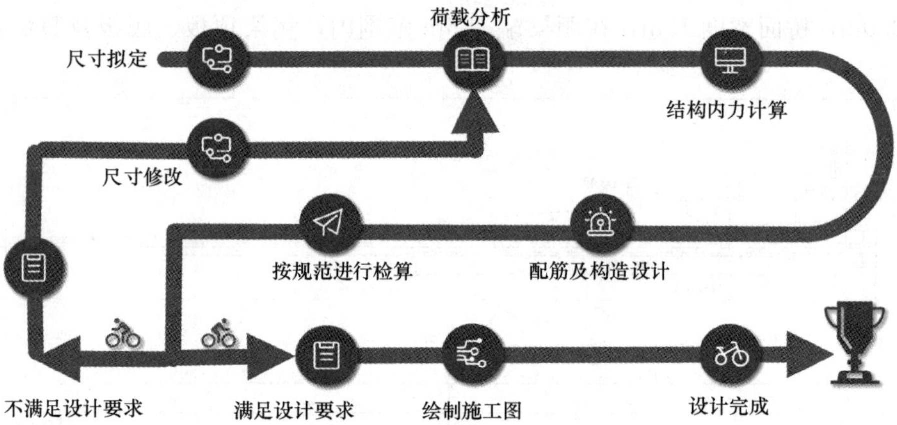

图 3-9　铁路混凝土简支梁设计与计算流程
(design and calculation process of railway concrete simply supported beam)

二、结构尺寸拟定 (Determination of Structure Dimensions)

(1) 主梁高度

主梁高度主要取决于荷载大小、使用及经济条件。在建筑高度受限制的桥梁中，可采用低高度梁，根据平衡设计或按容许挠度 (deflection) 确定梁高。在普通高度梁的设计中，一般按经济条件确定梁高。普通高度梁的高跨比 (ratio of rise to span) 为 1/9～1/7，低高度梁则为 1/15～1/11。客货共线铁路预应力混凝土简支T形梁的高跨比为1/12～1/8，高速铁路预应力混凝土简支箱梁的高跨比为1/12～1/10。梁的跨度越大，高跨比越趋下限。

（2）梁肋厚度

梁肋厚度取决于梁内最大主拉应力（principal tensile stress）和主筋布置的构造要求。由于简支梁剪力由支座向跨中逐渐减小，梁肋通常设计成分段等厚度，并设置厚度渐变段过渡。T形梁设计中，一般在梁肋下翼缘增宽，形成马蹄形，既可以满足布筋的要求，又可保证安放和移梁时的稳定需要。梁肋厚度一般为20～40cm，且要满足规范规定的梁肋最小厚度构造要求。后张预应力混凝土梁因其弯起的预应力钢筋竖向分力能平衡部分荷载剪力，其腹板厚度相对较薄。

（3）梁肋间距

分片式T形梁梁肋间距的确定，首先考虑梁肋两侧内外道砟槽板的悬臂弯矩大致相近，有利于板内钢筋的布置；同时考虑运输架设时梁的稳定性，每片梁的重心应尽量位于梁肋中心附近。铁路简支梁标准设计中，各种跨径的梁肋中心距一般为1.8m、2.0m或2.2m。

（4）桥面板厚度

桥面板厚度由构造要求及受力条件确定。铁路规范规定桥面板最小厚度为12cm。图3-10为2201型铁路简支T形梁实物。

图3-10　2201型铁路简支T形梁
（2201-type railway simply supported T-shaped beam）

三、桥面板（道砟槽板）计算（Calculation of Bridge Deck）

以单线有砟铁路T形梁桥面板计算为例。道砟槽板支承在梁肋上面，每片梁的内外侧道砟槽板按固结在梁肋上的悬臂板计算。道砟槽板承受的荷载有恒载（dead load）和活载（live load）之分。恒载包括板自重以及线路等附属设备重，道砟密度按21kN/m^3计。道砟槽板承受的列车荷载按特种活载计，特种活载作用图式如图3-11所示。

外侧道砟槽板还应计算人行道的恒载和活载。人行道恒载包括人行道支架栏杆和步板自重，人行道活载，在距桥中心2.45m以内范围考虑养护翻修道床时堆放道砟，按10kN/m^2计算，在距离桥中心2.45m以外范围按4kN/m^2计算。

道砟槽板内力计算控制截面为板肋交接处以及板厚变化处。计算时取沿桥梁方向1m宽板带进行，荷载组合情况如下：

（1）内侧板：按恒载＋列车活载计算；

（2）外侧板：按下面两种情况计算：①恒载＋人行活载；②恒载＋列车活载

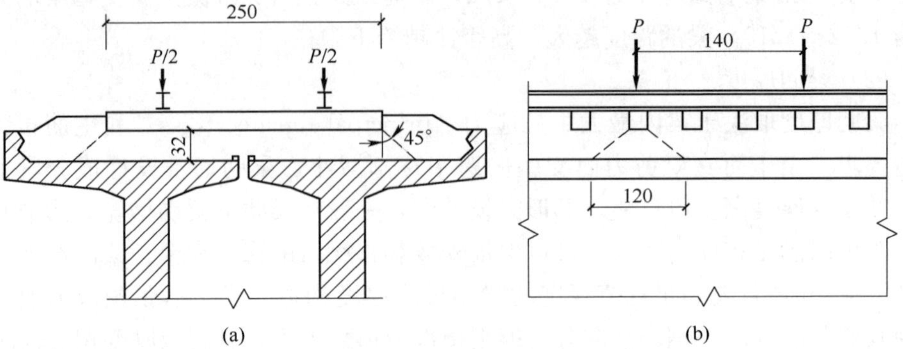

图 3-11　道砟槽板上活载的分布（单位：cm）（distribution of live load on ballast tank）

＋桥梁中心 2.45m 以外的人行活载。

湿接缝连接的道砟槽板，二恒和活载内力按单向板和规范的简化方法计算。

四、主梁内力计算及组合（Calculation and Combination of Internal Force for Main Girder）

（1）荷载计算（load calculation）

主梁所承受的荷载包括恒载和活载。恒载包括道砟和线路设备、人行道和梁体自重等。活载包括：列车活载和人行道的竖向活载。列车活载需计入冲击影响。人行道的竖向静活载应按实际情况确定。

（2）主梁内力计算（internal force calculation of main girder）

主梁内力计算包括：跨中、$L/4$ 等截面处的最大弯矩以及支点、跨中及尺寸变化截面的最大剪力。

恒载内力按全桥满布均匀荷载作用下的简支梁计算。活载在主梁内产生的最大内力，可利用有关影响线进行最不利加载，并计入动力系数（dynamic factor）。

（3）内力组合（combination of internal forces）

由各单项荷载引起的最不利内力，按规范要求的组合规定进行组合，形成梁的弯矩包络图（bending moment envelope）和剪力包络图。

五、预应力钢束布置及设计（Layout and Design of Prestressed Tendon）

预应力钢束布置原则：

（1）预应力筋应具有最大的偏心以增强截面抗弯能力；

（2）预应力筋重心的偏心不能太大，以使预加应力阶段截面上缘混凝土不出现过大拉应力而导致截面上缘开裂；

（3）使用阶段活载作用下，截面下缘混凝土不出现拉应力，要求预应力筋的偏心尽可能大以充分利用预应力钢筋。

若构件混凝土截面和预应力钢筋面积已经确定，根据（2）（3）两条要求，确定沿梁各截面预应力筋重心容许偏心的上限和下限，得到束界图。这里的重心指全部预应力钢束的重心，即预应力钢束合力作用点，个别预应力钢束位置在束界之外并不受此限制。当上下束界出现交叉时，说明无可行的预应力束布束区，此时需修改截面尺寸。

具体计算和布置预应力钢束方法如下：根据跨中荷载弯矩计算确定预应力钢束面积。随着跨中向支点弯矩逐渐减小，剪力逐渐增大，要求预应力钢束从跨中向支点逐渐向上弯起，以减小预加力产生的负弯矩，同时可抵消一部分荷载剪力，使梁端剪力减小。另外，预应力钢束向上弯起，也便于梁端锚具均匀布置，减小梁端压力集中，且使千斤顶有足够工作空间。为了减小弯起钢束内侧混凝土局部压应力，钢束曲率半径（radius of curvature）不宜过小，规范规定不得小于钢丝直径的 800 倍，且不小于 4m。预应力钢束的起弯角度不宜过大，取 6°～9°为宜。钢束在梁端位置由锚具的布置决定。在确定了起弯角及曲率半径后，即可求出钢束各段长度及位置。

六、主梁截面检算 (Check and Calculation of Main Girder Section)

（1）极限承载能力（ultimate bearing capacity）

该状态下预加力不作为外荷载，但在混凝土超静定结构中应计入预加力引起的次内力。承载能力（bearing capacity）极限状态计算，荷载设计值（design value）可取基本组合和偶然组合中最不利者，包括正截面承载力和斜截面承载力计算。

初步设计时可以根据正截面承载力条件估算预应力钢筋面积 A_p，对于部分预应力梁，还应考虑非预应力受力钢筋面积 A_s。矩形截面或翼缘位于受拉边的 T 形截面构件，可按式（3-1）～式（3-3）计算：

$$M_d \leqslant f_{cd} b x Z_p = f_{ptd} A_p Z_p \tag{3-1}$$

$$A_p = \frac{M_d}{f_{ptd} Z_p} \tag{3-2}$$

$$Z_p = h_0 - \frac{x}{2} \tag{3-3}$$

式中，M_d 为弯矩设计值；f_{cd} 为混凝土轴心抗压强度设计值；b 为矩形截面宽度或 T 形截面腹板宽；x 为截面受压区高度；h_0 为截面有效高度；f_{ptd} 为预应力钢筋的抗拉强度设计值；A_p 为纵向受拉预应力钢筋的截面面积；Z_p 为预应力钢筋重心到受压合力作用点的距离。

当预应力钢筋面积及布置确定之后，再按强度条件对其进行校核。梁的斜截面抗弯及抗剪强度的具体检算方法参见规范中的有关规定。

（2）弹性阶段应力计算（stress analysis in elastic stage）

① 正应力（normal stress）

选取控制截面，如 $L/2$、$L/4$ 或变截面处，根据正常使用阶段作用荷载引起的内力，计算梁正截面上混凝土及钢筋（预应力筋及非预应力筋）的应力。计算时把预加力作为偏心压力荷载考虑，然后将外荷载及预加力两者引起的应力进行叠加。在运营阶段，预加力应扣除钢束中预应力损失。

当计算由荷载引起的应力时，先张法构件可以采用换算截面；后张法构件压浆前采用净截面，压浆后由于预应力钢筋与混凝土的黏结作用应采用换算截面；当计算由预应力引起的应力时，除指明者外一般均采用净截面；当截面性质对计算应力或控制条件影响不大时，也可采用毛截面。

施工和运营阶段的混凝土和钢筋应力，均不得超过规范规定的限值。

② 主拉应力

为保证预应力混凝土梁在施工和运营阶段的斜截面抗裂性，必须进行主拉应力计算，详见《铁路桥涵设计规范（极限状态法）》（Q/CR 9300—2018）。

（3）抗裂性（crack resistance）

抗裂计算包括正截面抗裂和斜截面抗裂计算。铁路混凝土桥梁正截面抗裂计算采用抗裂安全性计算。计算时，需考虑混凝土受拉的塑性效应，要求其抗裂安全系数 K_f 不小于1.2 。斜截面抗裂一般计算混凝土的主拉应力 σ_{tp} ，要求 σ_{tp} 不大于 βf_{tk} ，β 不大于 1.0 。其中，β 具体取值见《铁路桥涵设计规范（极限状态法）》（Q/CR 9300—2018）。对拉应力不受限制或允许出现裂缝（crack）的混凝土构件，应按规定检算裂缝宽度，应使 W_{tk} 不大于[W]，W_{tk} 为计算特征裂缝宽度，[W] 为规范规定的裂缝宽度限值。

（4）疲劳承载能力（fatigue bearing capacity）

铁路桥梁由于活载占比大，疲劳问题突出，需对疲劳承载能力进行检算。铁路桥梁实际承受的是变幅重复荷载，《铁路桥涵设计规范（极限状态法）》（Q/CR 9300—2018）采用等效等幅重复应力法进行疲劳检算，须将按标准活载求得的应力换算为相应的等效等幅应力。材料等效等幅应力换算应力系数 K 是根据标准荷载效应比频谱，按不同年运量、跨度以及材料的相应 S-N 曲线方程，在荷载循环次数 $N=2\times10^6$ 次时计算的，具体数值可查《铁路桥涵设计规范（极限状态法）》（Q/CR 9300—2018）相应表格。

七、主梁变形检算（Deformation Calculation of Main Girder）

为了确保列车运行的安全性、平顺性和旅客列车的舒适性，特别是高速铁路，需对桥梁结构的变形进行限制，主要包括竖向、横向、梁端转角变形等静力指标以及基频、加速度（acceleration）和舒适度等动力指标。

（1）竖向挠度（vertical deflection）

恒载挠度可以通过施工预拱度予以调整。活载作用下，通常采用竖向挠度限值作为桥梁竖向刚度指标。表 3-3 为高速铁路桥梁竖向挠度限值。

表 3-3 高速铁路桥梁竖向挠度限值
(limit values for vertical deflection of high-speed railway bridge)

速度（km/h）	$L\leqslant40$m	40m$\leqslant L\leqslant$80m	$L>80$m
250	$L/1400$	$L/1400$	$L/1000$
300	$L/1500$	$L/1600$	$L/1100$
350	$L/1600$	$L/1900$	$L/1500$

（2）工后徐变上拱（creep camber after construction）

预应力混凝土梁截面长期处于偏压状态，随着时间的推移，梁体逐渐产生较大的徐变上拱。铺设无砟轨道的桥梁，运营期间桥梁产生徐变上拱只能通过扣件调整，由于扣件的调整量非常有限，设计、施工必须严格控制轨道铺设后的徐变上拱量。有砟轨道桥面，梁体的竖向变形不应大于 20mm。无砟轨道桥面，跨度在 50m 及以下，梁体竖向变形不应大于 10mm；跨度大于 50m，梁体竖向变形不应大于跨度的 1/5000，且不应大于 20mm。

（3）横向变形（lateral deformation）

为保证轨道的方向性，对梁体的横向挠度和梁端横向折角也要控制。在列车横向摇摆力、离心力、风力和温度的作用下，梁体水平挠度不应大于 $L/4000$；高速铁路、城际铁路无砟轨道桥梁相邻梁端两侧的钢轨支点处横向相对位移不应大于 1mm。斜交桥、双线桥等不对称受力的桥梁结构上以及对称结构上桥梁与线路偏心，均会导致桥面轨道扭曲不平顺。高速铁路在 3m 长的线路范围内一线两根钢轨的竖向相对变形限值为 1.5mm。桥面扭曲变形示意图如图 3-12所示。

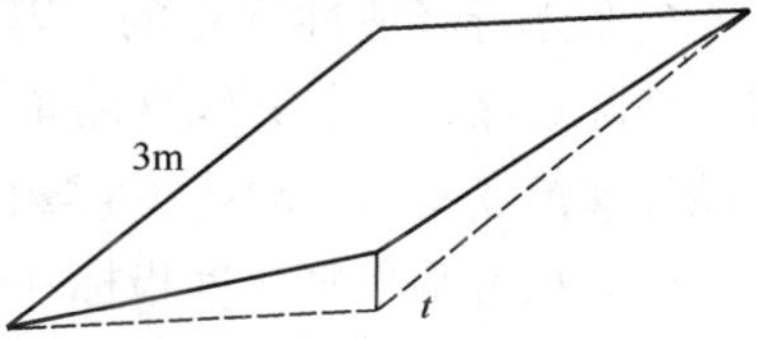

图 3-12 桥面扭曲变形（bridge deck distortion deformation）示意图

（4）梁端转角（rotation angle at beam end）

图 3-13 为铁路简支梁桥梁端转角示意图。在列车荷载作用下，主梁与桥台、相邻主梁之间梁缝宽度频繁变化并伴随梁端桥面上抬。梁缝处轨道刚度较大，相应轮轨作用也大，为保持有砟轨道梁缝处道床稳定性和无砟轨道梁缝处附近扣件

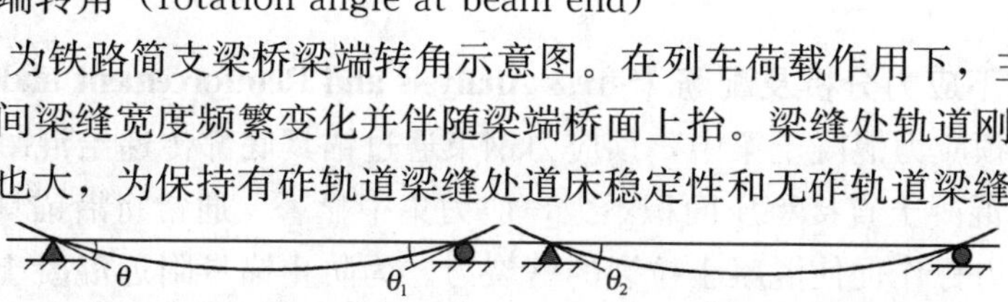

图 3-13 梁端转角（rotation angle at beam end）示意图

处于良好受力状态，保证桥上列车安全平稳运行，高速铁路梁端转角限值见表 3-4。

表 3-4 高速铁路桥梁梁端转角限值

(limit values of rotation angle at beam end for high-speed railway bridge)

桥上轨道类型	位置	限值（rad）	备注
有砟轨道	桥台与桥梁之间	$\theta \leqslant 2.0‰$	—
	相邻两孔梁之间	$\theta_1 + \theta_2 \leqslant 4.0‰$	—
无砟轨道	桥台与桥梁之间	$\theta \leqslant 1.5‰$	梁端悬出长度≤0.55m
		$\theta \leqslant 1.0‰$	0.55m<梁端悬出长度≤0.75m
	相邻两孔梁之间	$\theta_1 + \theta_2 \leqslant 3.0‰$	梁端悬出长度≤0.55m
		$\theta_1 + \theta_2 \leqslant 2.0‰$	0.55m<梁端悬出长度≤0.75mm

注：θ 为梁体的梁端竖向转角；θ_1，θ_2 分别为相邻跨梁体各自的梁端竖向转角。

（5）梁体自振频率（natural frequency of beam）

当列车以一定的速度过桥所产生的激振频率与桥梁固有频率相近时，易引发共振，造成道床松散，钢轨损伤，也会引起混凝土开裂，结构疲劳损伤加剧，承载力降低，甚至危及桥梁的安全。为了避免产生此类现象，需对桥梁的最小自振频率（natural frequency）加以限制。当桥梁设计速度在 200km/h 及以上时，铁路混凝土简支梁竖向自振频率不应低于下列限值 n_0（单位：Hz）：当简支梁跨度 $L \leqslant 20\text{m}$ 时，$n_0 = 80/L$；当 $20\text{m} < L \leqslant 128\text{m}$ 时，$n_0 = 23.58L^{-0.592}$。

（6）加速度限值（limit value of acceleration）

列车走行舒适性评定的最基本指标是车体的竖、横向振动加速度。高速铁路、城际铁路、客货共线铁路车体竖向振动加速度 $a_z \leqslant 1.3\text{m/s}^2$（半峰值）；横向振动加速度 $a_y \leqslant 1.0\text{m/s}^2$（半峰值）。

（7）旅客乘坐舒适度指标（index of passenger comfort）

桥梁振动会对人产生心理和生理效应，引发过往司机及行人的不舒适和不安全感，但目前还没有统一的舒适度指标。斯佩林舒适度指标多用于司乘人员舒适度评价，狄克曼舒适度指标多用于行人对桥振动的敏感性评价。高速铁路、城际铁路的斯佩林舒适度指标 $W \leqslant 2.50$ 为优；$2.50 < W \leqslant 2.75$ 为良好；$2.75 < W \leqslant 3.00$ 为合格。

八、锚下应力分析及配筋（Stress Analysis and Reinforcement under Anchorge）

后张法预应力混凝土梁中，预应力钢束通过锚具底部传递给混凝土很大的压力 N，锚下混凝土直接承压面积不大，应力集中显著。通常将沿锚具中线截面上拉应力的合力称作促使混凝土拉裂的劈裂力。为防止锚具附近混凝土开裂，需要对局部承压区的承压及抗裂性进行检算，还必须配以足够的局部锚下钢筋网或螺旋钢筋予以加强。

第四节　铁路混凝土简支梁制造及架设
(Manufacturing and Installation of Railway Concrete Simply Supported Beam)

一、后张法预应力混凝土梁的制造 (Manufacturing of Post-tensioned Prestressed Concrete Beam)

后张法预应力混凝土梁的制造过程是：先浇筑梁体混凝土并预留孔道，待混凝土达到一定强度后，在孔道中穿入预应力筋并进行张拉锚固，再拆除张拉设备。图 3-14 为后张法预应力 T 形梁的制造工艺流程。

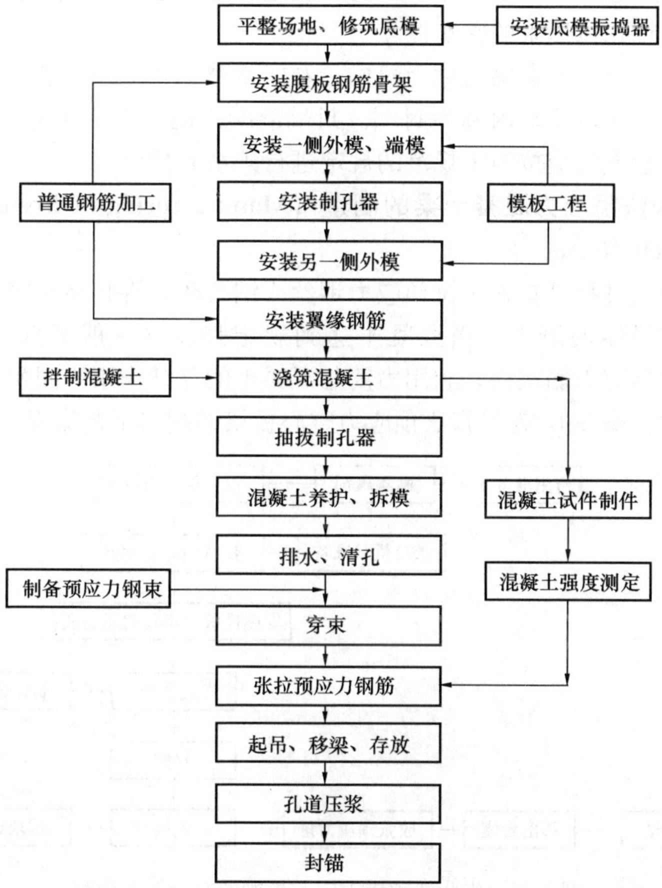

图 3-14　后张法预应力 T 形梁的制造工艺流程
(manufacturing process of post-tensioned prestressed T-shaped beam)

梁体内预留预应力孔道的制孔器类型主要有铁皮管、金属波纹管、塑料波纹管、橡胶管等，均应按照预应力筋的形状和设计位置固定在钢筋骨架中，形成预应力孔道。相比之下，橡胶管易从梁体拔出，是预制梁场制梁最为常用的形式，经济性好。当梁体混凝土的强度达到设计要求强度后，才可进行预应力张拉。张拉应按顺序对称进行，以防过大偏心压力导致梁体出现较大的侧弯现象。张拉时采用“双控”措施，即以张拉力控制为主，以伸长量复核。

预应力筋张拉完成后，利用灌浆泵将水泥浆灌压到预应力筋孔道中去，其作用一是保护预应力筋，以防腐蚀；二是使预应力筋与构件混凝土有效黏结，以确保钢筋和混凝土的变形一致，控制超载时裂缝的间距与宽度，并减轻梁端锚具的负荷情况。孔道灌浆主要有普通正压压浆、真空压浆和智能压浆三种方式。智能压浆是一种新型的桥梁预应力管道智能测控循环压浆施工工艺。通过采用循环压浆工艺，对压浆过程中的水胶比、压力、流量“三参数”的监测以判别孔道压浆质量，从而实现孔道压浆的密实性。

采用局部混凝土包裹锚具称为封锚；在梁端浇筑约 20cm 厚的混凝土，将端面上的锚具封闭在该梁端内称为封端。封端混凝土的强度应不低于梁体的强度。浇筑完封端混凝土后应按施工规范的规定进行洒水养护。

二、先张法预应力混凝土梁的制造（Manufacturing of Pretensioned Prestressed Concrete Beam）

先张法施工过程是首先张拉预应力钢丝或钢绞线，将其临时固定在张拉台座上，然后浇筑梁体混凝土，当混凝土达到规定强度（一般不低于设计强度的75%）后，将预应力筋放松，利用力筋与混凝土的黏结作用锚固预应力筋对混凝土施加预应力。图 3-15 为先张法预应力空心板梁的制造工艺流程。

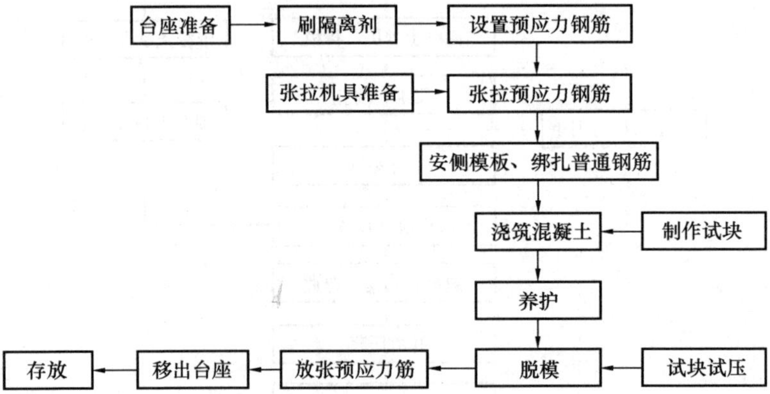

图 3-15　先张法预应力空心板梁的制造工艺流程
（manufacturing process of pretensioned prestressed hollow slab girder）

先张法预应力混凝土梁的预制台座需承受预应力张拉时的全部拉力，应具有足够的强度、刚度和稳定性，以免因台座变形、倾覆和滑移而引起预应力损失。预应力钢束采用张拉千斤顶张拉，张拉方法有单根张拉法和整体张拉法。当混凝土达到规定强度后，将台座上的预应力钢筋放松，逐渐将张拉力传递到混凝土构件上。预应力钢筋放松完成后，可以用吊车将梁吊离台位，运至存梁区进行存放及封端作业。

三、就地浇筑法（Cast-in-place Method）

就地浇筑法是在桥位处搭设支架作为工作平台，然后在其上安装模板，绑扎钢筋，浇筑梁体混凝土，待混凝土达到强度后张拉预应力筋，后拆除模板、支架，再施工桥面系。支架现浇法主要适用于孔数不多、地基条件好、工期灵活、墩高较矮或桥下净空不受限制的小跨径桥梁，以及一些弯桥、变宽桥等异型桥梁。支架按材料可分为木支架、钢支架、钢木混合支架和万能杆件拼装的支架等。支架按其构造形式分为立柱式支架、梁式支架和梁-柱式组合支架，如图 3-16所示。

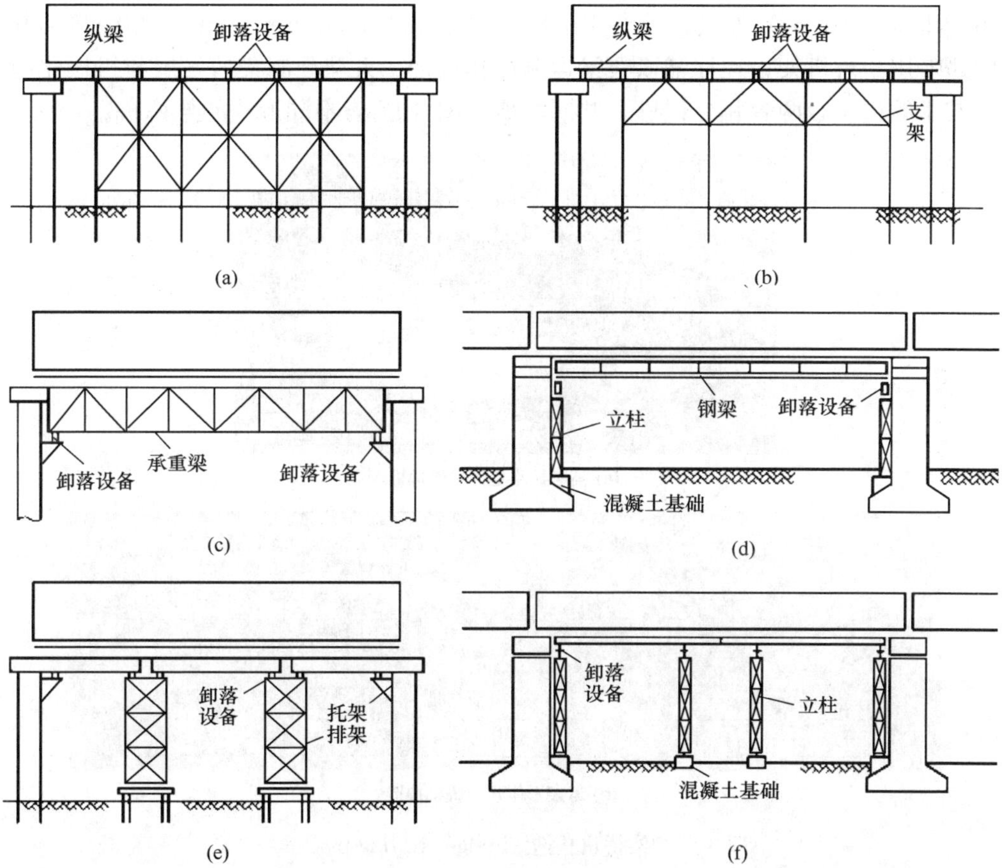

图 3-16　常用支架构造形式（structural forms of falsework）

四、预制吊装法（Pre-fabrication and Hoisting Method）

预应力吊装（hoisting）法指在预制厂或工地的预制场进行梁的预制，将预制构件运输到桥位，采用吊装机具将分段、分片的构件吊装就位后拼接或整孔梁架设，其中的拼接包括分片式结构的横向连接以及纵向分段构件的纵向连接。

铁路桥梁建设中，一般在现场设预制梁场，按照对应工艺流程分片或整孔预制梁体。钢筋混凝土构件在混凝土强度达到设计要求后，预应力混凝土构件在预应力张拉后就可以移至存梁区。预制梁经起吊后运输至施工现场，在吊装和运输过程中应采取一定的构造措施，防止构件发生倾倒、滑动或因负弯矩过大使梁上缘开裂。

预制混凝土简支梁的架设，包括起吊、纵移、横移和落梁等工序。按架梁工艺进行分类，常用的有陆地上的自行式吊车架设、龙门吊机架设、水中起吊的浮吊（floating crane）架设以及专用架桥机（bridge erecting machine）架设等。其中，专用架桥机架设往往辅以喂梁运输机具进行。大型预制梁的发展与机械化施工技术的进步，两者相互促进，共同发展。图 3-17 为不同形式的架桥机。

(a) 高速铁路走行式架桥机

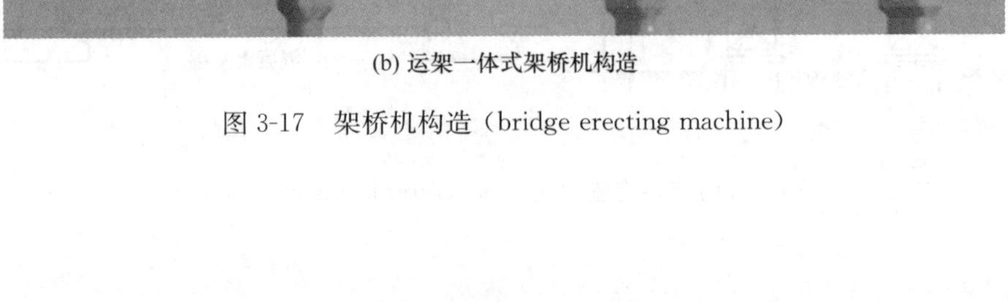

(b) 运架一体式架桥机构造

图 3-17　架桥机构造（bridge erecting machine）

Word 专业词汇汉英对照（Glossary）

专业词汇	拼音	英文
静定结构	jìngdìng jiégòu	statically determinate structure
弯矩	wānjǔ	bending moment
基础	jīchǔ	foundation
收缩	shōusuō	shrinkage
徐变	xúbiàn	creep
张拉	zhānglā	stretching
预应力	yùyìnglì	prestress tension
附加内力	fùjiā nèilì	additional internal force
水平力	shuǐpínglì	horizontal force
预应力混凝土简支梁	yùyìnglì hùnníngtǔ jiǎnzhīliáng	prestressed concrete simply-supported beam
钢-混组合梁	gāng-hùn zǔhéliáng	steel-concrete composite beam
钢筋-混凝土简支梁	gāngjīn-hùnníngtǔ jiǎnzhīliáng	reinforced concrete simply-supported beam
全预应力	quányùyìnglì	full prestressed
翼缘板	yìyuán bǎn	flange slab
装配式	zhuāngpèishì	assembly type
浇筑	jiāozhù	casting
预制	yùzhì	precast
横向刚度	héngxiàng gāngdù	lateral rigidity
稳定性	wěndìngxìng	stability
模板	múbǎn	formwork
支架	zhījià	falsework
先张法	xiānzhāngfǎ	pretensioning method
后张法	hòuzhāngfǎ	post-tensioning method
部分预应力	bùfēn yùyìnglì	partial prestressed
黏结	niánjié	bonding
肋式梁	lèishìliáng	rib girder
箱形梁	xiāngxíngliáng	box girder

续表

专业词汇	拼音	英文
空心板	kōngxīnbǎn	voided slab
自重	zìzhòng	gravity load
梁高	liánggāo	depth of beam
受拉区	shòulāqū	tensile region
整体性	zhěngtǐxìng	entirety
分片式	fēnpiànshì	piece assembly type
抗扭刚度	kàngniǔ gāngdù	torsional stiffness
顶板	dǐngbǎn	top slab
底板	dǐbǎn	bottom slab
计算跨度	jìsuàn kuàdù	computed span
梁长	liángcháng	length of beam
高速铁路	gāosù tiělù	high-speed railway
横隔板	hénggébǎn	diaphragm
跨中	kuàzhōng	midspan
梁肋	liánglèi	rib of beam
恒载	héngzài	dead load
人行道	rénxíngdào	sidewalk
道砟	dàozhǎ	ballast
腹板	fùbǎn	web slab
挡砟墙	dǎngzhǎqiáng	ballast wall
钢绞线	gāngjiǎoxiàn	steel strand
弹性模量	tánxìng móliàng	elastic modulus
锚具	máojù	anchorage device
栏杆	lángān	parapet
净宽	jìngkuān	clear width
波纹管	bōwénguǎn	corrugatd pipe
盆式支座	pénshì zhīzuò	pot bearing
活动支座	huódòng zhīzuò	movable bearing
保护层	bǎohùcéng	protective coating
排水系统	páishuǐ xìtǒng	drainage system
地震力	dìzhènlì	earthquake force

续表

专业词汇	拼音	英文
烈度	lièdù	intensity
压浆	yājiāng	grouting
钢丝	gāngsī	steel wire
挠度	náodù	deflection
高跨比	gāokuàbǐ	ratio of rise to span
主拉应力	zhǔ lāyìnglì	principal tensile stress
活载	huózài	live load
动力系数	dònglì xìshù	dynamic factor
弯矩包络图	wānjǔ bāoluòtú	bending moment envelope
曲率半径	qūlǜ bànjìng	radius of curvature
极限承载能力	jíxiàn chéngzài nénglì	ultimate bearing capacity
设计值	shèjìzhí	design value
正应力	zhèngyìnglì	normal stress
裂缝	lièfèng	crack
疲劳承载能力	píláo chéngzài nénglì	fatigue bearing capacity
加速度	jiāsùdù	acceleration
自振频率	zìzhèn pínlǜ	natural frequency
吊装	diàozhuāng	hoisting
架桥机	jiàqiáojī	bridge erecting machine
极限拉应变	jíxiàn lāyìngbiàn	ultimate tensile strain
抗弯刚度	kàngwān gāngdù	bending stiffness

思考题（Questions）

1. 名词解释：单向板、桥面板的有效工作宽度、荷载横向分布影响线、荷载横向分布系数、预拱度。

2. 试说明预应力混凝土简支 T 形梁腹板中配置的普通钢筋类型和作用。

3. 绘制预制预应力简支 T 形梁的施工流程图。

4. 为什么后张法预应力简支梁的预应力筋从跨中向支座两端弯起？

5. 简支梁常用的架设方法有哪些？

拓展阅读（Extensive Reading）

高速铁路简支梁主要结构形式

我国铁路建设标准要求做到既要适度超前，又要与各地经济社会发展水平相适应。以高速铁路为主骨架的快速铁路网，按3个速度等级来建设：“四纵四横”主通道的部分高速铁路按300km/h的标准建设；高速铁路延伸线、连接线及城际铁路按200～250km/h的标准建设；客货并重的快速铁路以及中西部大部分铁路按200km/h以下的标准建设。

一、高速铁路桥梁常用跨度的确定

世界各国各地区的高速铁路桥梁均有较为常用的跨度，如法国高速铁路常采用40m跨度等高连续梁，德国高速铁路常采用墩中心距为44m和58m的简支梁，意大利、西班牙高速铁路常用跨度24m的简支梁，日本高速铁路则多采用小跨度连续刚构桥，韩国高速铁路的标准跨度为25m和40m，我国台湾地区则多采用30m和35m标准跨径简支梁。国家技术监督局发布的《铁路桥梁跨度系列》(GB/T 904)，确定了我国铁路桥梁的常用跨径、名义跨径及梁长参数。经过一系列常用跨度桥梁梁型、梁跨综合比选，确立了以32m等跨预应力混凝土简支箱梁为主，24m作为调跨的桥梁布置方案。

二、高速铁路简支梁截面形式

中国高速铁路客运专线箱梁主要分三大类，分别是300～350km/h客运专线无砟轨道箱形梁，200～250km/h客运专线（兼顾货运）有砟轨道箱形梁和250km/h客运专线（城际铁路）有、无砟轨道箱形梁，用以适应不同地区的经济发展，满足全国不同地区的快速交通需求。不同速度等级对应不同的设计标准，其构造物型式亦有较大的区别。

(1) 300～350km/h无砟整孔简支箱梁

双线无砟整孔简支箱梁是我国现阶段300～350km/h客运专线中应用最广泛的箱梁类型，桥上正线间距5.0m。在应用该梁型的各条高速铁路线路中，京津城际铁路、郑西客运专线、武广客运专线采用的简支箱梁桥面宽度为13.4m。经过2008年桥面系优化后，应用于石武、京石、沪杭、宁杭、杭甬、合蚌等客运专线中时，采用的桥面宽度则为12.0m。为利用现有施工设备和模板，除桥面板宽度进行调整外，箱梁的其他外形尺寸与桥面系优化前一致，其具体尺寸如图3-18所示。

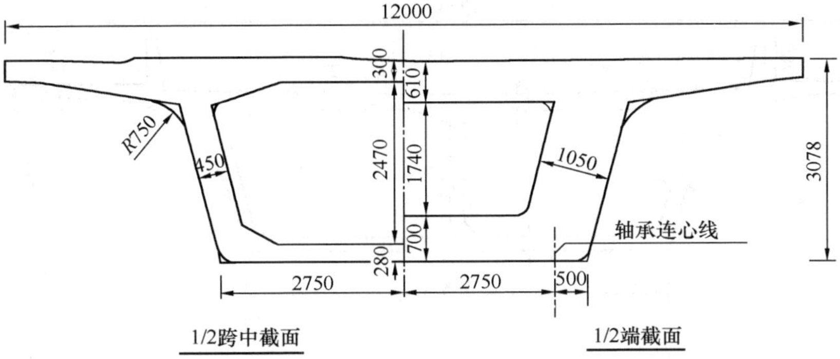

图 3-18 300～350km/h 高速铁路
无砟整孔简支箱梁截面（单位：mm）

（2）200～250km/h 有砟整孔简支箱梁

双线有砟整孔简支箱梁是我国现阶段 200～250km/h 客运专线中应用最广泛的箱梁类型，桥上正线间距 4.6m。在合宁、合武、甬台温、石太、福厦、厦深、南广等客运专线中均采用了图 3-19 所示截面形式，设计荷载为中-活载，有砟轨道，兼顾货运。经过桥面系优化后，图 3-19 截面的桥面板宽由 13.0m 优化为 12.2m。其派生型号为无砟轨道箱梁，桥面宽 11.6m，设计荷载为 ZK 活载。

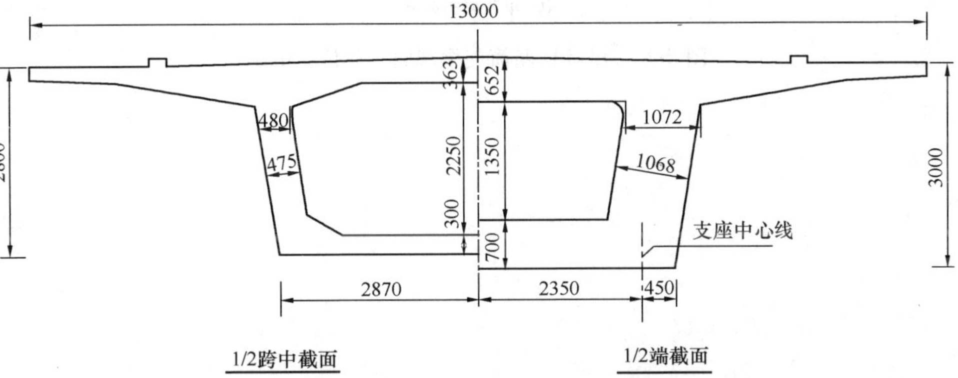

图 3-19 200～250km/h 高速铁路
有砟整孔简支箱梁截面（单位：mm）

（3）城际铁路简支箱梁

城际铁路简支箱梁应用较广泛的有单箱双室箱梁和单箱单室箱梁 2 种类型。其截面形式如图 3-20 所示。

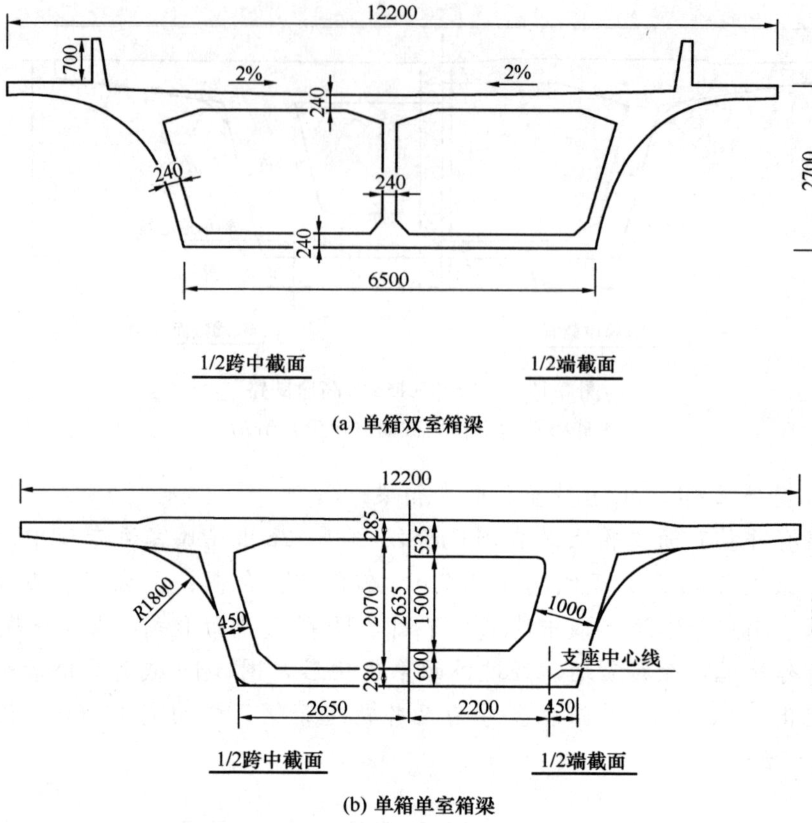

图 3-20　城际铁路简支梁截面（单位：mm）

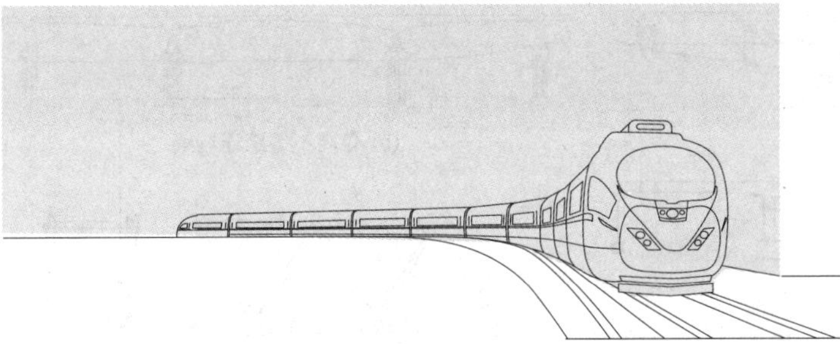

第 四 章

铁路混凝土连续体系梁桥

Railway Concrete Continuous System Beam Bridge

第一节 结构类型 (Structure Type)

一、按跨度分类（Classification by Span）

依据工程习惯，按连续梁中的最大跨度 L_{max} 分为：小跨度连续体系梁，一般指 L_{max} 不大于 20m 的桥；中等跨度连续体系梁，一般指 L_{max} 为 20～40m 的桥；当 L_{max} 为 40～150m 时，常称为大跨度连续体系梁；L_{max} 大于 150m 的称为特大跨度连续体系梁。

二、按立面布置的构造分类（Classification by Elevation Layout）

按桥梁跨度布置分为等跨度连续梁（continuous beam）[图 4-1（a）] 和不等跨度连续梁 [图 4-1（b）]。

按梁高（depth of beam）变化情况分为等高度连续梁 [图 4-1（a）、图 4-1（d）] 和变高连续梁 [图 4-1（b）、图 4-1（c）]。

按主梁梁身的构造分为空腹式的桁架连续梁 [图 4-1（d）] 和实腹式连续梁。

按下部结构形式分为单式墩连续梁 [图 4-1（a）～（c）]、双壁墩连续刚构 [图 4-1（e）] 和 V 形墩连续刚构（continuous rigid frame）[图 4-1（f）]。

按墩梁连接方式或结构体系分为：墩梁分离的连续梁体系 [图 4-1（a）、图 4-1（b）、图 4-1（d）]、连续刚构体系以及连续-刚构体系。连续刚构体系是指除边墩上设支座外，中墩均与墩梁刚接的连续梁体系；连续-刚构体系，又称为连续-刚构组合体系，是指除边墩上设支座外，部分中墩采用墩梁刚接，其余中墩采用单墩式、墩梁分离、墩上设支座的连续梁体系，是连续梁与连续刚构的组合体系。

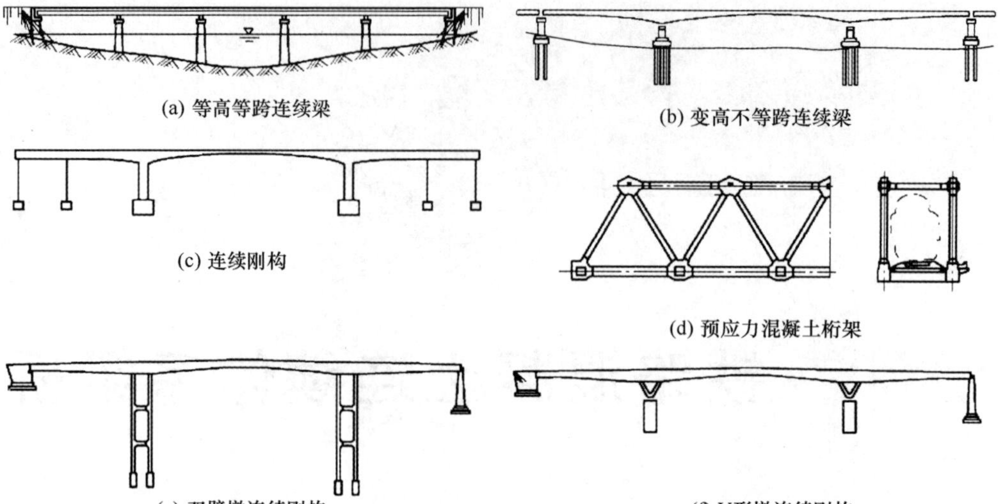

(a) 等高等跨连续梁 (b) 变高不等跨连续梁 (c) 连续刚构 (d) 预应力混凝土桁架 (e) 双壁墩连续刚构 (f) V形墩连续刚构

图 4-1 混凝土连续体系梁桥结构形式

(structure forms of concrete continuous beam bridge)

第二节 一般特征（General Characteristics）

一、受力变形特征（Stress and Deformation Characteristics）

连续体系梁具有超静定体系的共同特性，体现在：

（1）相比于简支梁（simply supported beam），内力分布合理，弯矩峰值减小，如图 4-2 所示。

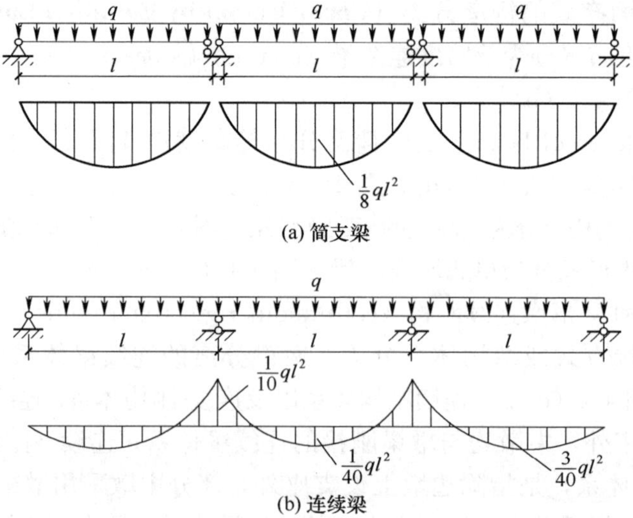

(a) 简支梁 (b) 连续梁

图 4-2 连续梁与简支梁的弯矩比较

(comparison of bending moments between continuous beam and simply supported beam)

（2）梁部结构变形小、伸缩缝（expansion joint）少、有利于高速行车。

（3）温度变化、支座沉降引起结构内力。

（4）预应力（prestress）引起预应力次内力（secondary internal force）。

（5）混凝土收缩徐变引起收缩徐变次内力。

（6）恒载（dead load）和活载（live load）作用下，梁段内弯矩和剪力（shear force）出现正负交变，如图 4-3 所示。

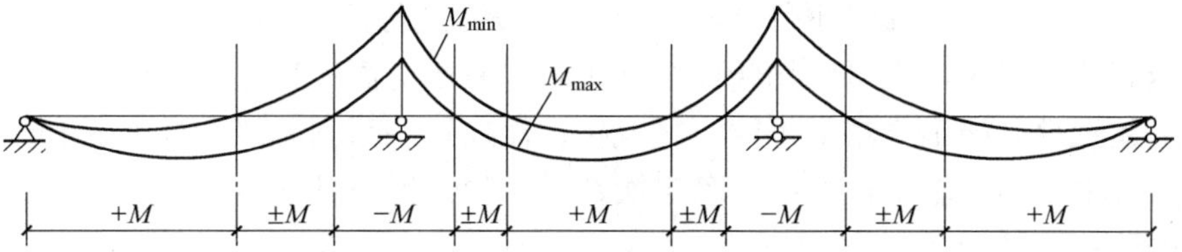

图 4-3　连续梁弯矩包络图（bending moment envelope diagram of continuous beam）

（7）结构形成过程中存在体系转换，结构内力与施工（construction）方法有密切关系。

二、结构构造特征（Structure Characteristics）

连续梁跨度配置对桥梁的受力影响很大。为使边跨（side span）和中跨最大弯矩接近相等，以便边跨和中跨梁高一致，方便施工和设计，多数三跨连续梁采用不等跨布置，且边跨跨度比中跨小。单纯从受力合理考虑，边跨与中跨跨径之比取 0.8 为宜。考虑施工时，应视施工方法不同而异。悬臂法施工时，合理取值为 0.6～0.67；顶推法（incremental launching method）施工时，合理取值常为 1.0，即等跨布置。对于多跨连续梁，如无特殊要求，中间各跨跨度往往相同。

大跨度连续体系梁一般采用变高度梁，中支点附近梁高增大、跨中和边跨边段的梁高减小，如图 4-1 所示。依据内力按刚度分配的原则，相对于简支梁而言，变高连续梁的梁高和自重效应一致，故特别适用于大跨度和特大跨度桥梁。

连续体系梁的主梁截面多采用箱形截面。箱形截面能很好地适用正、负弯矩的作用和抗扭需求，梁高主要取决于边跨、中跨的最大正弯矩和中支点负弯矩。与同跨径的连续梁或墩梁固结的单肢连续刚构相比，连续刚构、V 形墩连续梁主梁计算净跨径（clear span）减小，弯矩峰值明显降低，主梁建筑高度得以减小，但墩部结构受力较复杂。

连续梁多数只有一排支座，墩帽（coping）尺寸较小。对于设置活动支座（movable bearing）的桥墩，主要荷载工况下墩身轴心受压，桥墩尺寸较小。对于安放固定支座的制动墩，需要承担几跨梁上的制动力，桥墩尺寸较大。

连续刚构体系桥采用墩梁固结，减少了大吨位支座和支座养护工作量，可不设专用制动墩（braking pier），制动力按刚度由各桥墩分摊。同时，采用悬臂法

(cantilever construction method) 施工时墩顶上不需要设置临时固结措施，简化了施工工艺。为满足抗震、变形、温度等要求，桥墩刚度不宜太大，特别适合于高墩大跨度结构。

三、施工特征 (Construction Characteristics)

连续体系梁桥施工方法多样。除小跨度和极少量中等跨度连续梁仍采用满堂支架法施工外，主要采用悬臂法、顶推法、逐孔架设法等节段（segment）施工法。其中，变高梁主要采用悬臂法施工，中等跨度等高度梁以顶推法施工为主。在跨越高速铁路时，也可采用转体法施工，以减小对高速铁路运营的影响。

上述大部分施工方法都不能一次成桥，需通过一系列阶段和体系转换形成最终体系。由于结构施工过程中超静定次数或边界约束条件发生变化，结构静力体系的变化称为结构的“体系转换”（system transformation），如简支变连续、一次超静定变为两次超静定、连续梁施工中的临时固结拆除、合龙（closure）等。

恒载内力与施工方法密切相关，不同的施工方法产生的恒载内力不同，同一种施工方法不同施工阶段的内力不同。大部分施工方法的施工内力与最终成桥结构的内力不一致，设计计算必须针对不同阶段分别进行，保证各个阶段的结构受力良好。

第三节　混凝土连续体系梁构造 (Structure of Concrete Continuous System Beam)

一、梁部结构 (Structure of Girder)

(1) 横截面形式

混凝土连续体系梁常用横截面形式有板式、肋式和箱形三大类。图 4-4～图 4-6为不同横截面构造示意图。各种横截面适用跨度及结构特点详见表 4-1。

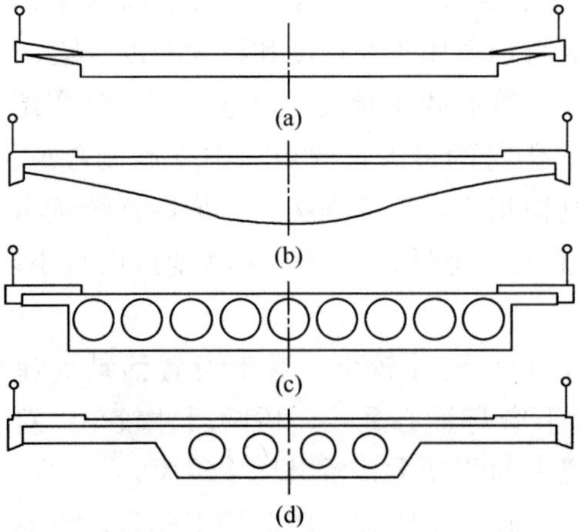

图 4-4　板式截面（plate-style cross section）

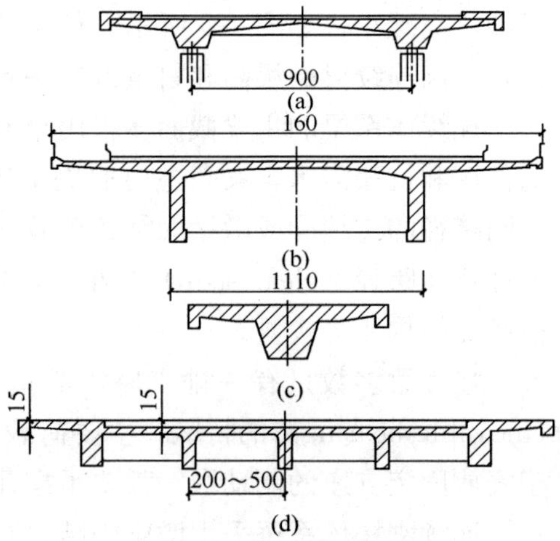

图 4-5　肋式截面（rib-style cross section）

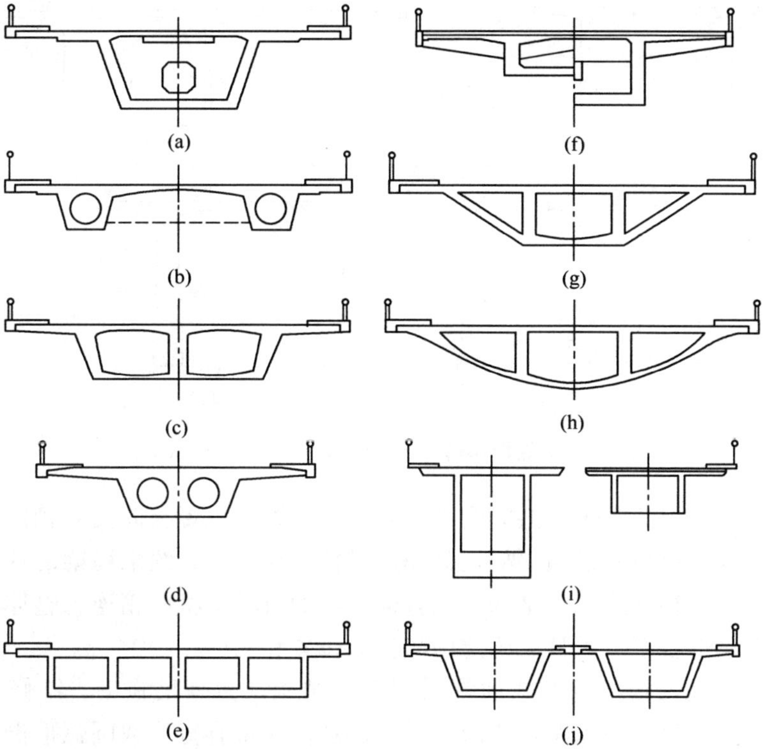

图 4-6　箱形截面（box-style cross section）

表 4-1　连续梁梁部横截面形式与特点

（cross section forms and characteristics of continuous girder）

结构形式	适用跨度	结构特点
板式截面	≤30m	结构简单、经济性略差
肋式截面	中等跨度	整体性略差、负弯矩承压区面积小、应用少
箱形截面	各种跨度	（1）正负弯矩的承压面积大。 （2）抗扭刚度（torsional stiffness）大。 （3）预应力钢筋布置空间大。 （4）外形简洁。 （5）结构复杂。 （6）使用范围广

（2）横隔板（diaphragm）

横隔板的作用、构造和设置位置、数量等与主梁结构形式关系密切。图 4-7 所示为横隔板构造示意图。

T 形梁等肋式结构横隔板的主要作用是将主梁连接成整体，增加结构的整体

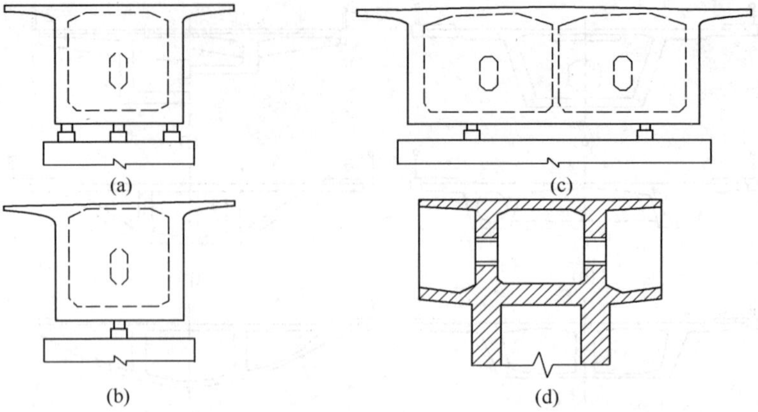

图 4-7　横隔板构造（diaphragm structure）示意图

性和横向刚度，保证各主梁共同受力，其构造、设置位置与简支梁相同。各种箱形截面梁均在支点位置设横隔板，其作用是传递支反力、约束箱梁的畸变变形和扭转变形。对于整体式双箱结构，设置横隔板的目的是将两箱连为整体，应根据确保整体刚度的要求，由计算确定横隔板的位置和构造。

箱梁内的横隔板结构形式通常采用板式结构，为满足施工、维修和通风要求，在横隔板上设置过人洞，一般设计为矩形，并带有直线或圆弧形倒角。在受力可行的前提下，过人洞宽度与高度的最小尺寸不宜小于 0.8m 和 1.6m。

二、预应力筋构造（Prestressed Tendons）

（1）类型与体系

节段施工连续体系梁中，各阶段均需张拉一定的预应力。一般以合龙阶段为界，分为前期束和后期束。合龙前各施工阶段张拉的力筋称为前期束，是为了满足施工阶段内力需要而设置的，若该内力与成桥内力基本协调，则这些束将永久保留，否则在成桥或合龙后需拆除，称为临时束。后期束是施工阶段不需要，但运营阶段需要，是永久束。

按照预应力筋对梁体的作用，可分为纵向预应力体系、横向预应力体系和竖向预应力体系。纵向预应力筋主要是对梁体下部混凝土施加纵向压力，保证梁体在竖向荷载作用下梁体下部的混凝土不出现拉应力。竖向预应力筋主要是对梁体施加竖向压力，保证梁体不出现竖向剪切拉应力。横向预应力筋主要是对梁体施加横向压力，保证梁体在扭转力的作用下，混凝土不出现横向剪切拉应力。

根据梁体尺寸和受力情况，可有不同预应力体系组合，包括：单向预应力体系，一般只布置纵向预应力；双向预应力体系，纵向预应力＋横向预应力或竖向预应力；三向预应力体系，纵向预应力＋横向预应力＋竖向预应力。

按照预应力筋的安装位置，可分为体外预应力和体内预应力。体外预应力指将预应力筋设置于混凝土梁体外，通常用于加固设计；体内预应力指将预应力筋埋置在混凝土梁体内，为体内预应力，多用于新桥设计。

（2）锚固方式

预应力筋的类型不同，锚固于梁体的方式也不同，后期束及前期束中的临时束，均在梁体混凝土成型后张拉或拆除，因此设置专用的齿板（tooth block）锚固。其中，后期束张拉完成后再用混凝土封锚，以保护好锚具（anchorage device），同时这类束不使用连接器接长。临时束在施工中也不压浆（grouting），而前期束中永久束一般直接锚固在梁体，如顶板或腹板中。图 4-8 所示为预应力锚固齿板。

图 4-8 预应力锚固齿板（anchoring tooth block for prestress tendons）

（3）纵向预应力钢筋的布置方式

纵向预应力筋的布置不仅与结构形式有关，与施工方法、施工内力也有很大的关系，最终取决于施工和运营阶段的内力分布，常用的布筋方式有连续配筋和分段配筋两大类。

① 连续配筋

当采用满堂支架法施工时，因结构为一次落架成桥，不存在施工阶段的内力变化问题，可直接根据成桥内力采用连续配筋。力筋往往配合受力需要采用分段二次曲线加直线的布置方式。这种方式构造简单，曲线段力筋还具有抗剪（shear resistance）作用。但是由于弯道多，特别是当连续跨数较多时，预应力损失大，穿束施工难度也大。因此，连续配筋较合适中、小跨度等截面连续梁桥，但连续跨数不宜过多，且桥长宜为 100m 及以下。图 4-9 所示为连续配筋示意图。

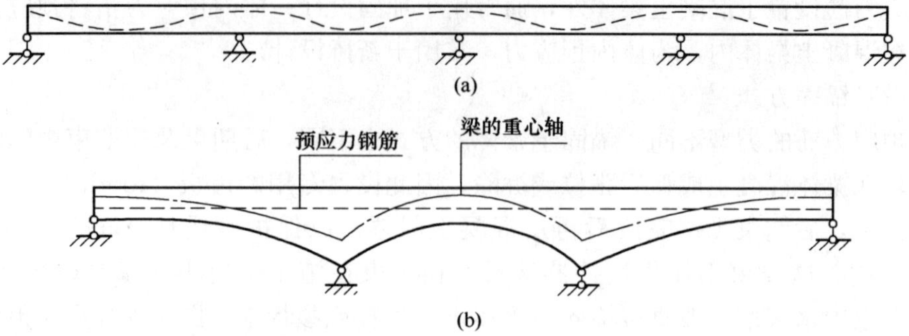

图 4-9　连续配筋（continuous reinforcement）示意图

② 分段配筋

分段配筋适用于大跨度变截面连续梁（刚构）桥，特别是采用分段施工的情况。悬臂法施工中，永久束中的直束布置在截面的上下翼缘（flange wall），弯束布置在腹板宽度范围内。将在抗弯束中有富余的部分起弯，或增设专用的弯束用于抗剪，力筋的起弯半径一般大于 4m。图 4-10 所示为分段配筋示意图。

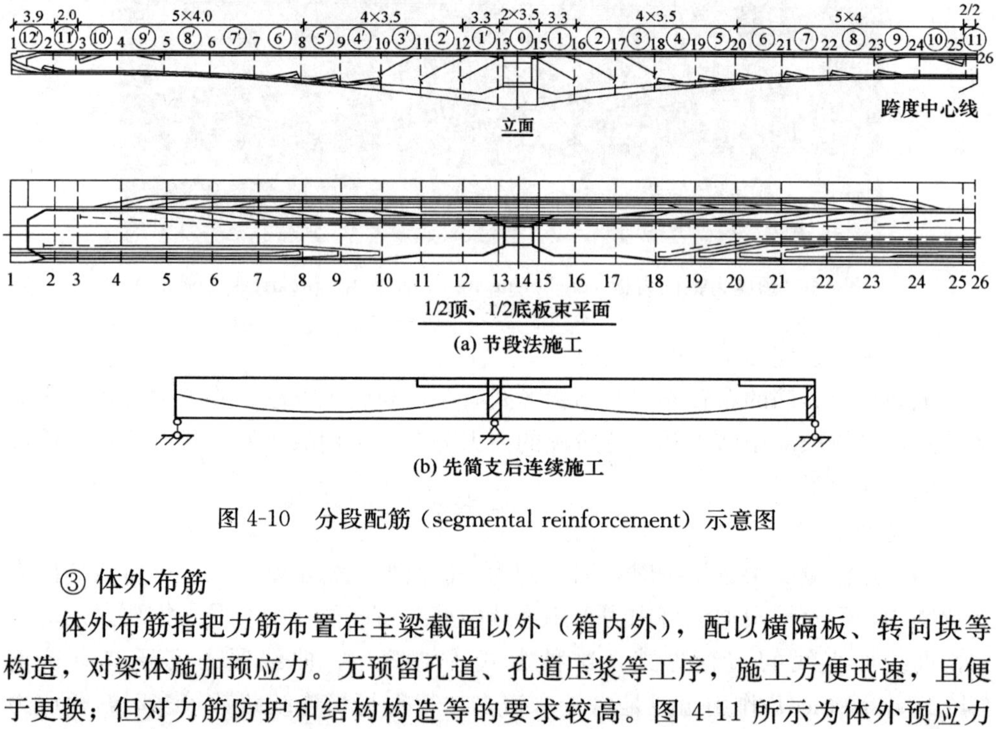

图 4-10　分段配筋（segmental reinforcement）示意图

③ 体外布筋

体外布筋指把力筋布置在主梁截面以外（箱内外），配以横隔板、转向块等构造，对梁体施加预应力。无预留孔道、孔道压浆等工序，施工方便迅速，且便于更换；但对力筋防护和结构构造等的要求较高。图 4-11 所示为体外预应力布置。

（4）预应力筋的接长方式

由于预应力筋供料长度、施工方法和结构受力等方面原因，采用连接器把主

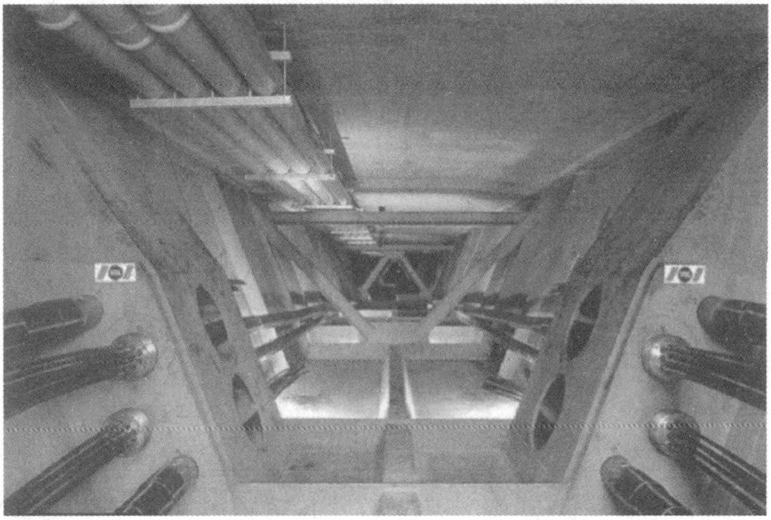

图 4-11 体外预应力布置（arrangement of external prestress tendons）

筋对接或逐段加长。连接器是一种与锚具配套的定型钢制构件。图 4-12 所示为典型的连接器示意图。图 4-12（a）所示用于平行钢丝（steel wire）镦头锚，图 4-12（b)所示用于钢绞线（steel strand）群锚体系。

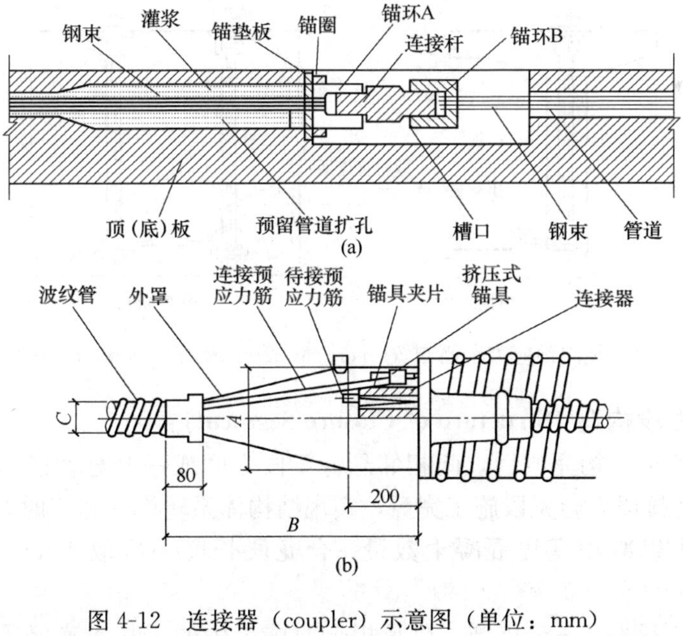

图 4-12 连接器（coupler）示意图（单位：mm）

（5）横向、竖向预应力构造

当梁体横截面悬臂宽度较大或箱梁腹板间距较大时，在荷载作用下，截面横向受力较大。为了控制顶板沿纵向不开裂或裂缝宽度在容许范围，此时可以对行车道板施加横向预应力，其布置方式和数量应依据具体受力要求由计算确定。常采用扁形夹片式锚具锚固于悬臂板端部，图 4-13 所示为依据箱梁顶板的内力分布规律采取的曲线布置方式。当为双向或三向预应力结构时，应特别要注意处理好各力筋之间的空间位置关系。

除在行车道板布置横向预应力筋外，依据结构受力需要，还有可能要对横隔板施加横向预应力，特别是支点横向间距较大或横向为单支点的桥梁。横向预应力筋的数量和线形，应视具体结构由受力要求确定。

竖向预应力筋的作用是抗剪，通常采用粗钢筋或钢绞线，布置在腹板中，其间距由计算确定，一般在 0.5～1.0m。图 4-14 所示为竖向预应力钢筋布置图。

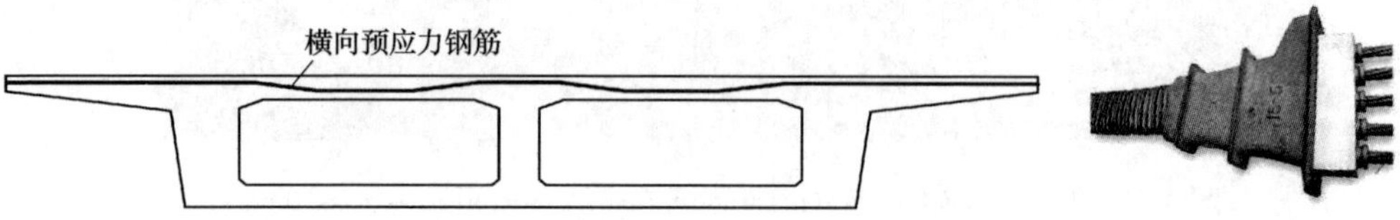

图 4-13　箱梁横向预应力钢筋布置和扁锚
（box girder transverse prestressed tendon layout and flat anchor）示意图

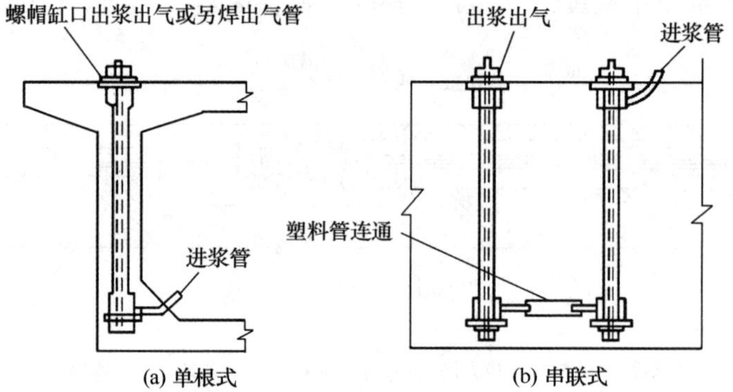

图4-14　竖向预应力钢筋布置（vertical prestressed tendon layout）图

三、合龙段构造 (Structure of Closure Segment)

合龙段指各 T 构完成后，两相邻悬臂梁段之间或一个悬臂段与边跨现浇直线段之间的连接段。合龙段施工完后，实现结构体系转换。施工时，应尽量缩短合龙段长度，以减小现浇混凝土数量。合龙段长度一般取 1.4～2.0m，最常取 2.0m。

合龙时，需采取一定措施，以承担合龙施工中的干扰，确保质量和体系转换。主要包括设置锁定支撑和合龙束。锁定支撑是指设置临时劲性支撑和临时预应力束，以“锁定”左右 T 构，使合龙段两端形成能承受一定弯矩、剪力和轴力的“刚”节段，实现从 T 构悬臂到连续的临时性转换，保证合龙前后结构变形协调，防止温度等各种因素影响使合龙段混凝土尚未达到设计强度产生原生性病害。图 4-15 所示为合龙时的临时劲性支撑。

合龙束：在合龙段顶板增设适当的合龙预应力钢束，其与底板的短索一道，承担合龙至体系转换期间的温度、风力等的作用。

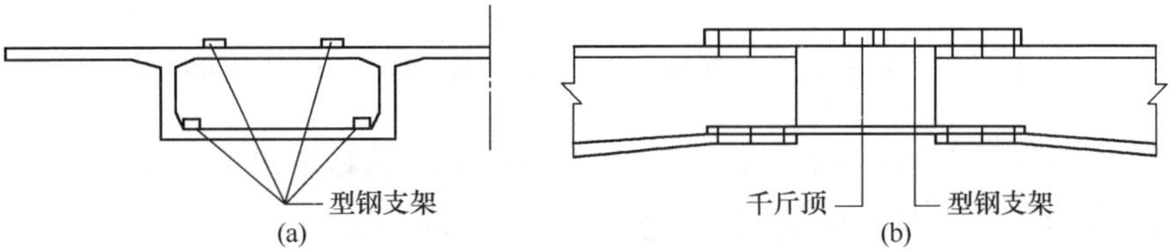

图 4-15 合龙时的临时劲性支撑（temporary rigid support during closure）

第四节 混凝土连续体系梁桥设计
(Design of Concrete Continuous System Beam)

一、总体布置 (Overall Arrangement)

桥梁可由一联或多联构成。“联”是指桥梁由几跨构成一联，联端设伸缩缝。桥长一定，联数越多，联长越短，设计和施工相对容易些，但伸缩缝个数增多；反之，联数越少，联长越长，将使桥梁的计算、设计和施工难度加大，伸缩缝的个数减少、宽度加大。常见连续梁每联由 3～5 跨组成，应视具体情况而定。

（1）等高度连续梁

等高度连续梁是连续体系梁桥中最简单的结构，适用于小、中等跨度桥。我国高速铁路普通跨度连续梁通用参考图中，有以 24m 和 32m 为主 2～3 跨为一联的预应力混凝土连续梁和跨度 24m 及以下 3～5 跨为一联的钢筋混凝土连续刚构梁。

等高度连续梁可选用等跨度和不等跨度布置。从受力分析，最好采用边跨跨度小于中跨跨度的不等跨度布置，边跨跨径与中跨跨径之比取 0.5～0.8，如高速铁路（24＋32＋24）m 连续梁。采用顶推法施工，宜采用等跨度梁。

（2）变高度连续梁

如跨度较大，采用加大梁高的等高度连续梁，会引起梁体自重增加及自重内力加大，结构受力不合理，经济性也较差。改用变高度结构形式时，加高中支点梁高，减小跨中梁高，如图 4-16 所示。这样布置后，梁体最大弯矩截面位于对整个结构自重弯矩影响最不敏感的部位，内力分布合理，同时能提升桥梁跨越能力，获得很好的经济效益。

大跨度变高度连续梁应采用不等跨度布置，主要设计参数和要点如下：

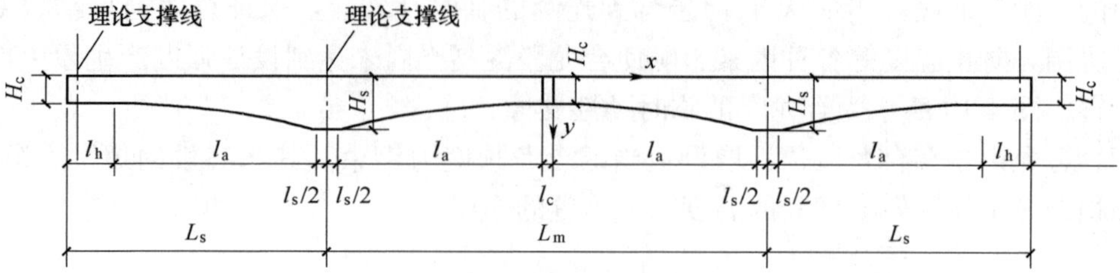

图 4-16 变高度连续梁（continuous beam with variable height）

① 边跨与中跨的比值 L_s/L_m一般为 0.4～0.8，常取 0.6～0.67；

② 支点梁高 H_s与跨中梁高 H_c之比一般为 1.4～2.0；

③ 变高度梁的梁底线形一般采用抛物线和圆曲线，梁高变化与弯矩变化基本相近；

④ 曲线段以中支点对称；

⑤ 边跨设直线段，高度与中跨中截面相同；

⑥ 预防支座负反力，如出现支座负反力，应采取适当措施。

（3）连续刚构体系梁

连续刚构体系是指部分墩梁固结的连续体系梁桥，在边墩以及部分中间墩上设置支座。连续梁体系中的最大跨度桥梁基本上都是连续刚构，其最大跨度远高于连续梁。南龙铁路闽江特大桥为 Ⅰ 级双线铁路有砟轨道桥，客货共线，列车设计行车速度为 200km/h，大桥主桥孔跨采用（118＋216＋138＋83）m 预应力混凝土连续刚构，主梁采用单箱单室箱形截面，主墩采用圆端形空心桥墩和双柱式矩形薄壁墩，基础（foundation）采用钻孔桩基础。该桥为目前亚洲最大跨度铁路连续刚构桥，分孔布置和截面尺寸如图 4-17 所示。

连续刚构体系中的双壁墩连续刚构是最为常用的结构形式，在中墩墩位上设置两个墩柱与主梁刚接。目前世界上连续体系桥梁中，最大跨度的桥基本上都是采用该类桥型。葡萄牙坡托尔桥（Doutor 桥，1991 年，中跨 250m）为目前采用该体系的跨度最大铁路桥梁。双壁墩连续刚构同独柱墩连续刚构体系一样，梁部的纵向变形依靠墩身的柔性来完成，但双壁式桥墩的每一肢截面面积较小，纵向抗推刚度小，而双肢截面总的抗弯刚度（flexural stiffness）较大，是柔性墩的一种很好形式，适用于墩高较高情况。

双壁式桥墩墩身截面可采用实体矩形、箱形截面、工字形截面等，为满足强度、柔性和稳定性要求，双壁式墩的顺桥方向宽度一般采用（0.2～0.3）H_s，当墩高增加时，可在墩中适当增加横撑，以改善墩身稳定性。主跨为（56＋88＋56）m 南昆线喜旧溪大桥，墩高为 59m，墩身截面为实体矩形，壁厚 1.5m，双壁间距 8.0m，墩身中部设置了两道横撑。双壁墩两柱之间的间距在 8～12m。当

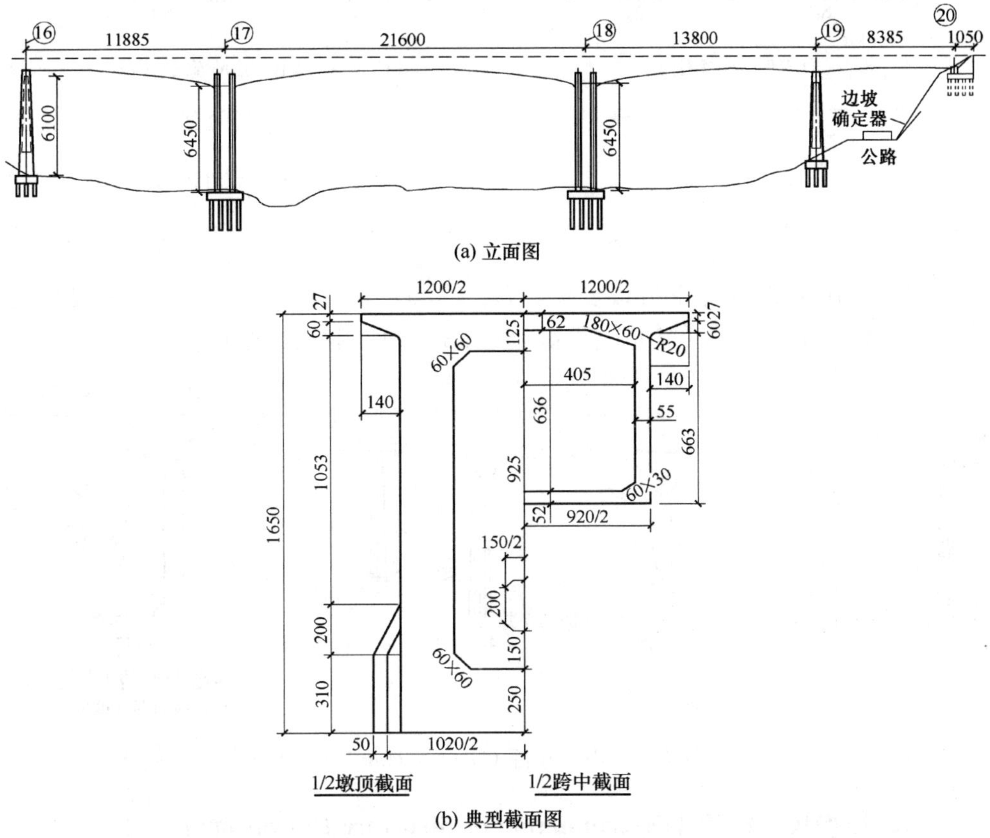

图 4-17　南龙铁路闽江特大桥（单位：cm）
（Minjiang Grand Bridge on the Nanlong Railway）

桥位地形高差较大时，主跨边上的矮墩因高度减小而刚度增大，对纵向变形的约束增强，此时可在其上设支座或设铰来改善矮墩的约束，如图 4-18 所示。

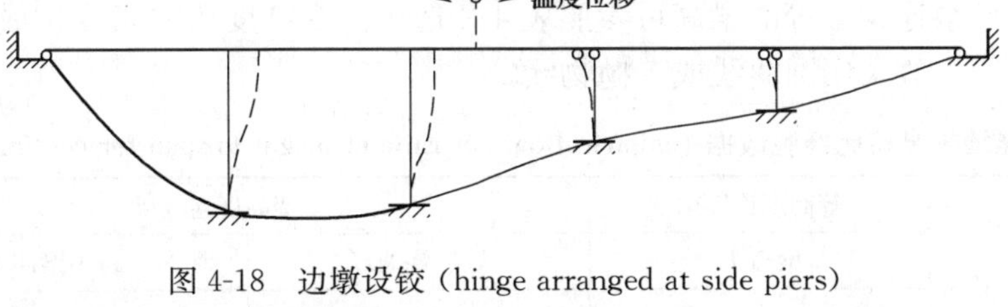

图 4-18　边墩设铰（hinge arranged at side piers）

（4）V 形墩连续梁体系

V 形墩连续梁体系又称 V 形支撑连续梁体系，按 V 形支撑与梁、墩的相互关系，可细分为图 4-19 所示的 4 种结构形式，南昆线八渡南盘江特大桥（1996 年），主跨为（54＋2×90＋54）m 部分预应力（partial prestress）混凝土 V 形支

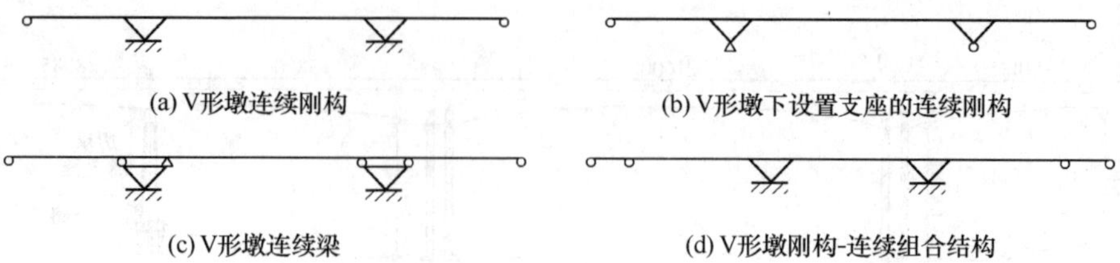

(a) V形墩连续刚构　(b) V形墩下设置支座的连续刚构

(c) V形墩连续梁　(d) V形墩刚构-连续组合结构

图 4-19　V形支撑连续梁结构形式（structure forms of continuous beam with V-shaped support）

撑连续梁，在V形支撑下方设支座，$H_s/L=1/17.3$。这对于铁路桥是很小的，南盘江桥墩高接近75m，V形支撑高接近23m，如图4-20所示。

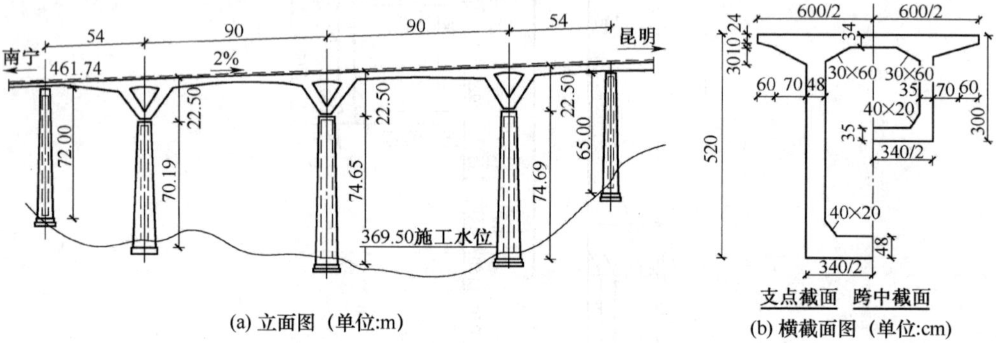

(a) 立面图（单位:m）　(b) 横截面图（单位:cm）

图 4-20　南盘江桥（Nanpanjiang Bridge）

二、结构尺寸拟定（Determination of Structure Dimensions）

（1）主梁截面高度

表4-2列出了常用等高和变高预应力混凝土连续梁的高跨比（ratio of rise to span）经验数据。铁路桥梁中，活载所占总荷载比重大，加之疲劳问题比较突出，因此梁高较大。高速铁路桥梁，虽然其活载较普通铁路的活载小，但是由于线路平顺性要求高，一般是刚度控制设计，梁高比普通铁路梁高还要大。连续刚构桥、V形墩连续梁等的梁高可参照表4-2选用。变高度梁梁高变化或者底板下缘的线形，一般采用圆曲线或者抛物线。

表 4-2　连续梁高跨比经验数据（empirical data of ratio of height to span for continuous beam）

桥梁类型	等高度连续梁	变高度连续梁	
	梁高 H	支点梁高 H_s	跨中梁高 H_c
公路、城市桥	(1/18.0～1/15.0) L	(1/18.0～1/15.0)L	(1/2.5～1/2.0)H_s
普通铁路桥	(1/18.0～1/16.0)L	(1/16.0～1/12.0) L	(1/2.0～1/1.5)H_s
高速铁路桥	(1/13.5～1/11.0)L	(1/16.0～1/12.0)L	(1/2.0～1/1.3)H_s

注：L 为中跨跨度。

（2）横截面形式和细部尺寸

铁路的单双线连续箱梁一般均采用单箱单室截面，三线以上的连续箱梁应依据铁路线数考虑腹板个数，使线路中心线基本上位于腹板中心线位置。

箱梁的顶板厚度主要由横向受力和布筋构造要求确定，预应力混凝土梁的最小尺寸应考虑预应力管道外径、上下两层钢筋网的厚度、上下混凝土净保护层厚度等。铁路桥桥面宽度和箱梁腹板间距变化量很小，顶板一般厚度在 0.3～0.35m 范围内取值。

箱梁底板厚度不仅与结构跨度有关，还与施工方法有关，设计应同时考虑施工、使用阶段要求和破坏阶段的塑性破坏条件，并留有适当富余。墩顶处底板厚度一般约为支点梁高的 1/12～1/10，沿纵向厚度变化规律与底板线形基本一致；跨中底板厚度 0.20～0.35m。

箱梁腹板厚度同样由受力和构造两个方面综合控制。受力方面，腹板厚度必须满足抗剪（扭）、抗主拉应力和稳定性的最小厚度要求。当腹板内锚固有预应力钢筋时，还必须满足局部应力要求。腹板厚度一般采用 0.40～0.80m，特殊情况可达 1.0m。依据剪力沿纵向的分布规律，大跨度桥的腹板沿纵向亦采用变厚度形式。构造方面，应考虑钢筋、锚具布置和混凝土浇筑要求。箱梁一般采用直腹板，外侧腹板也可采用斜腹板。箱梁腹板抗剪计算，应取腹板垂直厚度。

桥面板的悬臂长度是调节板内弯矩的重要参数，悬臂板沿横向常为变厚，其端部一般按最小构造要求取值，根部按受力要求确定，为 30～50cm，并不小于梁高的 1/10。无横向预应力钢筋时，悬臂长度不宜过大，一般在 1.4～2.5cm，布置有横向预应力筋或采用加劲肋时，宜尽量外伸。

梗肋（flank）又称为承托，是箱梁结构的重要组成部分。梗肋提供了预应力钢筋的布置空间，同时有利于混凝土的浇筑及脱模；同时梗肋有利于改善剪力滞后效应影响，提高截面的抗扭和抗弯刚度，减小弯扭剪应力和畸变应力，缓解应力集中现象。箱梁顶板梗肋高宽比一般在 1∶4～1∶2，高度一般大于 30cm；底板梗肋的高宽比一般在 1∶2～1∶1，高度一般不大于 30cm。

三、结构内力与配筋计算（Calculation of Internal Force and Reinforcement）

桥梁的结构内力分析方法参见表 4-3。

表 4-3　桥梁的结构内力分析方法

（internal force analysis method for bridge structures）

基础课程	荷载性质	结构分析方法	计算阶段
结构力学 有限元法	一期恒载	力学方法、位移法、弯矩分配法、直接刚度法	依据自重发生阶段施加（累积）
	二期恒载		桥梁铺装阶段
	活载	影响线加载求最不利值	运营阶段
	均匀温差	解析法或数值法	运营阶段
	基础沉降	强迫位移	运营阶段

续表

基础课程	荷载性质	结构分析方法	计算阶段
桥梁工程	预应力效应（结构特征）	等效荷载法	依据张拉及施工阶段（累积）
	收缩徐变效应（材料特性）	等效荷载法	依据施工阶段施加（累积）
	温差效应	等效荷载法	运营阶段
薄壁结构力学	箱梁分析	数值法或解析法	运营阶段

结构内力与配筋计算内容包括：

（1）自重作用下的内力计算。二期恒载为桥面系及附属设施自重，化为均匀荷载作用于最终成桥结构；一期恒载为主梁自重，可以分布荷载或集中力（横隔板）。按一般力学方法计算，即已知荷载和结构，求解问题。一期恒载发生与施工方法和施工阶段关系密切，应跟踪施工阶段开展计算。

（2）预加力作用下内力计算。主要内容有预应力作用的压力线的确定，依据线性变换原理确定预应力筋布置空间，采用荷载法计算预应力效应。

（3）混凝土徐变次内力计算。

（4）温度内力、应力计算。

（5）预应力配筋估算。

（6）箱梁横向框架分析计算。

第五节 混凝土连续体系梁桥施工
(Construction of Concrete Continuous System Beam)

混凝土连续体系梁桥常用施工方法总览见表 4-4。目前悬臂法是建造大跨度桥梁最主要的施工方法。悬臂法分为悬臂浇筑法和悬臂拼装法两类，前者具有施工不受地形条件限制、结构整体性好、对起重能力要求不高、施工变位控制相对较简单等优点，已建成的大跨径预应力混凝土桥大多采用悬臂浇筑法施工。对于中等跨度多跨连续梁桥，常采用分段预制、逐段顶推的顶推施工法；也可采用一套机具设备如移动模架的逐孔施工法，做到方便、快速、连续施工。为了减小对桥下交通等的影响，近年不少桥梁采用平转法施工。

表 4-4 混凝土连续体系梁桥常用施工方法总览

(overview of common construction methods for concrete continuous beam bridges)

施工方法	概念	适用范围
悬臂浇筑法	以挂篮作为主要的施工设备，以桥墩为中心、从墩顶开始，利用已浇梁体和桥墩作为承重结构，对称地向两岸逐段浇筑混凝土、张拉预应力钢筋，直到合龙成桥的方法	大跨度连续体系桥、斜拉桥、拱桥

续表

施工方法	概念	适用范围
悬臂拼装法	以桥墩为中心、从墩顶开始，利用已浇梁体和桥墩作为承重结构，对称地向两岸逐段拼装预制节段、张拉预应力钢筋，直到合龙成桥的方法	大跨度连续体系桥、斜拉桥、拱桥
顶推施工法	在桥墩或台的后面设预制场，分节段浇筑混凝土并张拉预应力钢筋，然后将该节段顶推出预制场，采用“分段预制、逐段顶推、逐段接长、连续施工”成桥的施工方法	中等跨度等高度连续梁桥、斜拉桥
转体施工法	将桥梁结构在非设计轴线位置制作（浇筑或拼接）成型后，在桥梁的某位置处设置转盘等转体装置，施加转动力矩使梁体转体就位，拆除转体装置，封固转盘，再合龙成桥的一种施工方法	大跨度连续体系梁、拱桥、斜拉桥
移动模架逐孔施工法	使用一套设备从桥梁的一端逐孔施工、逐孔接长的方法	中等跨度长桥

用悬臂浇筑法建造连续梁桥时，需要采用临时固结措施将墩梁临时固结，以承担施工中出现的不平衡荷载，待合龙后恢复到原结构状态，如图 4-21 所示。为使成桥结构的线形和受力状态与设计吻合，对于采用悬臂浇筑法施工的桥梁，应实施施工控制。这是悬臂浇筑法施工的关键性环节，也是施工难点之一。由于连续梁体系施工过程不可逆、线形很难调，如控制不好，会造成合龙时两悬臂端

图 4-21　悬臂浇筑法（cantilever casting method）

的高程差会大大超出容许范围，最终导致结构受力不利，同时影响结构线形和美观。

悬臂拼装法与悬臂浇筑法的重要差别是节段成型或安装，如图 4-22 所示。节段成型有长线预制法和短线预制法。0 号块的拼装定位对于悬臂拼装梁体安装精度影响很大，大多采用现场就地浇筑法施工，也有在墩顶进行预制装配施工的。梁段接缝可采用湿接缝、胶接缝和干接缝等形式。

图 4-22　悬臂拼装法（cantilever assembly method）

顶推施工法（图 4-23）的构思类同于钢桥的纵向拖拉施工法，适用于中等跨度预应力混凝土连续梁多跨桥。顶推施工法有单点顶推和多点顶推两种。目前常用的是多点顶推，也称 SSY 法。相比于单点顶推，多点顶推采用分散布置的小

图 4-23　顶推施工法（incremental launching construction method）

吨位顶推设备，免去大规模的顶推设备，且能有效地控制顶推梁的偏离；墩身受到的水平力小，便于在柔性墩结构上实现。多点顶推的关键工艺措施是如何使各墩上的所有千斤顶同时、同步施力。

转体施工法（图 4-24）有竖转法、平转法、竖转与平转结合法。转体施工注意事项包括：①转体系统的制作、安装精度及表面摩擦系数应满足设计要求，应设置防超转限位装置；②预埋于上转盘的转体牵引索固定端与上转盘外圆相切，千斤顶必须水平、对称地布置于转盘两侧的同一平面内，千斤顶的中心线必须与转盘外圆相切，中心线高度与上转盘预埋钢绞线的中心线水平，同时要求千斤顶到上转盘的距离相等；③ 转体前，应进行桥体称重，根据实测不平衡力矩推算出所需配载质量，使实际重心偏移量满足设计偏移量要求；主梁试转后，根据测量监控所提供的数据，进行二次配重；④转动时应使转速均匀，角速度不宜大于 0.02rad/min，梁体悬臂端线速度不大于 15m/min。平转接近设计位置 1m 时降低平转速度，距设计位置 0.5m 时采用点动牵引法就位；⑤转体到位后，应精确测量调整中线位置，并利用千斤顶调整梁体端部高程，调整就位后及时浇筑转盘封盘混凝土。

图 4-24　转体施工法（rotation construction method）

移动模架逐孔施工法常用于中等跨径预应力混凝土连续梁桥施工，桥越长，施工设备的周转次数越多，经济性越高。该方法主要用于简支梁，也可用于连续梁。移动模架逐孔施工法与悬臂拼装法的主要区别是它利用承重移动模架支承或悬吊一桥跨内的所有节段，待全部节段安装就位张拉预应力束后，使安装桥跨和已建成的桥跨连接成整体。为适应长桥建设需要，研发了用于节段拼装的移动模架，按照承重支架所处位置可分为上承式和下承式。

第六节　混凝土刚架桥简介
(Brief Introduction to Concrete Rigid Frame Bridge)

混凝土刚架桥不属于连续梁体系，但是很多刚构桥梁部的构造和设计原理与连续梁体系相关。与混凝土连续梁体系相比，刚架桥的显著特点是：梁部结构与墩（或台）固结起来，且墩具有较大的刚性，在非预应力外荷载作用下，主梁结构可能产生轴力，主梁和墩均呈压、弯、剪受力状态。

刚架桥可以是单跨或多跨的。常用的单跨刚架桥有门形刚架［图 4-25（a）～图 4-25（c）］和斜腿刚架［图 4-25（d）］。多跨刚架桥包括主梁连续式和非连续式两类，常用的多跨刚架桥类型如图 4-26 所示。斜腿刚架桥和 T 形刚构是大跨度刚架桥的主要结构形式，T 形刚构适合于悬臂法施工。

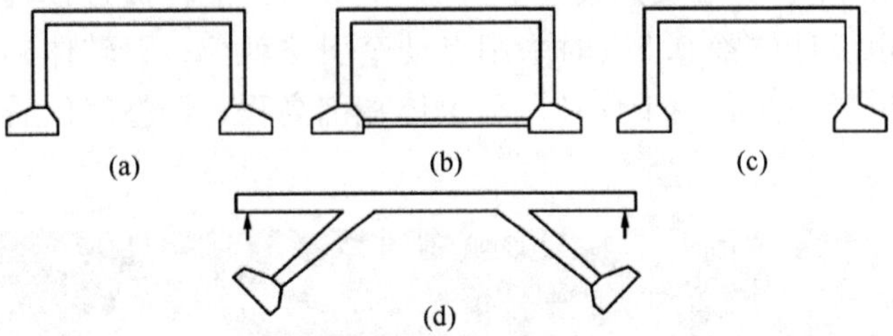

图 4-25　单跨刚架桥的类型（type of single-span rigid frame bridge）

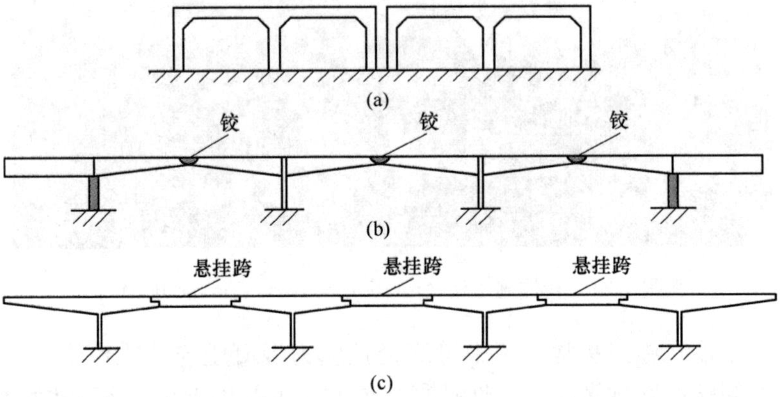

图 4-26　多跨刚架桥的类型（type of multi-span rigid frame bridge）

不同结构形式的刚架桥，具有不同的结构和受力特点。但在内力分析方面，计算原则、计算内容、计算方法与连续刚构体系结构相同。目前设计中，往往利用直接刚度法等有限元法，采用电算进行分析。对于门形刚架，计算荷载还包括作用在边墩（支柱）上的土压力。

图 4-27 所示为一座具有立交功能的预应力混凝土铁路门形刚架桥，净跨径为 30m，跨中截面梁高 1.2m，高跨比约为 1/25，小于同等跨度简支梁建筑高度。

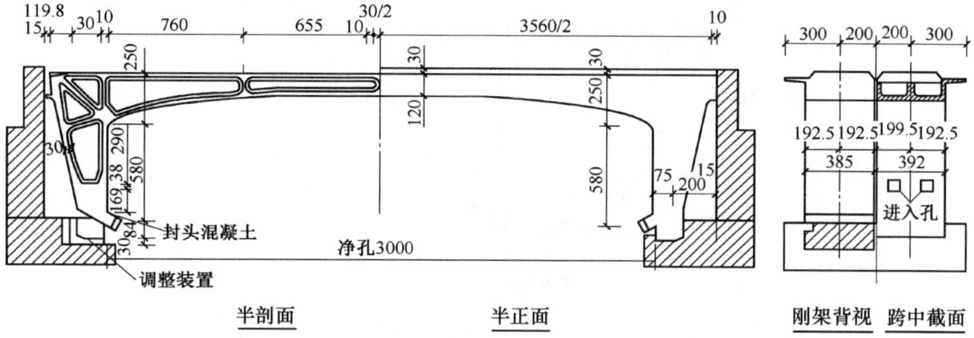

图 4-27　预应力混凝土铁路门形刚架桥（单位：cm）
(prestressed concrete railway portal rigid frame bridge)

图 4-28 所示为我国第一座预应力混凝土单线铁路斜腿刚架桥——浊漳河铁路斜腿刚架桥（1981 年），主梁和斜腿都是单箱单室截面，中跨的理论跨长为 44m，支点梁高 4.8m，支点处的高跨比为 1/9.2；跨中梁高为 2.0m，跨中梁高与支点梁高之比为 1∶24，仅在主梁上布置了预应力筋。

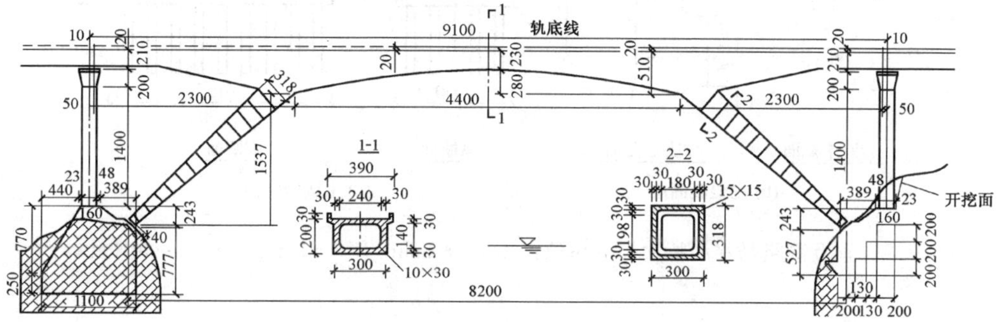

图 4-28　浊漳河铁路斜腿刚架桥（单位：cm）
(Zhuozhang River railway slant-legged rigid frame bridge)

2009 年建成的宜万铁路马水河大桥是我国首座铁路大跨、高墩 T 形刚构桥，其主桥为（116.8＋116.8）m 的 T 形刚构，梁部混凝土采用 C60，主梁横截面为单箱单室截面，主墩为空心墩，如图 4-29 所示。

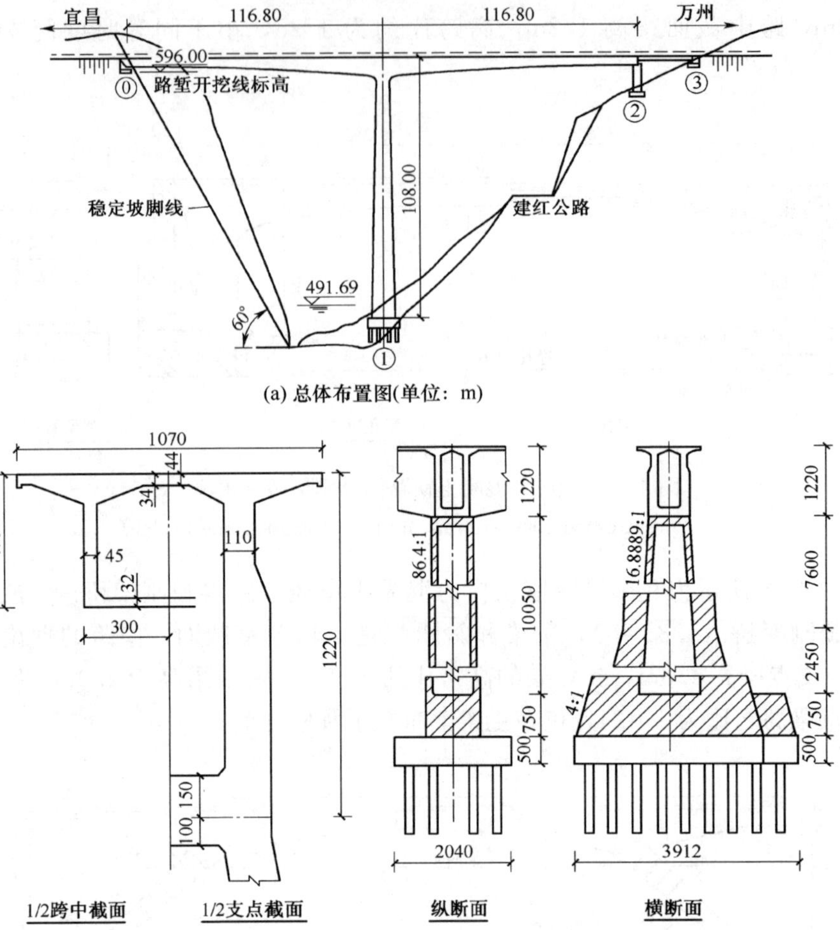

(a) 总体布置图(单位：m)

(b) 主梁截面图

(c) 主墩结构图

图 4-29 宜万铁路马水河特大桥（单位：cm）（Mashui River Bridge on Yiwan Railway）

专业词汇汉英对照（Glossary）

专业词汇	拼音	英文
连续梁	liánxùliáng	continuous beam
截面	jiémiàn	section
连续刚构	liánxù gānggòu	continuous rigid frame

续表

专业词汇	拼音	英文
边墩	biāndūn	abutment pier/side pier
刚度	gāngdù	rigidity
伸缩缝	shēnsuōfèng	expansion joint
预应力	yùyìnglì	prestress
次内力	cìnèilì	secondary internal force
剪力	jiǎnlì	shear force
施工	shīgōng	construction
边跨	biānkuà	side span
顶推法	dǐngtuīfǎ	incremental launching method
墩帽	dūnmào	coping
悬臂法	xuánbìfǎ	cantilever construction method
节段	jiéduàn	segment
体系转换	tìxì zhuǎnhuàn	system transformation
合龙	hélóng	closure
横隔板	hénggébǎn	diaphragm
齿板	chǐbǎn	tooth block
压浆	yājiāng	grouting
抗剪	kàngjiǎn	shear resistance
钢绞线	gāngjiǎoxiàn	steel strand
锁定支撑	suǒdìng zhīchēng	locking support
抗弯刚度	kàngwān gāngdù	flexural stiffness
部分预应力	bùfēn yùyìnglì	partial prestress
梗肋	gěnglèi	flank
制动墩	zhìdòngdūn	braking pier

思考题（Questions）

1. 名称解释：徐变、徐变系数、结构体系转换、横向框架效应。
2. 简述连续体系梁的适用跨度比简支梁大的主要原因。
3. 从设计和施工角度阐述大跨度预应力混凝土连续梁桥纵向为何常采用变截面。

4. 连续梁边跨与中跨比值、高跨比常用取值范围是多少?

5. 大跨度预应力混凝土连续体系桥中，何谓预应力前期束与后期束、永久束与临时束? 其中哪些预应力束采用齿板锚固? 为什么?

6. 连续梁合龙段施工应注意哪些事项?

7. 混凝土刚架桥的结构和受力特点是什么?

8. 简述连续体系梁桥中悬臂法、顶推施工法、平转施工法、移动模架逐孔施工法的基本概念。

拓展阅读(Extensive Reading)

中老铁路阿墨江双线特大桥

中老铁路阿墨江双线特大桥位于云南省普洱市墨江县境内，全长617m，共有9个桥墩，其中3号、4号主墩墩高均为89.5m，加上承台和下方68m长的钻孔桩，整个构筑物超过180m，相当于60层楼的高度，如图4-30所示。主桥为(112+216+112)m预应力混凝土连续刚构桥，为同类铁路桥梁国内最大跨度。大桥上游为水电站库区，主墩处平均水深达39m，常年水位变化高达37m，属典型的深水、高墩、超大跨度桥梁结构。

图4-30 中老铁路阿墨江双线特大桥

阿墨江双线特大桥主桥的主梁采用单箱单室横截面，梁体全长442.0m。箱梁顶板宽为14.0m，底板宽10.0m；中墩处梁高15.7m，边跨墩部、中跨中部两处等高段梁高为7.2m，其余梁端梁体下缘按二次抛物线变化；边跨端块处顶板厚度由100cm渐变为60cm，底板厚度由130cm渐变至62cm，腹板厚度由 130cm 渐变至 60cm，其余处分段变化顶板厚 60cm、70cm、85cm、98cm，底板厚度由 62cm 渐变至 130cm，腹板厚度由 60cm 渐变至 130cm。主梁采用 C55 混凝土，梁体设计为全预应力体系，包括纵向、横向、竖向以及体外预应力。纵向、体外预应力采用 15.20mm 高强度低松弛钢绞线，抗拉强度标准值 $f_{pk}=1860$MPa，横向预应力采用 15.20mm 高强度低松弛钢绞线，抗拉强度标准值 $f_{pk}=1960$MPa。竖向预应力采用公称直径 32mm，抗拉强度标准值 $f_{pk}=830$MPa 的螺纹钢筋。

该桥采用悬臂浇筑法施工，主梁施工节段多达 123 个。为确保大桥的合龙精度，施工过程全程采用物联网和云计算等新技术对桥梁的标高、应力、沉降、温度等数据进行在线实时监测、分析，指导施工参数的调整。2020 年 10 月 20 日清晨，阿墨江大桥特大桥主桥合龙，梁面合龙精度达到毫米级，全桥线形变化平顺，实现了一桥飞架阿墨江，南北天堑变通途。

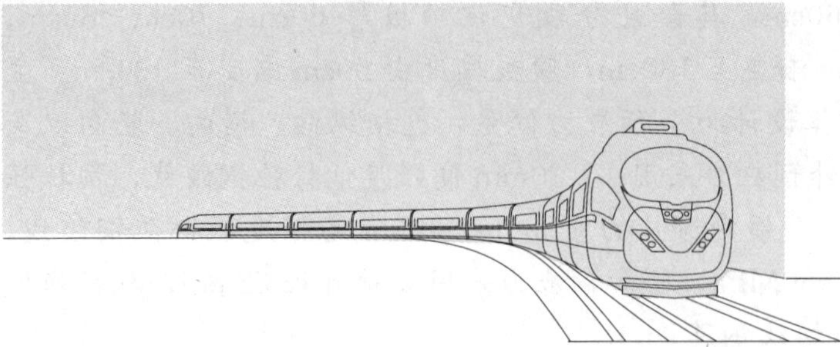

第 五 章

铁路拱桥

Railway Arch Bridge

第一节　概述（Overview）

一、拱桥主要特点（Main Features of Arch Bridge）

拱式结构在竖向荷载作用下，两端有水平推力产生。这个水平推力使拱圈（arch）以受轴压为主，截面弯矩和剪力相比同等跨度梁大为减小，从而可以充分发挥全截面材料性能，大幅提高结构跨越能力和承载能力。相比于梁式和索式结构，同样荷载作用下，拱式结构变形较小，行车条件好，但水平推力的存在对结构基础条件提出了较高要求。图 5-1 所示为同等跨度拱和梁的应力分布。

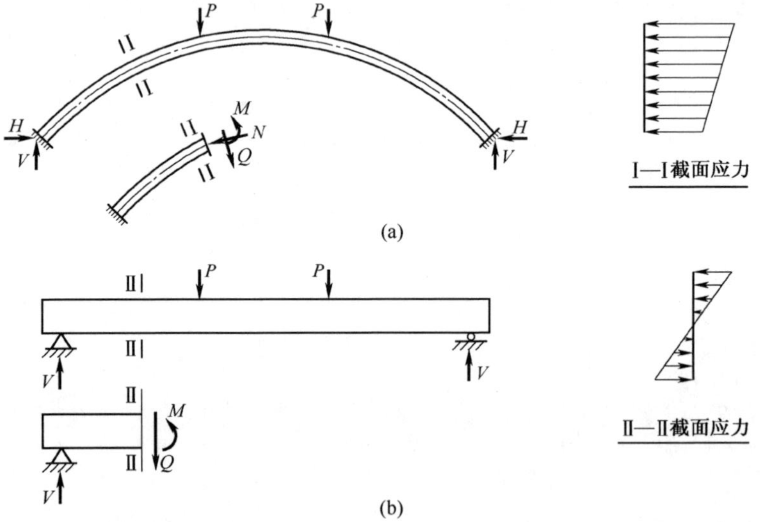

图 5-1　同等跨度拱和梁的应力分布（stress distribution of arch and beam with identical span）

二、拱桥组成 (Composition of Arch Bridge)

拱桥上部结构由主拱圈（main arch）和拱上建筑（spandrel structure）组成。主拱圈是拱桥的主要承重结构。桥面与主拱圈之间需要有传力的构件或填充物，以使车辆能在平顺的桥道上行驶，桥面系和这些传力构件或填充物统称为拱上结构或拱上建筑。

拱桥下部结构由桥墩、桥台及基础等组成，用以支承桥跨结构，将荷载传至地基。桥台还起到与两岸路堤相连接的作用，使路桥形成一个协调的整体。

拱圈最高处称为拱顶（apex of arch），拱圈和墩台连接处称为拱脚（arch springing）或起拱面。拱圈各横向截面（或换算截面）的形心连线称为拱轴线（arch axis）。拱圈的上曲面称为拱背（arch hogback），下曲面称为拱腹（arch soffit）。起拱面与拱腹相交的直线称为起拱线。

几个主要技术名词：

净跨径（clear span）(l_0)—— 每孔拱跨两个起拱线之间的净水平距离。

计算跨径(computed span)(l)—— 相邻两拱脚截面形心点之间的水平距离。

净矢高（clear rise）（f_0）—— 拱顶截面下缘至起拱线连线的垂直距离。

计算矢高（computed rise）（f）—— 拱顶截面形心至相邻两拱脚截面形心连线的垂直距离。

矢跨比（rise-span ratio）（D 或 D_0）—— 拱圈［或拱肋（arch rib)］净矢高与净跨径之比，或计算矢高与计算跨径之比。拱的水平推力与矢跨比成反比，矢跨比不小于 1/5 的拱称为陡拱；矢跨比小于 1/5 的拱称为坦拱。

图 5-2 所示为拱桥的主要组成部分。

三、拱桥主要类型 (Main Types of Arch Bridge)

按主拱圈材料分，有圬工拱桥、钢筋混凝土拱桥、钢拱桥和钢-混凝土组合拱桥等。

按拱上建筑形式分，有实腹式（solid spandrel）拱桥和空腹式（open spandrel）拱桥。

按主拱圈线形分，有圆弧线（circle curve）拱桥、抛物线（parabolic curve）拱桥和悬链线（catenary curve）拱桥。

按桥面位置分，有上承式拱桥、中承式拱桥和下承式拱桥。

按有无水平推力分，有推力拱桥和无推力拱桥。

按主拱圈截面形式分，有板拱桥、板肋拱桥、肋拱桥、双曲拱桥、箱形拱桥、钢管混凝土拱桥、劲性骨架（stiff skeleton）混凝土拱桥，如图 5-3 所示。

按结构受力图式分，有简单体系拱（图 5-4）桥、组合体系拱（图 5-5）桥和拱片（肋）桥（图 5-6）。

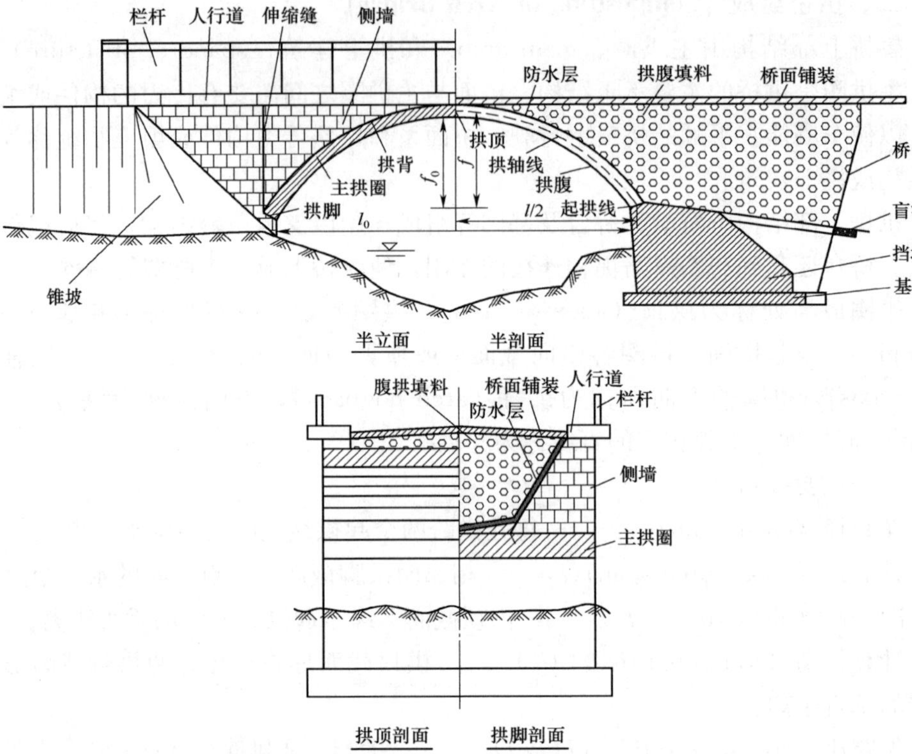

图 5-2 拱桥的主要组成部分（main components of arch bridge）

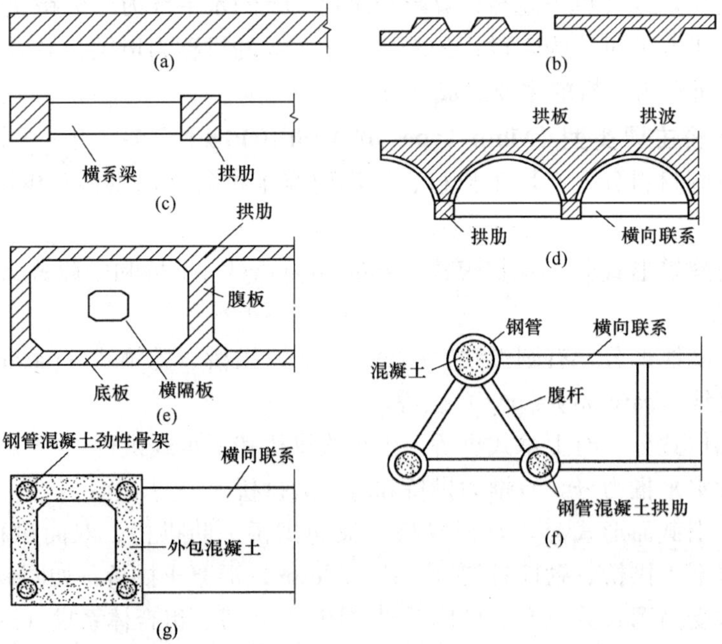

图 5-3 主拱圈横截面形式（cross section forms of main arch rib）

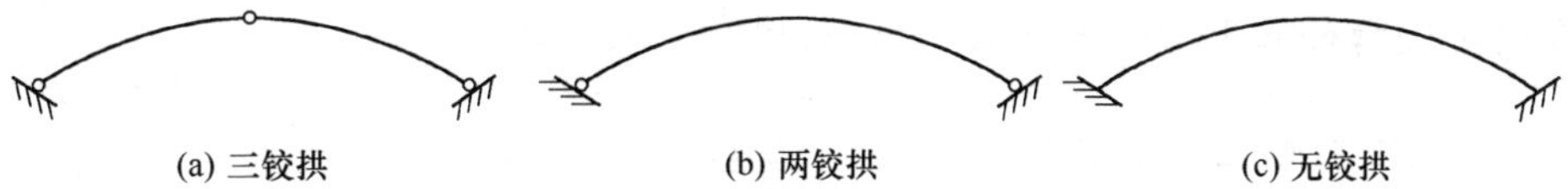

图 5-4　简单体系拱（arches with simple system）

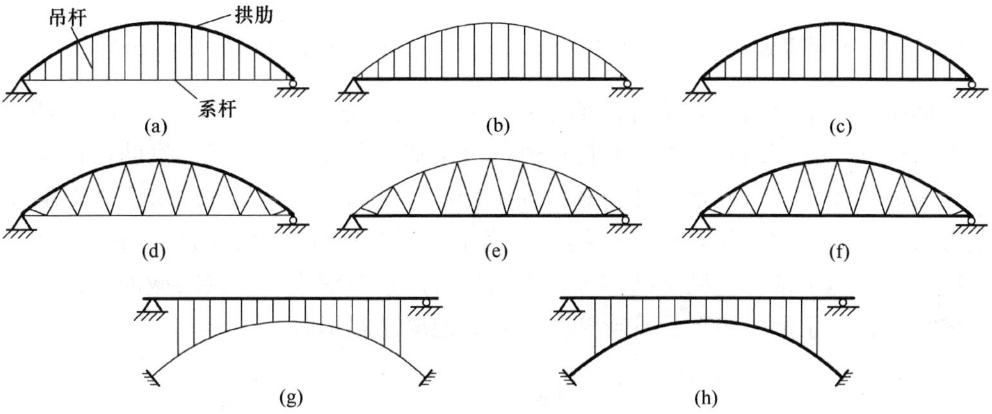

图 5-5　组合体系拱（arches with composite system）

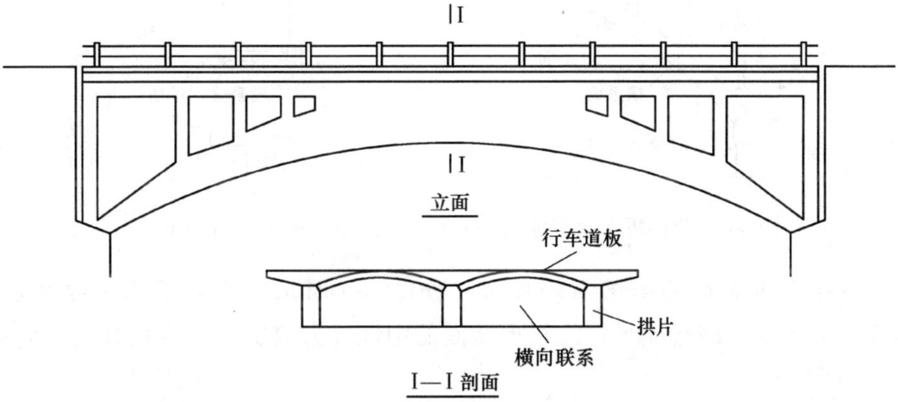

图 5-6　拱片（肋）桥（arch rib bridge）

第二节　拱桥构造 (Structure of Arch Bridge)

一、主拱构造 (Structure of Main Arch)

钢筋混凝土板（肋）拱桥，构造简单、外表整齐、轻巧美观，如图 5-7 所示。根据桥宽需要可做成单条整体拱圈或多条平行板（肋）拱圈，施工时可反复利用一套较窄的拱架与模板来完成，大大节省材料。钢筋混凝土等截面板拱的拱圈高度可按跨径的 1/70～1/60 初拟，跨径大时取小者。

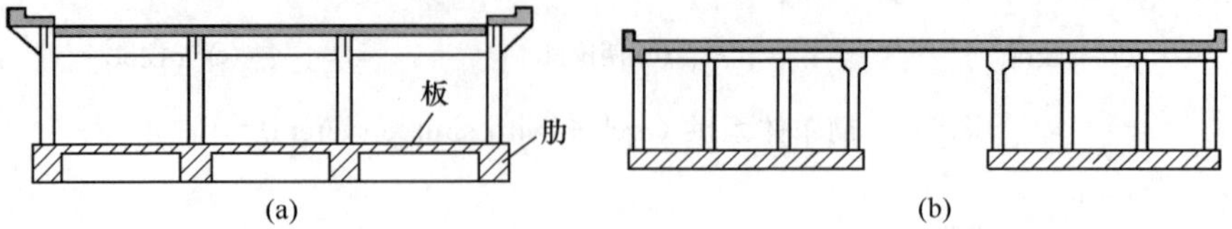

图 5-7　钢筋混凝土板肋拱横断面（cross section of reinforced concrete slab rib arch）

肋拱桥，由两条或多条分离的拱肋、横系梁、立柱（vertical column）和由横梁（transverse beam）支承的行车道部分组成，如图 5-8 所示。拱肋可由混凝土、钢筋混凝土、钢管混凝土（concrete filled in steel tubular）、劲性骨架混凝土做成。拱肋的数目和间距以及截面形式主要根据桥梁宽度、肋形、材料性能、荷载等级、施工条件、拱上结构等各方面综合因素考虑决定。拱肋截面形式分为实体矩形、工字形、箱形、管形和劲性骨架混凝土箱形等。

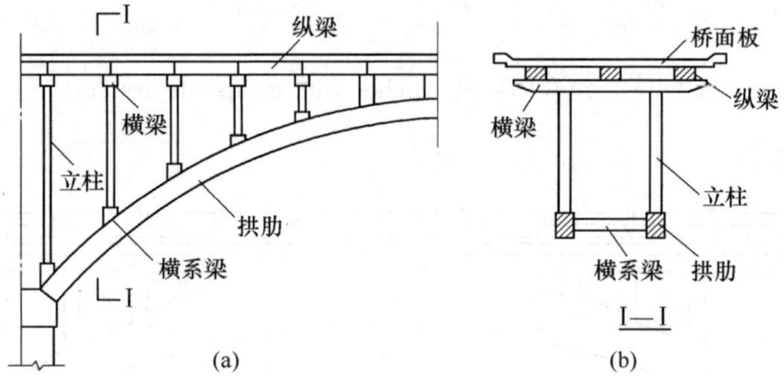

图 5-8　肋拱桥立面布置图（elevation layout of rib arch bridge）

箱形拱主拱圈截面由多室箱构成，如图 5-9 所示。箱形拱的主要特点是：①截面挖空率大，减轻质量；②箱形截面的中性轴大致居中，能较好地适应主拱

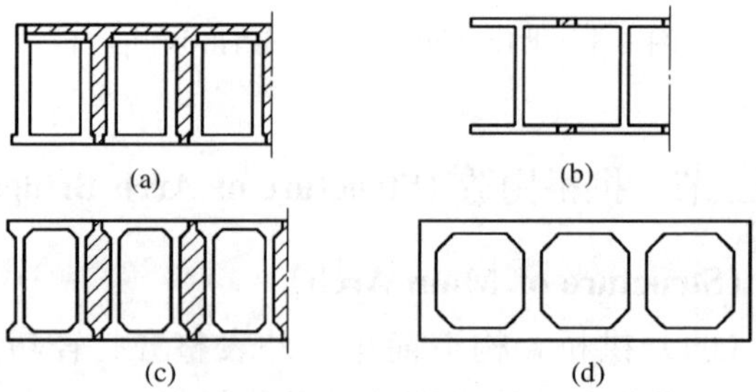

图 5-9　箱形截面组成方式（cross-section forms of box girder）

圈各截面正负弯矩变化的需要；③抗弯和抗扭刚度大，拱圈整体性好，应力分布较均匀；④稳定性较好，便于无支架（flasework）吊装；⑤制作要求较高，吊装设备较多，主要用于大跨径拱桥。

二、拱上建筑构造（Structure of Spandrel）

拱上建筑，又称拱上结构，按照构造方式分为实腹式和空腹式两种。

实腹式拱上建筑构造简单，施工方便，填料数量较多，恒载较重，适用于小跨径拱桥。实腹式拱上建筑由拱腹填料、侧墙、变形缝、防水层、泄水管以及桥面系组成，如图 5-2 所示。拱上填料分为填充式和砌筑式两种。

空腹式拱上建筑适用于大、中跨径的拱桥，特别是当矢高较大时，应以空腹式拱上建筑为宜。根据构造，可分为拱式拱上建筑和梁式拱上建筑两种。

拱式拱上建筑构造简单，外形美观，但自重较大，一般用于圬工拱桥。主拱上的小拱称为腹孔。腹孔的形式和跨径的选择，要既能减轻拱上建筑的质量，又不致因荷载过分集中于腹孔墩处，对主拱圈受力状况造成不利影响，同时还要使拱桥外形协调美观。紧靠桥墩（台）腹拱应设置变形缝和伸缩缝（expansion joint）。具体如图 5-10 所示。

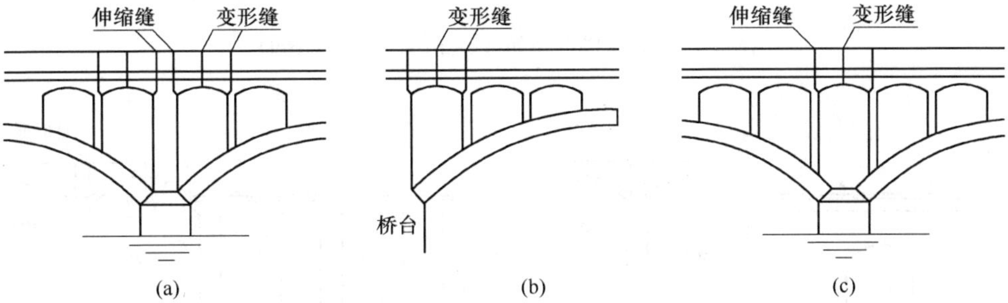

图 5-10 桥墩（台）上腹拱布置方式
（layout of upper abdominal arch above bridge pier）

梁式拱上建筑由底梁（座）、立柱、盖梁和纵梁等构件组成，可减轻拱上自重，减小拱轴系数（arch axis coefficient），改善拱圈在施工过程中的受力状况。腹孔布置要求与拱式拱上建筑基本相同。梁式腹孔结构有简支梁、连续梁和框架式等多种形式（图 5-11），其结构设计可参照相应的简支、连续或框架结构。桥面板也可依据需要采用纵铺和横铺两种方式。

腹孔墩可分为横墙（cross wall）式或排架（framed bent）式两种。横墙式［图 5-12（a）］一般用圬工材料砌筑或现浇混凝土形成，施工简便。排架式［图 5-12（b）］是由立柱和盖梁组成的钢筋混凝土排架结构。为了使立柱传递给主拱圈的压力不至于过分集中，通常在立柱下面设置底梁。

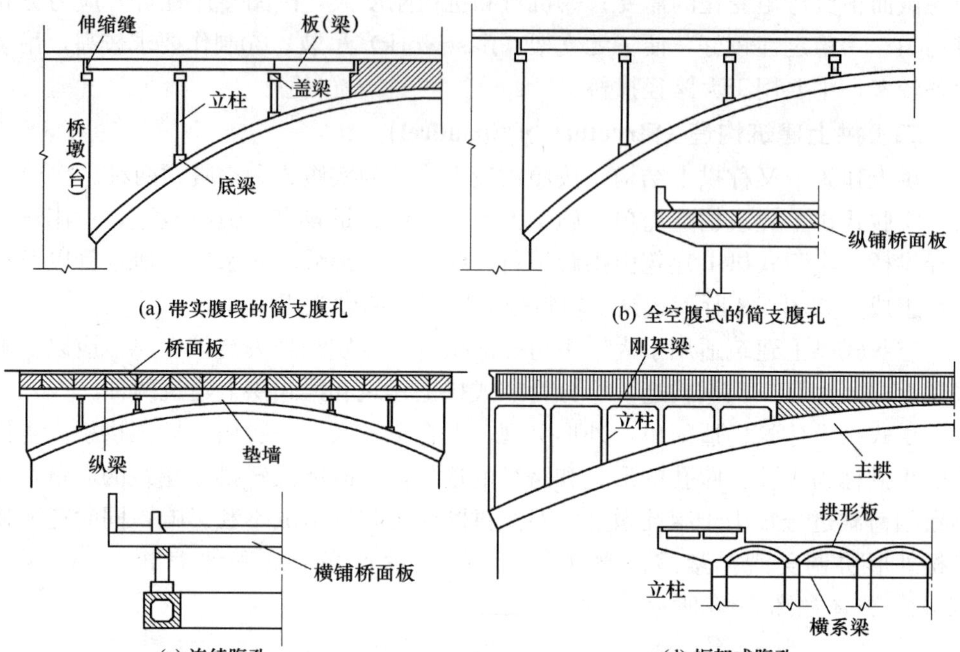

图 5-11　梁式拱上建筑（beam-style spandrel）

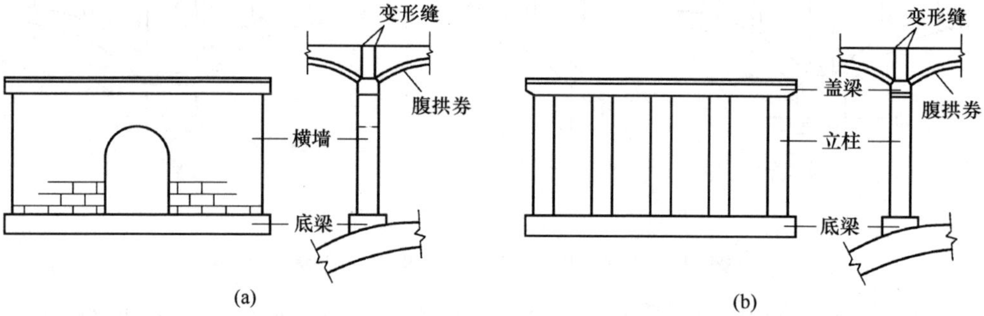

图 5-12　腹孔墩构造形式（structure forms of pier for spandrel arch）

三、中、下承式拱构造特点（Structure Features of Half-through and Through Arch Bridge）

中承式拱桥行车道位于拱肋的中部，桥面系中间部分用吊杆悬挂在拱肋下，梁端部分用立柱支承在拱肋上，如图 5-13 所示。下承式拱桥的桥跨结构由拱肋、悬吊结构和横向连接系三部分组成，如图 5-14 所示。中、下承式拱桥由于车辆在两片拱肋之间行驶，需吊杆将纵、横梁系统悬挂在拱肋下，在纵、横梁系统上支承车道板，组成桥面系。

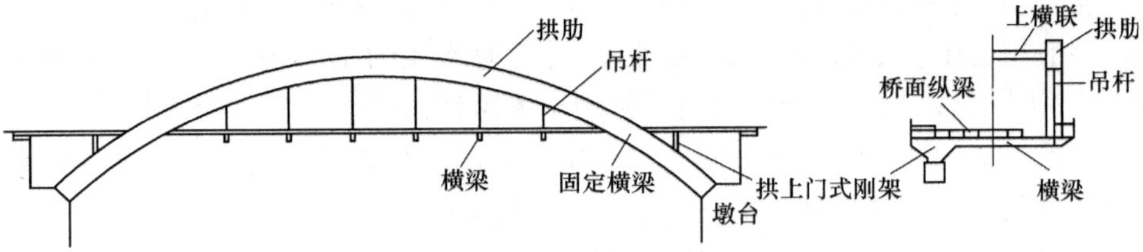

图 5-13 中承式拱桥的总体布置（general layout of half-through arch bridge）

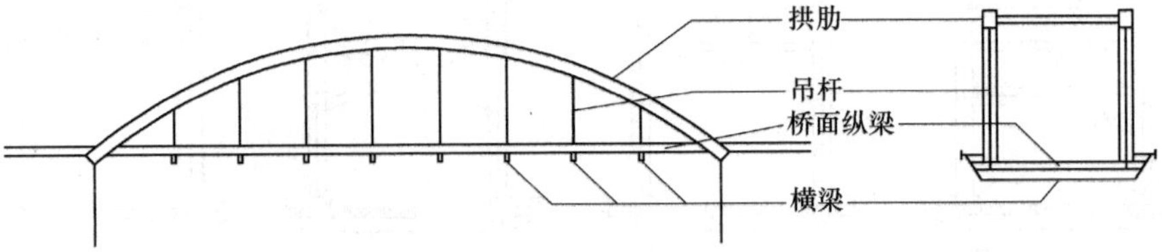

图 5-14 下承式拱桥的总体布置（general layout of through arch bridge）

中、下承式拱桥的主要承重构件是两个分离式的拱肋。组成拱肋的材料可以是钢筋混凝土、钢管混凝土、劲性骨架混凝土或纯钢材，两片拱肋一般在两个相互平行的平面内；有时也可使两拱肋平面内倾，使之在水平面上的投影呈“）（”形，称提篮式拱（图 5-15），以提高拱肋的横向稳定性和承载力。

图 5-15 铁路提篮拱桥实例（example of railway X-type arch bridge）

相同桥面净宽条件下，中、下承式拱桥拱肋的间距比上承式拱桥大。一般采用无铰（hinge）拱形式，以保证拱肋刚度。拱肋由于恒载分布比较均匀，拱轴线形可采用抛物线，也可采用悬链线。根据跨径大小、荷载等级和结构总体尺寸，钢筋混凝土拱肋的截面可以选用矩形、工字形、箱形或管形（构成钢管混凝土拱肋），截面沿拱轴的变化规律可以为等截面或变截面。矩形截面拱肋施工简单，一般用于中、小跨径拱桥，拱肋的高度为跨径的 1/70～1/40，肋宽为肋高的 0.5～1.0 倍；工字形和箱形截面常用于大跨径拱肋。

为了保证两片拱肋的横向刚度和稳定，在两片分离拱肋间设置有横撑以承受作用在拱肋、桥面及吊杆上的横向水平力（horizontal force）。横撑的结构形式有“一”字形横撑、K 形对角撑、X 形对角撑和空格式构造等（图 5-16），横撑的宽度不应小于其长度的 1/15。

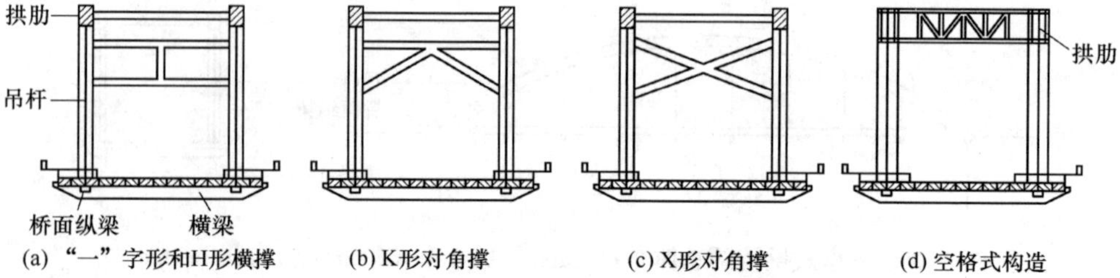

图 5-16 横向连接系类型（type of transverse connection）

桥面荷载通过吊杆和桥面系传递到拱肋上。吊杆类型有刚性吊杆和柔性吊杆两类。刚性吊杆材料为钢筋混凝土或预应力混凝土，可以增大拱肋横向刚度，但用钢量较大，施工程序多，工艺复杂。柔性吊杆一般用冷轧粗钢筋、高强钢丝或钢绞线等高强钢材制作。为提高钢索的耐久性，必须防止钢索锈蚀，要求防护层有足够的强度、韧性、抗老化性和附着性，确保使用周期内防护层不开裂或脱落。一般吊杆间距为 4～10m，通常取等间距。

主梁横梁用于吊杆悬吊主梁，其高度为拱肋间距的 1/15～1/10，材料与主梁相同，截面有矩形和箱形。纵梁结构形式取决于施工方法和总体设计。由于横梁的间距一般为 4～10m，纵梁多采用 T 形小梁、Π 形小梁、正交异型桥面板＋横梁（钢结构），也有采用箱梁＋内横梁的单纵梁结构。

四、上承式桁架拱构造特点（Structure Feature of Deck Truss Arch Bridge）

如图 5-17 所示，上承式桁架拱桥进一步减轻了拱桥自重，其主要受力结构为几片桁架，充分发挥装配式结构工业化程度高、施工进度快等优点，但实践表明，采用混凝土结构时，对工艺要求很高。

五、其他细部构造（Other structure Details）

（1）伸缩缝与变形缝

由于拱上建筑与主拱圈的共同作用，拱上建筑能够提高主拱圈的承载能力，但其对主拱圈变形又起约束作用，在主拱圈和拱上建筑内均产生附加内力，使结构受力复杂。为了使结构的计算图式尽量与实际的受力情况相符合，避免拱上建筑的不规则开裂，以保证结构的安全使用和耐久性，通常是在相对变形（位移或

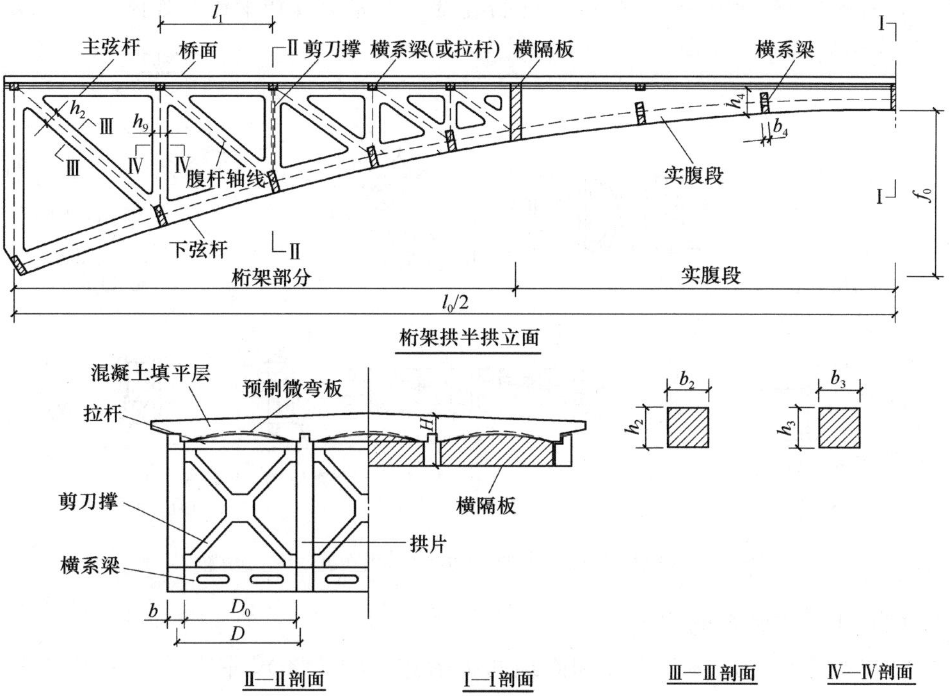

图 5-17 桁架拱桥构造图（structure of truss arch bridge）

转角）较大的位置设置伸缩缝（或断缝），而在相对变形较小处设置变形缝。图 5-18所示为拱桥伸缩缝及变形缝的布置。

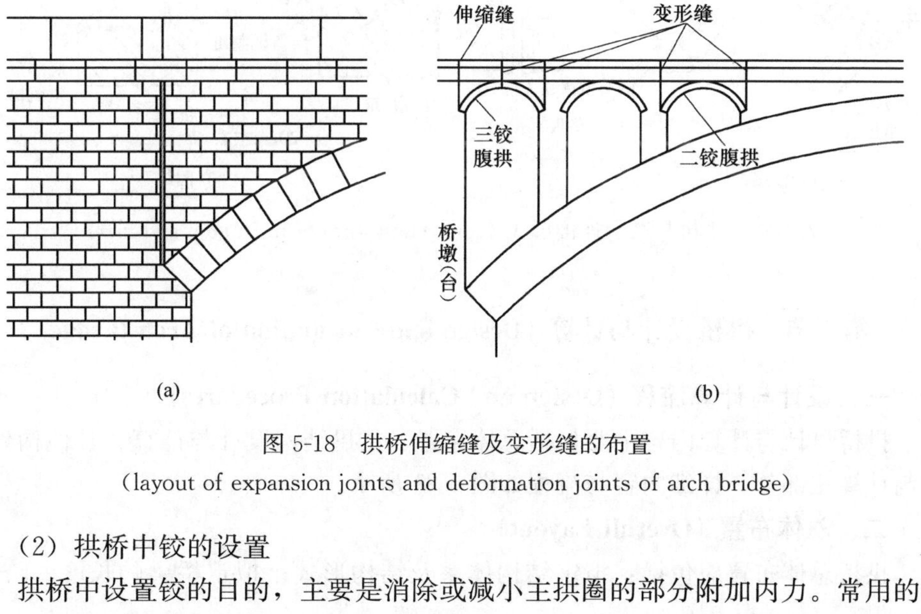

图 5-18 拱桥伸缩缝及变形缝的布置
（layout of expansion joints and deformation joints of arch bridge）

（2）拱桥中铰的设置

拱桥中设置铰的目的，主要是消除或减小主拱圈的部分附加内力。常用的拱铰形式有弧形铰、铅垫铰、平铰、钢筋混凝土不完全铰和钢铰，如图 5-19 所示。

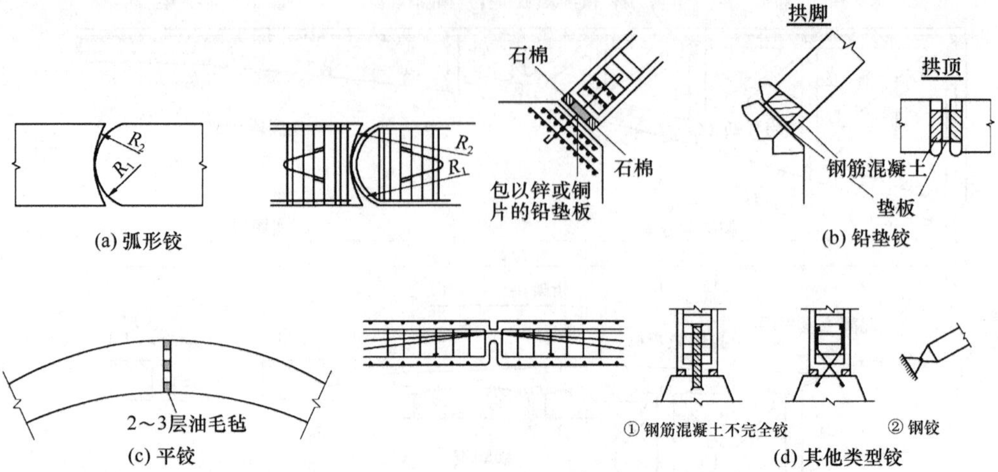

图 5-19　拱桥中铰的类型（type of hinge in arch bridge）

（3）主拱与墩台的连接

主拱与墩台的连接有铰接和固结两种形式（图 5-20）。固结时，主拱钢筋深入墩台的长度需符合规范要求。

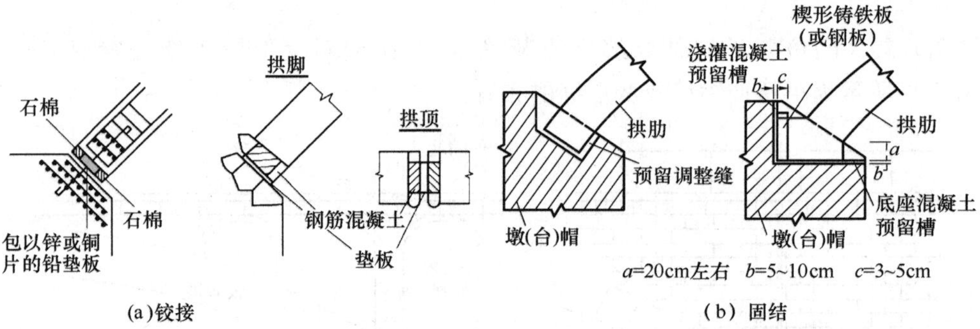

图 5-20　主拱与墩台连接形式（connection form of main arch and pier）

第三节　拱桥设计与计算 (Design and Calculation of Arch Bridge)

一、设计与计算流程 (Design and Calculation Procedures)

拱桥设计与计算内容主要包括总体布置、主拱结构设计与计算、其他构件设计与计算三部分，详细内容与流程如图 5-21 所示。

二、总体布置 (Overall Layout)

拱桥总体布置应包括：拟定结构体系及结构形式；拟定桥梁的长度、跨径、

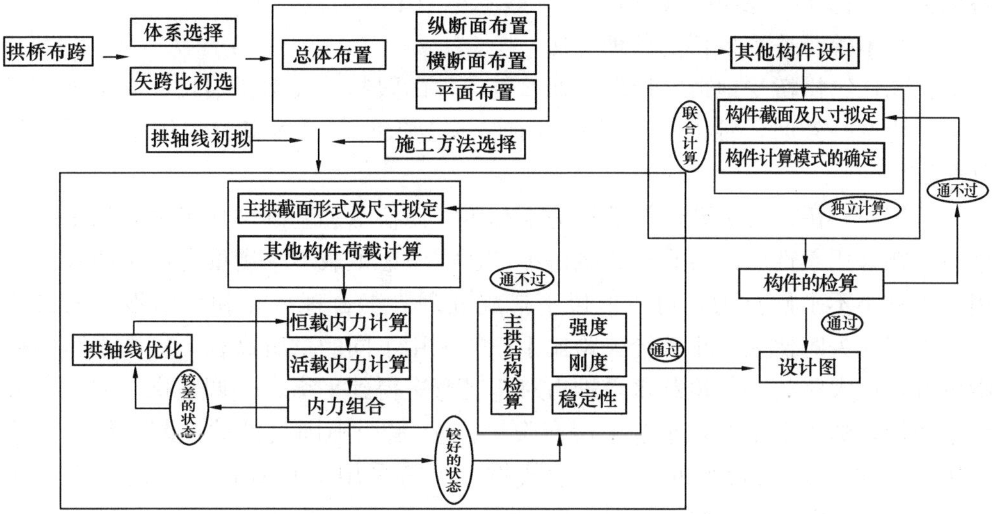

图 5-21 拱桥设计内容与流程（content and process of arch bridge design）

孔数、拱的主要几何尺寸、桥梁的高度、墩台及其基础形式和埋置深度、桥上及桥头引道的纵坡等。桥长、分孔布置等总体设计方法同其他桥梁，但有以下拱桥总体设计特殊问题需要考虑。

（1）桥梁设计高程和矢跨比

拱桥的高程主要有四个，即桥面高程、拱顶底面高程、起拱线高程和基础底面高程（图 5-22）。桥面高程由线路设计与总体布置及设计综合研究决定，拱顶底面高程需满足拱顶最小填料厚度和主拱拱顶截面高度的要求，起拱线高程根据拱顶底面标高和桥下净空要求（通航泄洪等）拟定，基础底面高程则根据地基情况决定。此外，桥面标高到拱顶底面的高度还应满足拱顶填料和拱顶截面高度要求和排洪、通航等净空要求。

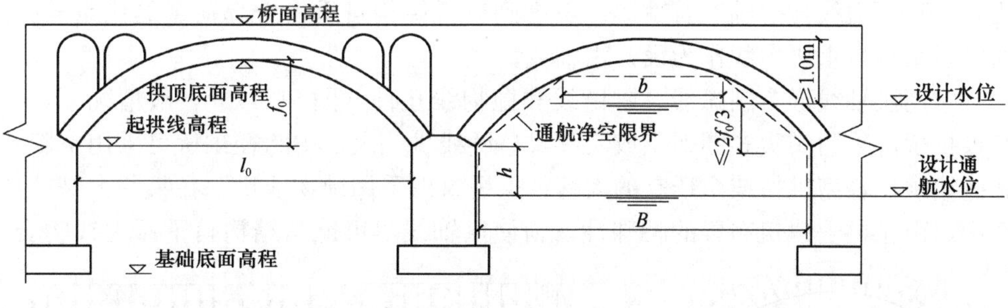

图 5-22 拱桥的主要高程（main elevation of arch bridge）

矢跨比，即矢高与跨度的比值，是拱桥的最重要设计控制参数。矢跨比除应满足泄洪和通航要求外，还应从经济、受力、施工等方面综合分析比较确定。铁

路拱桥矢跨比 f/L 多为 1/5～1/3，一般不小于 1/7 为宜。

（2）不等跨连续拱桥的处理方法

多孔连续拱桥受地形、地质、通航等条件的限制，或引桥很长，当考虑与桥面纵坡协调一致时，或对桥梁的美观有特殊要求时，可以考虑采用不等跨度的分孔。

不等跨拱桥，相邻孔的恒载推力不相等，使桥墩和基础增加了恒载的不平衡推力。在采用柔性墩的多孔连续拱桥中，还需考虑恒载不平衡推力产生的连拱作用。为减小不平衡推力，可采取以下措施处理：①合理分孔和采用不同的矢跨比，大跨径矢跨比大，小跨径矢跨比小；②采用不同的拱脚高程，提高小跨的拱脚位置，使大跨与小跨恒载水平推力对基底弯矩得到平衡；③调整拱上建筑，大跨采用较轻的拱上结构，小跨采用实腹拱；④ 采用不同类型的拱跨结构，大跨采用矢跨比 f/L 比较大的中、下承式拱，小跨采用上承式拱；⑤设置刚性墩（rigid pier），即抗推力墩，如图 5-23 所示。

图 5-23 设置刚性墩的拱桥（arch bridge with rigid pier）

三、拱轴线形（Arch Axis Shape）

理想拱轴线是在各种荷载作用下拱圈截面只受轴向压力，而无弯矩作用，这种拱轴线称为合理拱轴线（reasonable arch axis）。合理拱轴线与主拱压力线重合。但事实上除结构自重外，拱圈还受活载、温度变化和材料弹性变形等因素作用，导致压力线与拱轴线有偏离。考虑到拱桥结构自重占全部荷载的比重较大，通常以结构自重压力线作为设计拱轴线。

常用拱轴线形有圆弧线、悬链线和抛物线几种（图 5-24）。一般情况下，小跨径拱桥可采用实腹式圆弧拱或实腹式悬链线拱；大、中跨径拱桥可采用空腹式悬链线拱；轻型拱桥或全透空的大跨径拱桥可以采用抛物线拱。在某些大跨径拱桥中，由于拱上建筑布置的特殊性，为使拱轴线尽可能与结构自重压力线吻合，

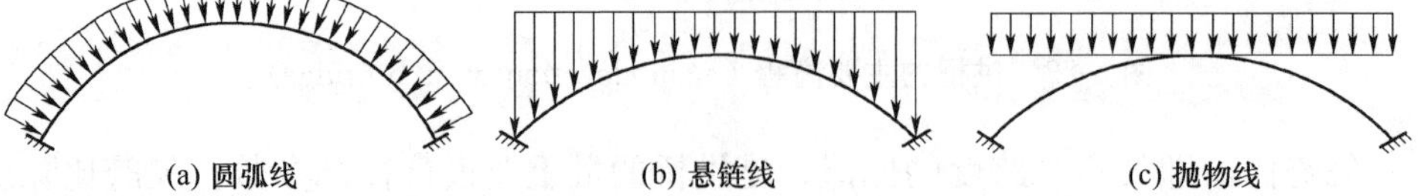

图 5-24 荷载与合理拱轴线（load and reasonable arch axis）

可采用高次抛物线作为拱轴线。

四、主拱截面及其变化规律（Main Arch Section and Its Variation Law）

拱截面尺寸设计的原则是：在拱截面形状简单、便于施工的前提下，使每一截面上的材料强度均能充分被利用，节省材料用量。拱截面最大应力计算式为：

$$\sigma = \sigma_1 \pm \sigma_2 = \frac{N}{A} \pm \frac{M}{I}y \tag{5-1}$$

式中，N 为拱肋的轴向力，A 为拱肋截面面积，M 为拱肋弯矩，I 为截面惯性矩，y 为某点到中性轴的距离。

第一项由拱肋轴向力引起。轴向力在拱肋内的变化规律是由拱顶向拱脚逐渐增大。如果使拱顶截面逐渐向拱脚增大，可以做到使 σ_1 为常数。第二项由最大或最小弯矩引起。

拱肋内力变化比较复杂，取决于拱截面变化规律。拱脚截面惯性矩增大，由荷载引起的截面弯矩也增大。变截面更好地符合力学规律，因此往往采用变截面拱。对铁路桥，变高度拱拱顶截面厚度 d_d 与拱脚截面厚度 d_x 的经验数值为：

钢筋混凝土拱圈：$d_d = \left(\frac{1}{50} \sim \frac{1}{30}\right)L$；$d_x = (1.2 \sim 1.5)d_0$

钢筋混凝土拱肋：$d_d = \left(\frac{1}{40} \sim \frac{1}{20}\right)L$；$d_x = (1.25 \sim 1.5)d_0$

式中，L 为拱的跨度。跨度越大，矢跨比越小，d_d/L 越趋于下限。

为了便于拱的制造和施工，现在趋向于将拱肋做成等高度；在拱脚段适当加厚截面上下翼缘，以适应拱脚段弯矩变大的特点。

五、拱桥内力分析计算模型（Calculation Model of Internal Force for Arch Bridge）

根据不同计算目的，拱桥内力分析模型包括有以下几种：

（1）裸拱模型：设计计算主拱常用的模型，不考虑拱上结构的联合作用，对主拱偏安全。

（2）整体模型：考虑拱上结构的联合作用，对拱上结构设计计算是必需的，还应考虑多跨连续拱桥的连拱效应。

（3）局部节点模型：拱桥结构中，受力较大，结构构造复杂的局部节点，如拱座局部模型、吊杆节点局部模型等。

（4）施工过程计算模型：模拟拱桥施工过程，确保每一个施工阶段，结构强度、刚度都安全可靠。

六、拱桥计算方法（Calculation Method of Arch Bridge）

拱桥的计算方法有解析法和数值法（图 5-25）。实际应用中，均采用有限元法进行拱桥的设计计算。

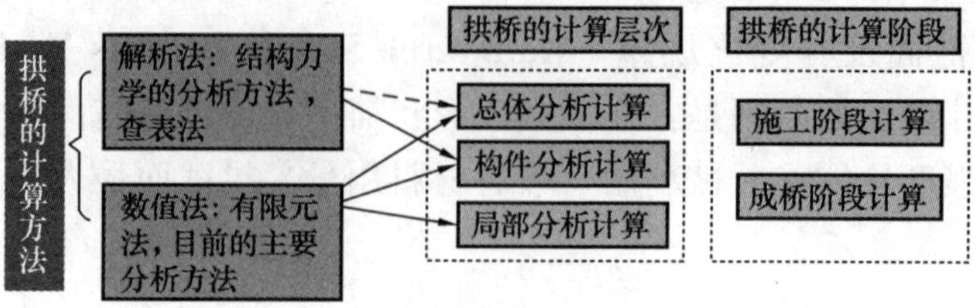

图 5-25　拱桥计算方法（calculation method of arch bridge）

当采用结构自重压力线做拱轴线而不考虑拱圈变形的影响时，拱圈各截面的结构自重内力均只有轴向压力，即拱圈处于纯压状态。实际上拱圈在结构自重作用下会产生弹性压缩，使拱轴长度缩短。由于无铰拱是超静定结构，将会在拱中产生附加内力。设计中往往将结构自重内力分为两部分，即不考虑弹性压缩影响的内力与仅由弹性压缩引起的内力。两者相加，便得到结构自重作用下的总内力。活载内力计算也是如此分两步进行。

七、主拱稳定性计算（Stability Calculation of Main Arch）

拱是一种以承压为主的曲杆，当荷载加大到某一临界值时，拱轴将会突然偏离原来的形状而失稳（instability）。失稳的形式有面内失稳（在拱平面内）、面外失稳（向拱平面外侧倾）。

（1）面内失稳计算

竖直均布荷载下，无铰拱和两铰拱平面失稳时，拱轴呈反对称变形的临界荷载为最小；三铰拱面内失稳时，临界荷载随矢跨比 f/L 不同，或为对称失稳（$f/L=0.1\sim0.2$），或为反对称失稳（$f/L=0.3\sim1.0$）。

根据研究，二次抛物线等截面拱的均布荷载临界值为：

$$q_{cr} = K \cdot \frac{EI}{L^3} \tag{5-4}$$

相当于临界均布荷载 q_{cr} 的拱内临界水平推力为：

$$H_{cr} = \frac{q_{cr}L^2}{8f} = K \cdot \frac{EI}{8L^2} \cdot \frac{L}{f} \tag{5-5}$$

式中，EI 为拱截面抗弯刚度，I 取全截面惯性矩，不计钢筋；L 为拱的跨度；f 为拱的矢高；K 为系数，按拱静力图式和矢跨比取值，见表 5-1。

拱轴和截面变化比较复杂时，拱平面稳定计算可变换为等截面进行检算。当拱上结构参与拱共同作用时，临界水平推力可简单地按（$1+EI_b/EI_0$）倍数增大。EI_0，EI_b 分别为拱肋和桥面梁的截面抗弯刚度。对悬链线拱可近似地利用上述抛物线拱的公式和方法计算。

表 5-1　*K* 值（value of *K*）

f/L	0.1	0.2	0.3	0.4	0.5	0.6	0.8	1.0
无铰拱	60.7	101.0	115.0	111.0	97.4	83.8	59.1	43.7
两铰拱	28.5	45.4	46.5	43.9	38.4	30.5	20.0	14.1
三铰拱	22.5	39.6	46.5	43.9	38.4	30.5	20.0	14.1

（2）面外失稳计算

一般说来，主拱面外抗弯刚度比平面抗弯刚度大得多。当主拱宽度 $B \geqslant L/20$，则可不考虑主拱面外失稳。以横系梁连接的拱肋面外失稳近似计算方法，是把拱展开为与拱轴等长的平面桁架，根据支承条件，按受压组合构件确定其计算长度和长细比。对应下承式拱桥无横向连接且为柔性吊杆的抛物线肋拱横向稳定性验算，可按苏联学者提出的近似方法计算。

下承式拱桥中，当拱肋有面外位移时，吊杆倾斜，拱肋上将以桥面为中心，以吊杆长度为半径做圆弧式的移动。假定吊杆不可拉伸且无抗弯刚度，则吊杆力的水平分力将作用于拱肋，从而增强了拱肋的面外稳定性。这个效应称为吊杆的非保向力效应，可据此对拱肋面外失稳临界荷载进行修正计算。

精确计算拱的稳定性，应考虑材料与几何非线性，按有限位移理论进行数值分析。但由于材料弹塑性分析难以与实际一致，可仅计算弹性稳定安全系数，然后进行塑性折减。按弹性稳定计算时，其稳定安全系数不应小于 4.0～5.0。

第四节　钢管混凝土拱桥
(Concrete-filled Steel Tube Arch Bridge)

一、概述（Overview）

1990 年，中国建成第一座钢管混凝土拱桥——四川旺苍东河大桥，之后每年以 18 座左右的数目迅速增长。截至 2015 年年底，中国建成的钢管混凝土拱桥已超过 400 座，其中，跨径超过 200m 的 54 座，超过 300m 的 11 座，超过 400m 的 4 座。目前在建钢管混凝土拱桥中跨径超过 400m 的还有 3 座，包括跨径 430m 的拉（萨）至林（芝）铁路上的藏木雅鲁藏布江桥。

钢管混凝土拱桥的主要特点是：

（1）受力角度：钢管拱内填充混凝土，两者共同工作，钢管壁对混凝土的套箍作用，提高了混凝土的抗压强度和延性，而内填的混凝土又提高了钢管壁受压稳定性及其抗腐蚀性。

（2）施工方面：空心钢管可作为施工中的劲性骨架和模板，施工吊装质量轻，施工进度快。

（3）结构方面：可形成内填和外包混凝土结构，适用性强。

(4) 其他特点：对钢管制造、安装要求高；钢管内灌注混凝土要注意其密实性；钢管外表面要做防锈蚀处理。

2021 年，中国国家铁路局发布《铁路桥梁钢管混凝土结构设计规范》（TB 10127—2020），自 2021 年 3 月 1 日起正式实施。该规范系统总结近年来我国铁路钢管混凝土结构桥梁建设运营实践经验，充分借鉴国内外相关标准并开展相关理论研究和试验验证，全面吸纳钢管混凝土结构强度计算、刚度计算、节点疲劳强度计算和管内混凝土脱空高度计算等科技创新成果，规范和统一了铁路桥梁钢管混凝土结构设计技术要求。

二、构造特点（Structure Features）

钢管混凝土主拱结构分为两大类型：①内填混凝土钢管拱，即钢管表面外露，钢管与核心混凝土共同受力，成桥后钢管受设计荷载控制，同时也作为施工时的劲性骨架；②劲性钢管骨架混凝土拱，钢管表面不外露，钢管仍作为施工的劲性骨架，先内灌混凝土成钢管混凝土，后挂模板外包混凝土形成拱，成桥后钢管参与受力，但不受设计荷载控制。

内填混凝土钢管拱分肋拱与桁架拱。肋拱截面形式有单圆钢管、扁圆钢管（图 5-26）和哑铃形（图 5-27）等。当拱桥跨径较大时，常采用桁架式肋拱。桁架式肋拱自重轻，截面抗弯效率高，每条拱肋由多根钢管混凝土用缀条连接组成，有三肢桁式和多肢桁式、横哑铃形桁式（图 5-28）。图 5-29 所示为中国高速铁路首座钢管混凝土转体拱桥——成贵高速铁路西溪河大桥，大桥全长 493.6m，最高桥墩 60m，桥面至谷底的深度为 260m，采用跨度为 240m 的上承式钢管混凝土拱桥结构。

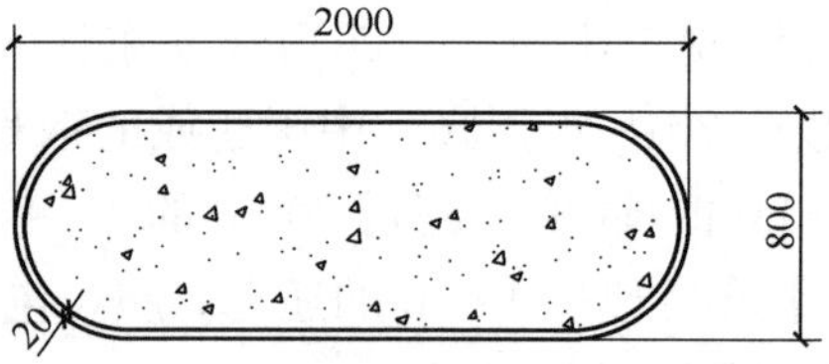

图 5-26 扁圆钢管（单位：mm）
(flat steel tube)

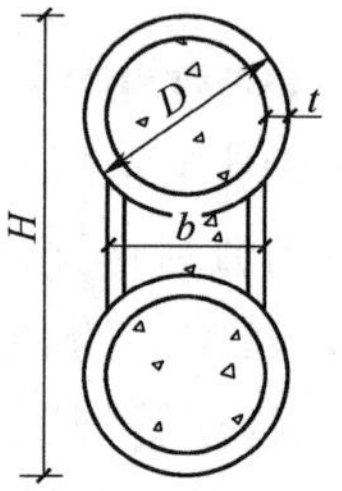

图 5-27 哑铃形
(dumbbell shape)

劲性钢管骨架混凝土拱与钢筋混凝土拱结构，除施工方法上的区别外，其他基本一样，主拱也分拱肋、拱圈两种。拱圈可以是矩形或箱形截面（图 5-30）。图 5-31 为大理至瑞丽铁路澜沧江特大桥，为上承式劲性骨架钢筋混凝土提篮拱桥，主拱采用钢管拱内填、外包混凝土结构。

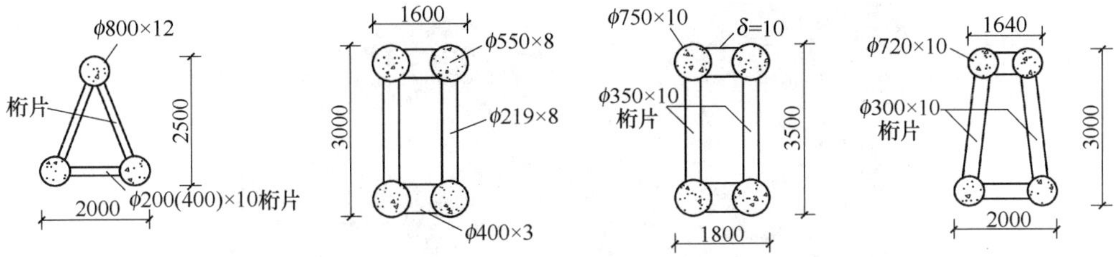

(a) 三肢桁式　(b) 四肢桁式　(c) 横哑铃形桁式　(d) 混合桁式

图 5-28　桁架式肋拱截面（单位：mm）
（cross section of truss rib arch）

图 5-29　成贵高速铁路西溪河大桥
（Xixi River Bridge of Chengdu-Guiyang high-speed railway）

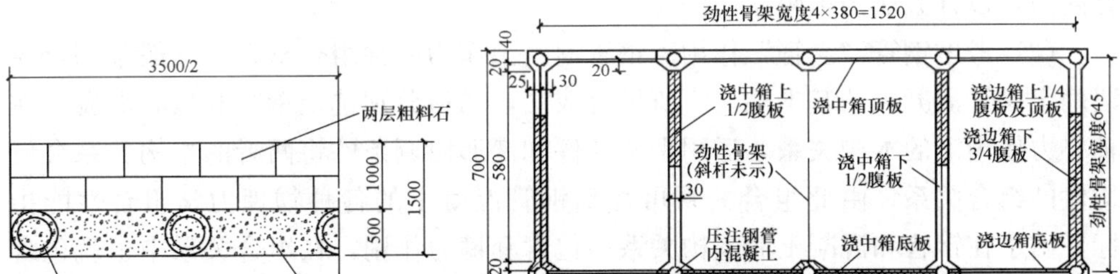

(a) 矩形截面　(b) 箱形截面

图 5-30　劲性钢管骨架混凝土拱截面（单位：mm）
（cross section of concrete-filled steel tube arch with stiff skeleton）

图 5-31 大理至瑞丽铁路澜沧江特大桥
(Lancang River Bridge of Dali-Ruili Railway)

三、计算特点（Calculation Features）

（1）钢管混凝土拱桥内力计算与施工过程密切相关。受吊装能力限制，一般将拱肋分数段加工，然后吊装形成钢管拱肋桁架，此时钢管拱肋桁架重力由其自身承受。灌注钢管内混凝土时，混凝土作为外荷载作用在钢管拱肋上，因此仍由钢管拱肋承受，应按钢结构计算。随着混凝土强度提高，混凝土开始与钢管一起参与受力。后期拱上建筑、桥面系结构自重和活载均由钢管混凝土组合截面承担。

（2）设计方法分阶段。在施工过程中，用应力叠加法验算钢拱架较为合理，设计方法为容许应力法；当管内混凝土达到设计强度后，则应采用内力叠加法计算内力，设计方法为极限状态法。

（3）考虑钢管“套箍”作用。钢管混凝土作为一种组合材料，一般采用合成法确定钢管混凝土的基本性能。所谓合成法，是指分别选定钢管和核心混凝土在轴心力作用下的本构关系，运用平衡条件和变形协调条件将两者的本构关系合成构件的组合关系，由此组合关系可得到钢管混凝土的各种物理力学组合性能指标。由于在钢管和混凝土的本构关系中包含套箍力作用，在组合关系中也就包含了这种套箍效应。但是上述方法对大偏心受压构件不适用，此时仍采用钢筋混凝土截面的计算方法。

（4）刚度取值。钢管混凝土拱桥实际工程计算一般均采用有限元法，其中钢管混凝土拱通常采用共节点的混凝土和钢管双单元力学模型。铁路规范基于该模型提出了采用“钢管混凝土截面的刚度计算参数”修正刚度的计算方法，钢管和混凝土单元的轴压刚度、抗弯刚度分别取 E_sA_s 、$\eta_A E_c A_c$ 、$E_s I_s$ 、$\eta_I E_c I_c$ ，其中

η_A、η_I 为钢管混凝土结构刚度计算参数，它考虑了含钢量、混凝土收缩徐变、疲劳等影响，具体参见相关规范。

第五节 拱桥施工（Construction of Arch Bridge）

拱桥施工分为有支架施工和无支架施工两大类，其中无支架施工法有：①缆索吊装法；②悬臂法；③转体法；④劲性骨架法等。目前，在允许设置拱架或无足够吊装能力的情况下，仍可采用有支架施工方法修建拱桥。缆索吊装法是最常用的无支架施工方法，最大单跨跨度已达 500m 以上。根据两岸地形及施工现场的具体情况，还可采用转体施工法，施工跨度也已达 200m。劲性骨架法和悬臂法是特大跨度混凝土拱桥有效的施工方法。劲性骨架法施工的桁架式劲性骨架拱跨度达 240m，钢管混凝土劲性骨架拱桥跨度达 600m。悬臂法施工的拱桥最大跨度已达 330m 以上。

一、有支架施工（Construction with Falseworks）

有支架施工主要用于石拱桥和现浇混凝土拱桥以及预制块砌筑的混凝土拱桥，有时也用于大跨度钢筋混凝土拱桥。支架类型常用满布式拱架、墩梁式拱架、拱式拱架等，其优点是施工简单，但占用大量拱架材料。技术问题主要有：①拱架的设计计算；②拱架预压和预拱度设置；③加载程序设计；④落架程序和落架设备。目前，有支架施工法主要用于无水或城市的中小跨度拱桥；因为工艺和经济性因素，大跨度拱桥一般采用无支架施工法。

拱圈施工一般可根据跨度的大小、构造形式等分别采用不同繁简程序的施工方法。混凝土的灌注方法常用的有连续灌注法、分段灌注法和分环灌注法（图 5-32）。大跨径拱桥，有时也采用分段和分环综合的方法。在为控制拱圈灌注过程中的拱架变形而拟定合理的拱圈灌注顺序时，最好先画出拱架的挠度影响线。根据影响线和拱圈灌注的原则即可拟定比较合理的拱圈灌注次序。

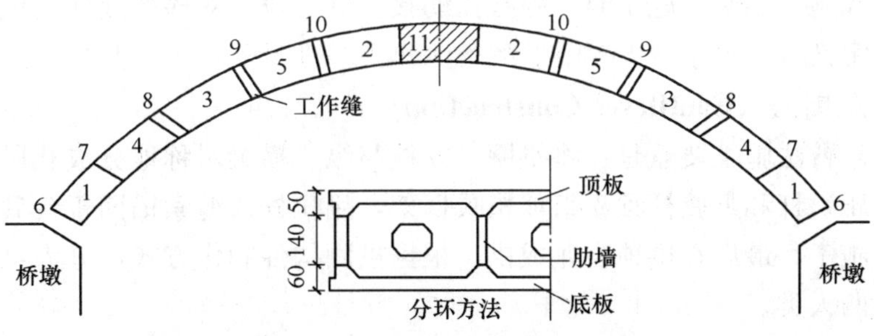

图 5-32 拱圈灌注顺序（单位：mm）
(pouring sequence of main arch)

主拱支架拆除宜采用对称、变形大的位置先松落等基本原则，实施中按设计的拆除工艺进行，施工中需特别予以重视。

拱上建筑施工应在拱顶灌注完毕，全桥合龙，拱圈达到设计强度要求后进行。施工时，应对称均衡地进行，避免使主拱圈产生过大的不均匀变形。实腹式拱上结构，应由拱脚向拱顶对称进行。当侧墙灌注好后，再填筑拱腹填料。空腹式拱桥一般是在横墙（或刚架）灌注完后卸落拱架，然后对称均衡地安砌腹拱圈，以免由于主拱圈不均匀下沉而使腹拱圈开裂。多跨连续拱桥中，当桥墩不是按单向推力墩设计时，仍应注意相邻跨间的对称均衡施工，避免桥墩承受过大的单向推力。

二、缆索吊装法（Cable Hoisting Construction）

缆索吊装法施工工序大致包括拱肋预制、拱肋的移运和吊装、主拱圈安装、拱上建筑施工、桥面结构施工等。缆索吊装系统包括主索、牵引索、起重索、支索器、扣索、缆风索、塔架、索鞍、地锚、滑车、卷扬机等。缆索吊装布置如图 5-33所示。

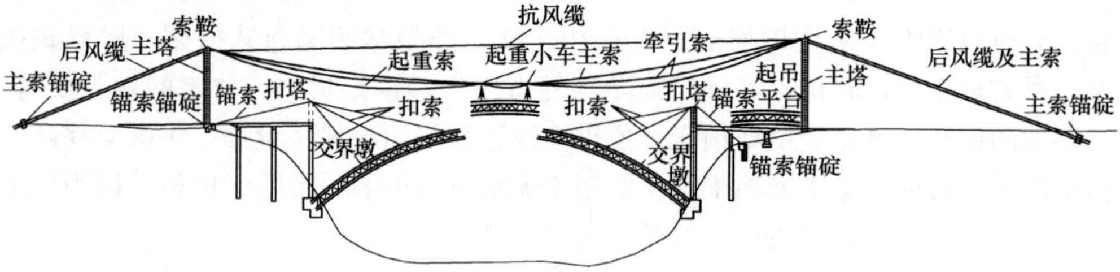

图 5-33　缆索吊装布置（cable hoisting arrangement）

缆索吊装法施工的成败，关键在于保证拱肋有足够的强度和稳定性，不仅要按单根构件在运输和吊装时的情况复核其强度和稳定性，更重要的是还要按拱肋合龙时及合龙后所承担的荷载检算其强度和稳定性。拱肋吊装合龙要拟定正确的施工程序和施工细则。施工时一般在拱肋接头处都设一对横撑或横向风缆来加强拱肋的稳定性。

三、悬臂法（Cantilever Construction）

拱桥悬臂法施工要点是：将拱圈、立柱与纵、横梁对称地分成几段，加上临时斜拉（压）杆和上弦杆预先组成桁式框架，用拉杆或缆索锚固于台后，向跨中逐段悬臂施工，最后在拱顶合龙成拱。根据拱圈构件制作方式，分为悬臂浇筑和悬臂拼装两大类。

悬臂浇筑法是将拱圈、拱上立柱和预应力混凝土桥面板等齐头并进、边浇筑边构成桁架的悬臂灌注方法，施工程序如图 5-34 所示。立柱间的拱圈采用悬臂法，在拱圈节段中设预应力粗钢筋以承受自重悬臂弯矩。施工至立柱部位时，用

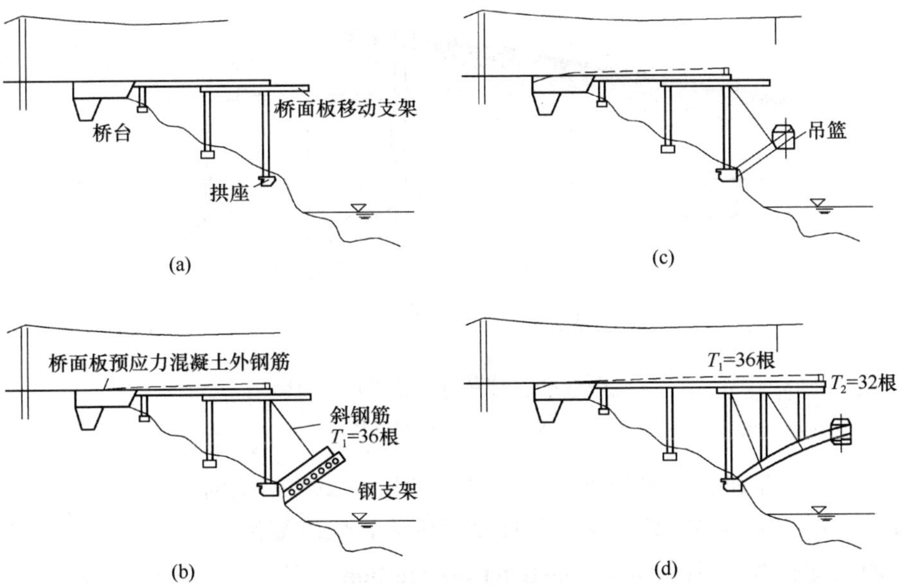

图 5-34 悬臂浇筑法施工程序（construction procedure of cantilever casting method）

临时斜拉杆及上拉杆将立柱、拱圈组成桁架。立柱就地浇筑，上下设铰，空心桥面板利用钢支承梁整跨就地现浇，比拱圈和立柱的浇筑错后一个节间。

悬臂拼装法是将拱圈的各个组成部分事先预制，然后将整孔桥跨的拱肋、立柱通过临时斜压（拉）杆和上弦拉杆组成桁架拱片，沿跨分成几段（一般 3～7 段），用横系梁和临时风缆将两个桁架拱片组装成框构。每节框构整体运至桥位，由两端向跨中逐段悬臂拼装至合龙（图 5-35）。悬臂伸出去的拱体通过弦拉杆和锚固装置固定于墩、台上，维持稳定，也可以将拱圈的各个组成部分分别在拱圈上悬臂组拼成拱圈，然后利用立柱与临时斜杆和上拉杆组成桁架体系，逐节拼装，直至合龙。

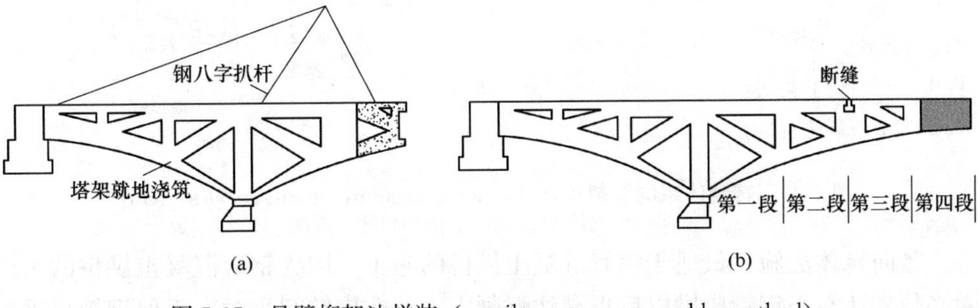

图 5-35 悬臂桁架法拼装（cantilever truss assembly method）

对于特大跨径拱桥的悬臂法施工，可采用图 5-36 所示塔架斜拉索法。该法

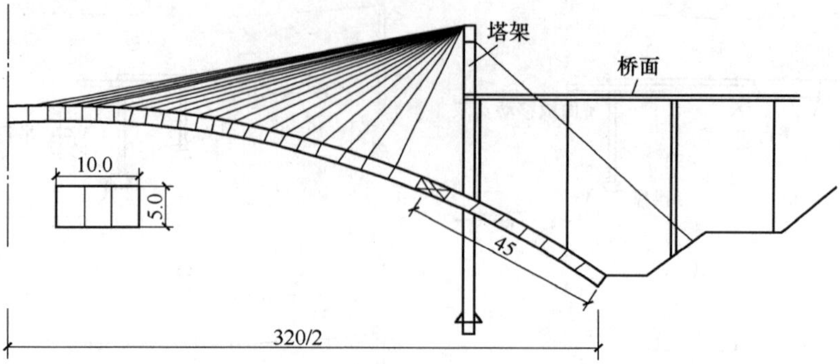

图 5-36　悬臂拼装（单位：m）
（cantilever assembly）

利用伸臂式起重机，每拼接好一个节段，就用辅助钢索临时拉住；每拼完 3 节，便改用更粗的主钢缆拉住，然后拆除辅助钢索，供重复使用。

四、转体法（Rotation Construction Method）

转体法施工可减少大量的高空作业，施工安全、质量可靠，节省较多的临时支架，并可大幅度地减少对桥下交通的干扰。转体法施工有平面转体、竖向转体和平竖结合转体三种。

平面转体法施工的特点是：将主拱圈分为两个半跨，分别在两岸支架现浇或者拼装，把扣索的一端锚固在拱肋的端部（靠拱顶）附近，经引桥桥墩延伸至埋入岩体内的锚碇中，最后用液压千斤顶收紧扣索，使拱肋脱模，借助环形滑道和手摇卷扬机牵引，慢速地在水平面内转体不大于 180°，最后进行主拱圈合龙段和拱上建筑的施工。图 5-37(a) 所示是在转盘上放置平衡重的转动体系；图 5-37(b) 所示是无平衡重的转动体系，仅适合在山区地质条件好或跨越深谷的条件下采用。

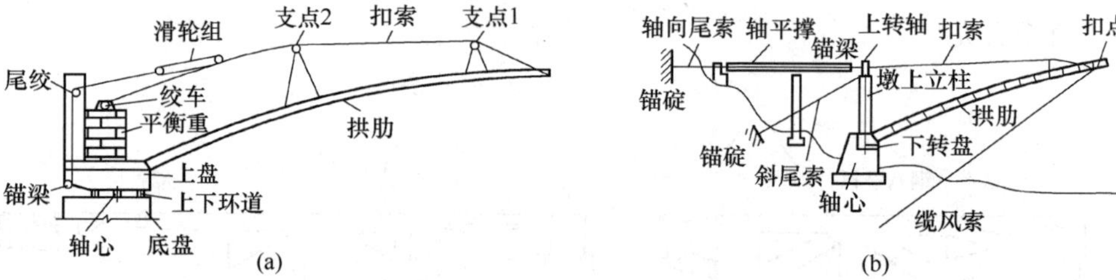

图 5-37　转动体系的一般构造（general structure of rotational system）

竖向转体法施工最适于钢管混凝土拱桥的施工。因为钢管混凝土拱桥的主拱圈必须先让空心钢管成拱以后再灌注混凝土，故在旋转起吊时，不但钢管自重相对较轻，而且钢管本身强度高，易于操作。图 5-38 所示是钢管拱肋竖向转体法施工示意图。

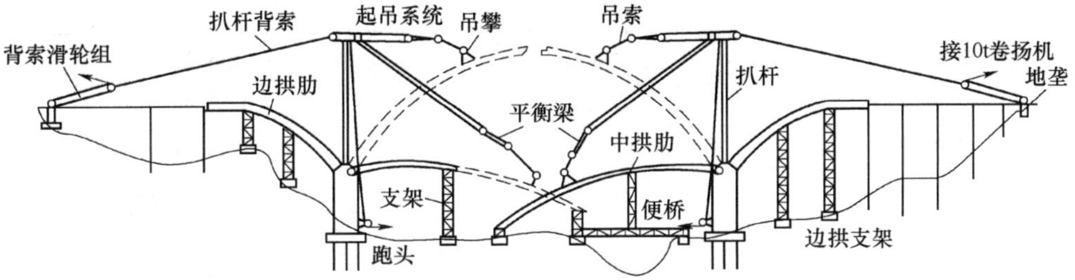

图 5-38 竖向转体施工（vertical rotation construction）示意图

五、劲性骨架法（Stiff Skeleton Method）

劲性骨架法由钢支架法演变和发展而来，最早由捷克工程师 Joseph Melan 提出，所以又称米兰法。它是用劲性材料（如型钢、钢管等）在桥位上先用无支架方法架设形成钢骨架拱，然后围绕钢骨架浇筑混凝土，即把劲性骨架作为混凝土的钢筋骨架埋入混凝土中。该施工方法的特点是可省去另造施工用拱架工作，且拱的整体性能好，拱轴线形较易控制，但整体用钢量较大。图 5-39 所示为采用劲性骨架法施工的沪昆客专北盘江特大桥，主跨 445m。

图 5-39 沪昆高铁北盘江特大桥

(Beipan River Bridge of Shanghai-Kunming high-speed railway)

Word 专业词汇汉英对照（Glossary）

专业词汇	拼音	英文
拱桥	gǒngqiáo	arch bridge
拱圈	gǒngquān	arch rib
主拱圈	zhǔgǒngquān	main arch rib
拱上建筑	gǒngshàng jiànzhù	spandrel structure
拱顶	gǒngdǐng	apex of arch

续表

专业词汇	拼音	英文
拱脚	gǒngjiǎo	arch springing
拱轴线	gǒngzhóuxiàn	arch axis shape
拱背	gǒngbèi	arch hogback
拱腹	gǒngfù	arch soffit
计算跨径	jìsuàn kuàjìng	computed span
计算矢高	jìsuàn shǐgāo	computed rise
矢跨比	shǐkuàbǐ	rise-span ratio
拱肋	gǒnglèi	arch rib
实腹式	shífùshì	solid spandrel
空腹式	kōngfùshì	open spandrel
圆弧线	yuánhúxiàn	circle curve
抛物线	pāowùxiàn	parabolic curve
悬链线	xuánliànxiàn	catenary curve
劲性骨架	jìnxìng gǔjià	stiff skeleton
立柱	lìzhù	vertical column
横梁	héngliáng	transverse beam
钢管混凝土	gāngguǎn hùnníngtǔ	concrete filled in steel tubular
支架	zhījià	flasework
拱轴系数	gǒngzhóu xìshù	arch axis coefficient
横墙	héngqiáng	cross wall
排架	páijià	framed bent
铰	jiǎo	hinge
刚性墩	gāngxìngdūn	rigid pier
失稳	shīwěn	instability
转体	zhuǎntǐ	overall rotation

思考题（Questions）

1. 名称解释：矢跨比、合理拱轴线、拱轴系数。

2. 为什么一般情况下空腹拱桥宜在靠近拱顶的短立柱上下端设铰？

3. 为减少拱上结构与主拱、墩台的相互作用，上承式拱桥构造上应采取哪些措施？

4. 绘图说明中承式拱桥的主要构成。

5. 多跨拱桥中，对于不等跨分孔有哪几种平衡推力的措施？简述其为何能平衡推力。

6. 简述拱桥的常用施工方法。

拓展阅读（Extensive Reading）

拉林铁路藏木雅鲁藏布江双线特大桥

2020年6月20日上午7时许，历时278天建设的世界最大跨度、最高海拔的铁路钢管混凝土拱桥——拉林铁路藏木雅鲁藏布江双线特大桥现浇主梁成功合龙，标志着拉林铁路线下主体工程施工全面完成（图5-40）。

藏木雅鲁藏布江双线特大桥位于西藏山南市加查县境内，由西藏铁路建设有限公司建设、中铁广州工程局集团有限公司承建，全长525.1m，主拱跨径430m，是目前世界上最大跨度的铁路钢管混凝土拱桥。施工现场海拔3350m，是目前世界上同类型桥梁中海拔最高的桥梁，缆索吊机索塔也是目前同类型桥梁中最高的。由于地形地质海拔等原因，该桥梁在施工过程中遇到了"四难"——顶升难、安装难、拼装难、止水难，是目前世界上技术难度最大、工程难度最高的铁路钢管混凝土拱桥。

该桥主梁为全预应力钢筋混凝土箱形结构，梁宽18m，采用空间长吊索吊架法，分节段两岸对称悬浇。吊架前端锚固在长达约100m的柔性吊索上，一套吊架一次能施工16m长的主梁，吊架最大施工载重为680t，相当于可以承载1700头成年牦牛；峡谷最大阵风达12级，施工过程线形控制难度大；梁体离下方水面35m，既是高空施工，又是临水作业，施工安全风险高。

图5-40 拉林铁路藏木雅鲁藏布江双线特大桥

该桥的施工，创造了多项纪录，如首次铁路桥梁采用免涂装耐候钢；钢管拱管内为C60自密实无收缩混凝土，在高原也属首次使用。该桥的建成创造了世界同类型铁路桥梁海拔最高、钢管拱跨度最大（主拱跨径430m）、主拱钢管直径最大（钢管直径1.8m）、钢管拱单根管内混凝土顶升方量最多（单根管内混凝土顶升方量1022m^3）4个“世界第一”。相关施工技术对川藏铁路中段等相似工程的施工提供了借鉴。

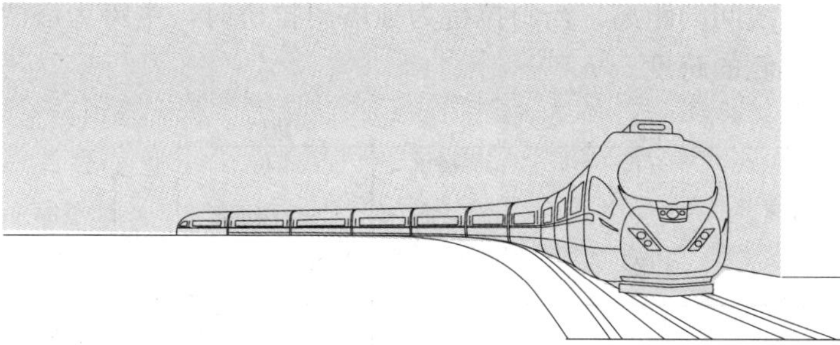

第 六 章

铁路斜拉桥

Railway Cable-stayed Bridge

第一节 概述（Overview）

斜拉桥由承压的桥塔、受拉的拉索和承弯的梁体组成的桥梁结构。斜拉桥的梁体由拉索支承，可使梁体内弯矩减小，降低建筑高度，减轻结构质量，节省所需的材料。

1956年，在瑞典建成了世界上第一座现代斜拉桥——Stromsund大桥，其跨径（span）组成为（74.7＋183.0＋74.7）m，其主梁由两片板梁（slab beam/slab girder）组成，采用门式刚架（portal frame）塔，拉索呈辐射形布置。斜拉桥跨径技术在20世纪70年代和80年代发展较慢，从20世纪90年代开始斜拉桥跨径世界纪录不断被刷新。斜拉桥的发展主要得益于结构分析技术的发展，高强材料的使用，施工方法的改良以及结构防腐技术的发展。我国的沪苏通长江大桥跨径组合为（140＋462＋1092＋462＋140）m，是世界上跨度最大的公铁两用斜拉桥；在建的常泰过江通道将成为新的世界之最，其主桥跨径组合为（142＋490＋1148＋490＋142）m，也是一座公铁两用钢桁梁斜拉桥。

第二节 斜拉桥总体设计（Overall Design of Cable-stayed Bridge）

一、斜拉桥组成（Composition of Cable-stayed Bridge）

斜拉桥的上部结构（superstructure）由主梁、斜拉索和索塔三部分组成，如图6-1所示。对于由两个以上索塔组成的斜拉桥中跨跨径（L_1）为相邻两索塔中心线之间的距离，而边跨（side span）跨径（L_2）为索塔中心到距离最后一根斜拉索外侧最近的桥墩中心线间的距离。当斜拉桥为独塔斜拉桥时，主跨为塔两侧跨度较大者，边跨为另一侧的跨度。

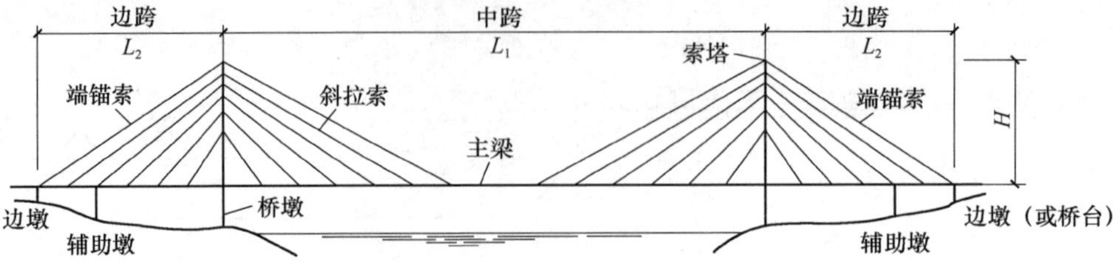

图 6-1 斜拉桥的组成（composition of cable-stayed bridge）

二、孔跨布置（Span Arrangement）

（1）双塔三跨式斜拉桥

双塔三跨式斜拉桥是一种常见的斜拉桥布置形式，如图 6-1 所示，一般对称布置，也可不对称布置。主跨的选择通常取决于地形、河床断面、通航要求和技术条件等因素，边跨的作用主要是锚固（anchoring）小跨侧斜拉索，平衡索塔受力，控制索塔塔顶水平位移从而提高全桥刚度和便于对称悬臂施工。在双塔三跨式斜拉桥设计时，边跨与主跨的比例的选择非常重要。从对称悬臂施工方面考虑，边跨跨度应接近主跨的一半，从受力方面考虑，边跨跨径与主跨跨径之比与斜拉桥整体刚度、端锚索的应力变幅有着很大的关系，宜合理选择边跨跨径与主跨跨径比。

（2）独塔双跨式斜拉桥

独塔双跨式斜拉桥是另一种常见的斜拉桥布置形式，如图 6-2 所示。相比于双塔三跨式斜拉桥，独塔双跨式斜拉桥主孔跨径较小，更适用于跨越中小河流和城市通道。独塔双跨式斜拉桥既可双跨跨度对称布置，也可跨度不对称布置。双跨对称布置时，独塔双跨斜拉桥不存在边跨和端锚索对主跨变形的约束作用，受力较为明确，设计施工简单。双跨不对称布置时，独塔双跨斜拉桥主跨与边跨的跨径比一般为 0.5～0.9，大多接近于 0.9。

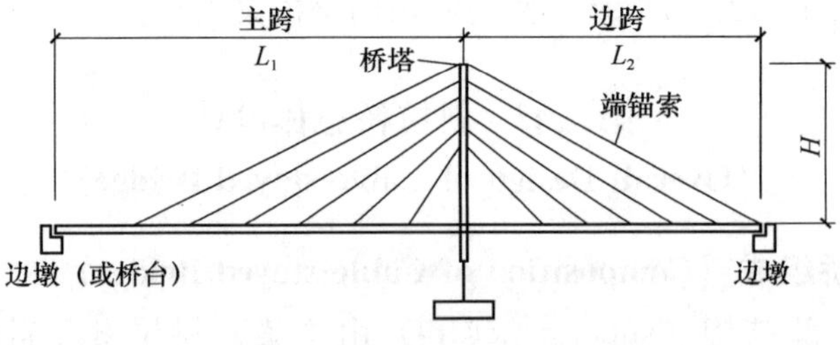

图 6-2 独塔双跨式斜拉桥
(cable-stayed bridge with single-tower and double-span)

（3）多塔斜拉桥

当桥梁需跨越的河道较宽或山谷既宽且深时，需要两个以上大跨度进行连续跨越时，可采用三塔四跨式或多塔斜拉桥，如图 6-3 所示。如我国香港汀九大桥，即采用三塔（127＋448＋475＋127）m 四跨式设计。随着索塔数量增加，多塔斜拉桥中间塔两侧既没有辅助墩和过渡墩，也没有端锚索，缺少了对主梁和索塔的有效约束，斜拉桥的柔度更大，不易满足使用要求。设计可以承受和传递较大弯矩的塔柱是解决这一问题的方法之一，但并不经济。此外，提高塔柱刚度的方法还有塔柱顶端设置水平连系斜拉索、跨中处增加临时支撑、中跨增设交叉斜拉索、提高主梁刚度、跨中增加压重等。

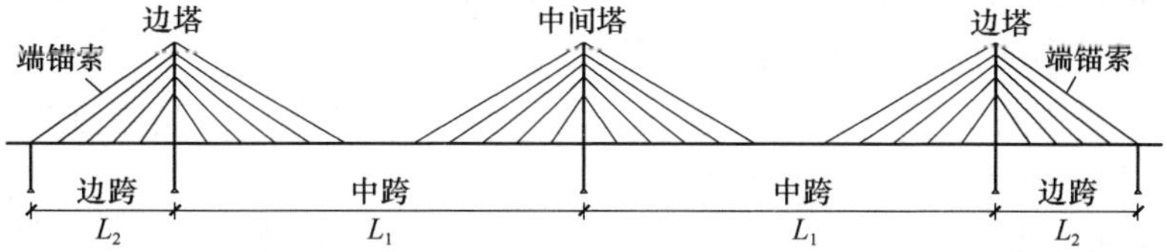

图6-3 三塔四跨式斜拉桥（cable-stayed bridge with three-tower and four-span）

三、拉索布置（Arrangement of Stay Cables）

（1）斜拉索横向布置形式

斜拉索的横桥向布置主要有单索面、竖向双索面、斜向双索面以及竖向三索面，如图 6-4 所示。

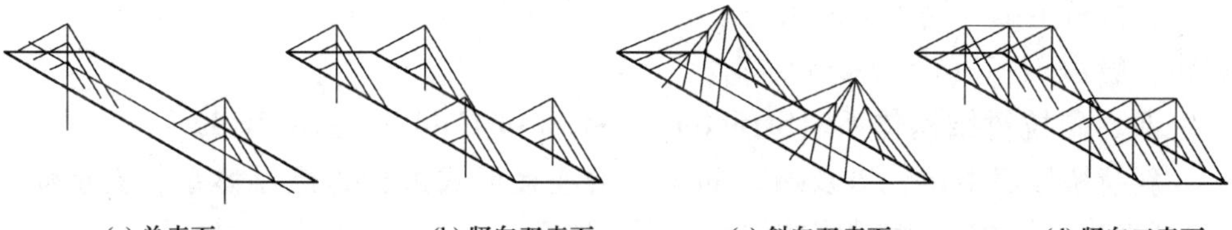

图 6-4 斜拉索横向布置（lateral arrangement of stay cables）

单索面适用于公路和市政桥梁，斜拉索平面位于桥面中央，利用车道（lane）分隔带，具有外形简洁、视野良好、桥墩尺寸最小的优点，但从受力分析上考虑，单索面对桥梁抗扭不起作用或者作用很小，因此主梁需要采用抗扭刚度（torsional stiffness）大的箱形截面，单面索不适用于特大跨度斜拉桥。采用双索面时，梁两侧的斜拉索竖向分力产生的力偶可平衡主梁扭矩，主梁可采用抗扭刚度更小的截面。斜向双索面除了可平衡主梁扭矩，还可以限制主梁横向位移，有利于主梁抵抗横向风力，适用于大跨度斜拉桥。竖向三索面常应用于多线铁路的公铁两用斜拉桥。

(2) 斜拉索纵向布置形式

斜拉索的纵向布置形式主要有辐射形、竖琴形、扇形以及星形四种。

辐射形布置的斜拉索一端按均匀间距锚固在主梁上，另一端则集中锚固在塔顶，所有斜拉索具有可能的最大倾角，斜拉索对主梁的垂直支撑效率最高，斜拉索用钢量最小，塔所受弯矩也较小。缺点是斜拉索锚固端集中在塔顶，锚固构造处理困难。

竖琴形布置斜拉索平行排列，倾角相同，优点在于外形美观，拉索在索塔上锚固点分散，利于索塔受力。缺点在于斜拉索总倾角小，索总拉力要求较大，用量钢更大。

扇形布置斜拉索在梁、塔上都均匀布置，各拉索倾角不同，互不平行，兼具竖琴形和辐射形的优势，在工程上广泛应用。

星形布置边跨斜拉索锚固于梁端，可增加全桥刚度，但是索在梁上锚固点少，需要梁有很大的刚度，实际很少采用。

(3) 索距布置

按照索在梁上锚固点间距及索的数量，斜拉桥可以分为稀索体系和密索体系。早期斜拉桥一般采用稀索体系（超静定次数少），现代斜拉桥则多为密索体系。由德国桥梁工程师 H. Homberg 设计的弗利德里茨·艾伯特斜拉桥是世界上第一座密索体系斜拉桥。密索斜拉桥优点如下：索间距小，主梁弯矩小，有利于降低主梁截面高度，减轻梁重；单索拉力较小，锚固点附近结构的局部应力较小，锚固构造简单；利于悬臂施工；易于换索；断面轻柔，桥梁美感度提高。

斜拉桥主梁为钢主梁或组合梁时，索距一般为 8～24m，采用混凝土主梁时，索距一般为 6～12m，以 8m 居多。

四、斜拉桥结构体系（Structure System of Cable-stayed Bridge）

斜拉桥按照主梁、塔及墩之间不同的连接形式可分为漂浮体系、支承体系（包括半漂浮体系）、塔梁固结体系和刚构体系。

(1) 漂浮体系

漂浮体系（图 6-5）的桥塔与墩相互固结，塔和梁相互分离，从塔墩伸出拉索悬吊主梁，除了在两端边墩上设置纵向滑动支座支撑主梁外，主梁其余位置全部用斜拉索悬吊，属于一种在纵向可稍做浮动的多跨弹性支承连续梁。

漂浮体系的优势在于：主梁可以随塔柱缩短而下降，所以温度、收缩（shrinkage）和徐变（creep）内力均较小；塔墩处主梁只产生较小的负弯矩峰值；在地震作用（earthquake action）下全梁纵向摆荡，成为长周期运动，从而吸震消能。目前，大跨度斜拉桥多采用此种体系。

漂浮体系的缺点在于：当采用悬臂法施工时，塔柱处主梁需临时固结，以抵抗施工过程中的不平衡弯矩和纵向力。由于施工不可能做到完全对称，成桥后解

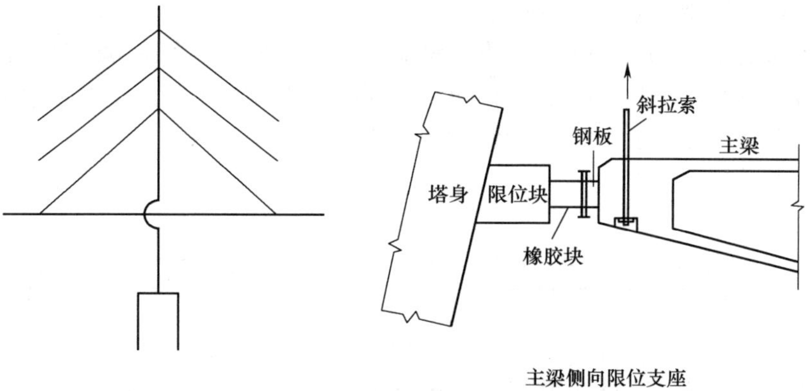

图 6-5 漂浮体系（floating system）

除临时固结时，主梁发生体系转换时会引起次内力（secondary internal force/sub-internal force）。同时为了避免产生过大的漂移，一般需设置纵向阻尼器（damper）。

斜拉索无法为主梁提供足够的横向刚度（lateral stiffness），出于抗风（wind resistance）和抗震（earthquake-resistance）的考虑，一般在塔柱和主梁之间设置侧向限位支座。此外，该体系斜拉索在纵向不宜采用竖琴形布置。

（2）支承体系（包括半漂浮体系）

支承体系的特点是塔墩固结，主梁通过支座支承在塔墩横梁（transverse beam）上。当主梁为连续梁时，纵向可以设一个固定支座，其余为活动支座（movable bearing）；也可以全部为活动支座。一般均设成活动支座，以避免因不对称约束而导致不均衡温度变位，水平位移将由斜拉索制约。其中设有纵向固定支座的为支承体系，不设纵向固定支座的为半漂浮体系，如图 6-6 所示。

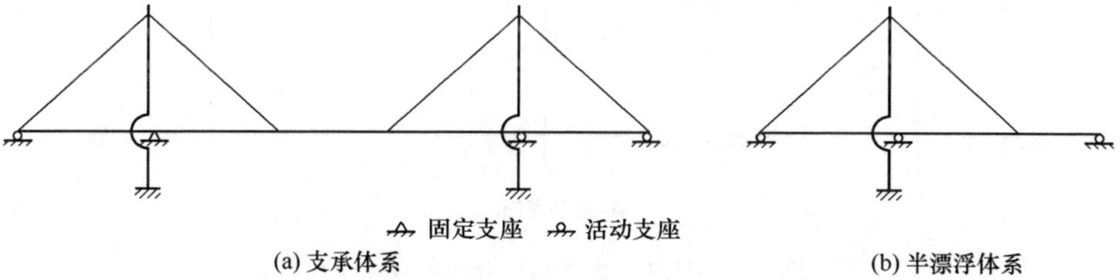

图 6-6 支承体系和半漂浮体系（supporting system and semi-floating system）

支承体系及半漂浮体系的主要缺点是：由于塔墩两侧主梁均由斜拉索弹性支撑，塔墩处主梁为竖向刚性支撑，如不做特殊处理，混凝土竖向徐变变形使得塔上吊点下垂，在塔墩刚性支撑处的主梁内将产生很大的负弯矩。此外，当塔墩两侧跨满载时，塔柱处主梁负弯矩峰值很大，设计时往往需要加大该处截面高度。

(3) 塔梁固结体系

塔梁固结体系（图 6-7）的特点是将塔梁固结并支承在墩上，墩与塔间设支座，斜拉索为弹性支承，主梁的内力与挠度直接同主梁与索塔的弯曲刚度比值有关。这种体系的主梁一般只在一个塔柱处设置固定支座，其余均为纵向活动支座。

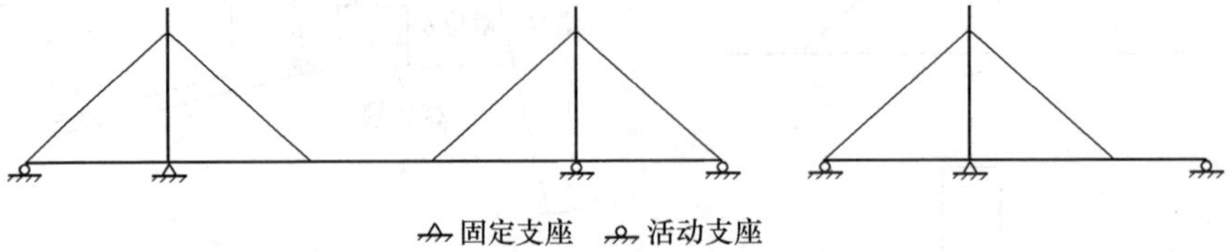

图 6-7　塔梁固结体系（tower beam consolidation system）

该体系的优点是主梁中央段无索区承受的轴向拉力得以显著减小，索塔和主梁的温度内力较小。缺点是中跨满载时，主梁在墩顶处转角位移导致塔柱倾斜，使塔顶产生较大的水平位移，从而使得主梁跨中挠度和边跨负弯矩显著增大。另外，上部结构自重和活载（live load）反力都由支座传给桥墩，要求设置大吨位支座，存在支座设计、制造及运营后养护、更换等困难。实桥例中，采用这种体系的桥梁较少。

(4) 刚构体系

刚构体系是梁塔墩三者相互固结，形成跨度内多点弹性支承的连续刚构桥（rigid frame bridge），如图 6-8 所示。该体系的优点在于不需要大型支座，且能满足悬臂法施工需要稳定的要求；结构整体刚度大，主跨挠度小；施工不需要临时固结，减少体系转换次数。缺点在于主梁与塔墩固结处负弯矩较大，对应主梁截面设计需要加大；在双塔斜拉桥中若不设挂梁，便会产生很大的温度力、徐变力和地震力（earthquake force）。

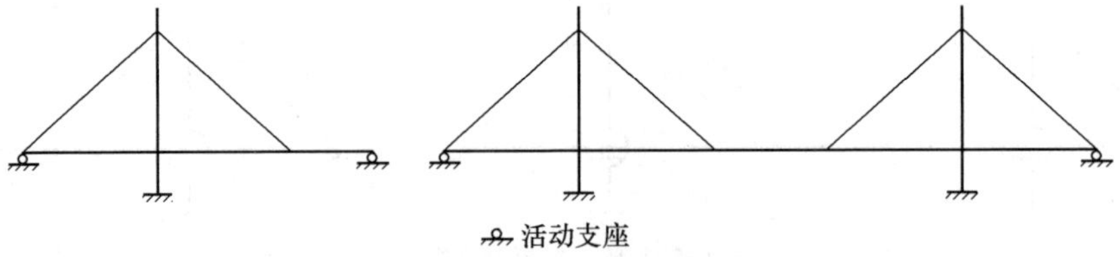

图 6-8　刚构体系（rigid-frame system）

总体来说，大跨度斜拉桥一般采用漂浮体系及半漂浮体系，刚构体系适用于独塔斜拉桥和高墩斜拉桥，支承体系和塔梁固结体系应用较少，主要用于小跨度斜拉桥。

第三节　斜拉桥构造
(Structure of Cable-stayed Bridge)

一、主梁（Main Girder）

（1）混凝土主梁

混凝土主梁截面形式多样，均具有刚度大、挠度小、阻尼大、抗风性能好（自重大）的特点。但一般认为，混凝土斜拉桥跨度不宜超过 500m。

① 实心板式主梁

实心板式主梁（图 6-9）是一种较为简单的混凝土斜拉桥截面形式，它具有构造简单、建筑高度低、轻巧、抗风性能好和施工方便的优势，但一般只适用于跨度在 200m 以下的小跨度和桥宽不超过 20m 的双索面公路斜拉桥。

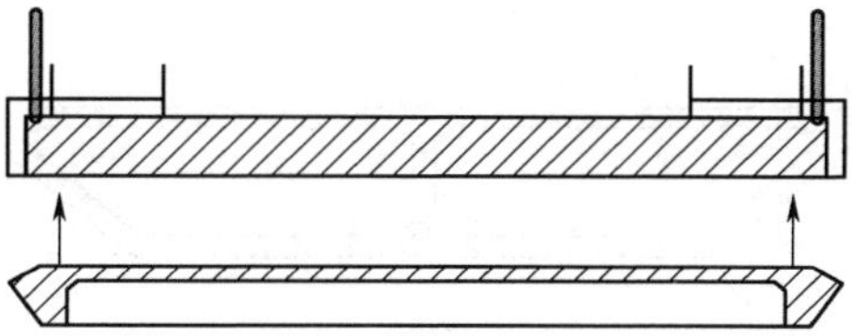

图 6-9　实心板式主梁（solid plate beam）

② 双主梁截面（肋式）

双主梁截面是早期采用的截面形式之一，由两个分离箱梁（box girder）组成，两箱梁之间设置横梁和桥面系，如图 6-10（a）所示。采用这种主梁截面的优点在于：悬臂法施工时可先浇筑两个边主梁，挂索后再浇筑横梁，最后浇筑混凝土桥面板，以此减小挂篮承重，且主梁各构件形成整体，共同受力。

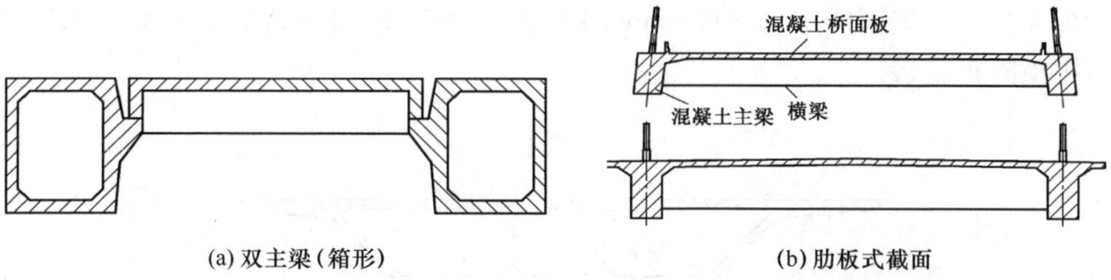

图 6-10　双主梁截面（肋式）[cross section with double girders（rib plate section）]

现代斜拉桥的设计主梁高度（depth of beam）越来越小，空心箱双主梁截面对混凝土用量的节省有限，但增加了工作量和钢筋（reinforced bar）用量，使得斜拉索锚固复杂，施工不便。大量风洞试验结果表明，混凝土斜拉桥具有相当大的系统阻尼，非特大跨度桥的风致动力稳定性对结构设计一般不起控制作用。一般设计风速下，400m 跨度以下斜拉桥采用实心肋板式截面［图 6-10（b）］且配以双斜索面，则在施工及设计方面具有较大优势。因此，我国大跨度混凝土斜拉桥一般都采用这种截面形式，如忠县长江大桥。双主肋间加设横隔板（diaphragm/transverse diaphragm），间距一般与梁上索间距相同，取 6～10m，隔板厚度不宜小于 25cm，桥面板计算时可简化为纵向受力单向板。

③ 箱形截面

箱形截面梁具有很大的抗弯和抗扭刚度。设计时，根据不同桥宽及施工方法，可采用单箱单室、单箱多室及分离多箱等多种截面组合形式，以适应稀索、密索、单索面（图 6-11）或双索面等不同的斜拉索布置方式。主梁施工时，可以部分预制（precast），其余部分现场浇筑，也可以整体浇筑。箱形截面是大跨度混凝土斜拉桥的常用截面形式。

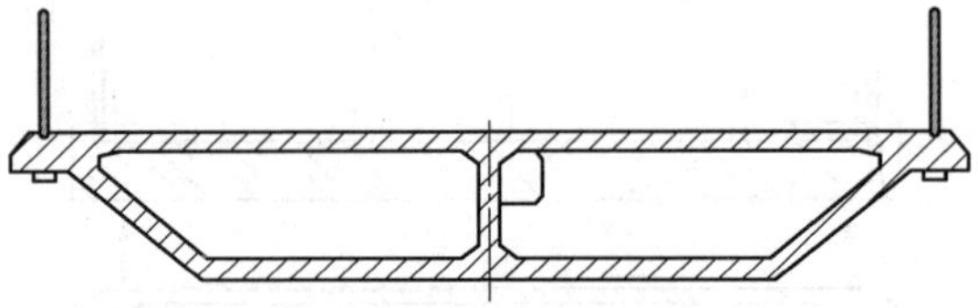

图 6-11　单索面箱形截面主梁

（box section with single-cable-plane）

单索面混凝土斜拉桥的箱形主梁常采用斜腹板（inclined web），既可以增大抗风刚度，又可以减小梁底墩台宽度，符合单索面桥抗扭刚度需求，是混凝土斜拉桥标准截面形式之一。对于跨度较小但桥面很宽的斜拉桥，则可采用单箱三室截面（图 6-12），并在索梁锚固处设置横隔板。双索面混凝土斜拉桥的箱形主梁采用两个分离的箱体分别锚固于斜拉索，两箱梁之间通过横隔板和桥面板连接。如美国的 Pasco-Kennewick 大桥，首次采用三角形双箱梁，两箱之间用横隔板连接。

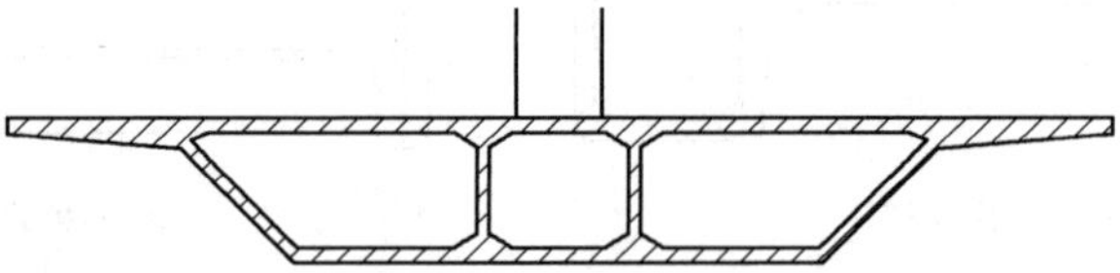

图 6-12　单箱三室截面

（single-box section with three chambers）

单索面桥和双索面桥的三室箱梁截面的不同在于：双索面桥中，三室箱梁截面的两竖腹板间距应尽量大，使中室大于边室，以期取得较大的横向惯矩；单索面桥中，则应将其尽量靠拢，以便将斜拉索锚固于较小的中室内。

（2）钢主梁

钢主梁具有质量轻，跨越能力强，构件可在工厂制作，质量可靠，安装方便，施工速度快，但养护（maintenance）工作量大的特点。大跨度斜拉桥特别适合采用钢主梁，可减轻结构自重和发挥钢材强度高的特点。钢主梁形式有工字形钢主梁、钢箱梁和钢桁架式主梁。

① 工字形钢主梁

通常采用两根工字形钢主梁的双主梁布置。两根工字形钢主梁之间设置钢横梁，将钢主梁和钢桥面板连接。钢桥面板底面焊有顺桥向和横桥向的加劲肋，形成正交异型钢桥面板。斜拉索下端一般直接锚固在钢主梁上，避免在外伸的托架上锚固，使得锚固构造简单，受力明确。

② 钢箱梁

钢箱梁截面形式多样，有单箱单室、单箱多室、双箱单室等。前述工字形钢主梁的双主梁布置中的工字形钢主梁若换为钢箱梁，则可形成分离式双箱梁结构。现代斜拉桥设计中，钢主梁更多被设计为整体性更好的流线形扁平钢箱梁。钢箱梁抗弯、抗扭刚度大，两侧一般带有风嘴，抗风性能好。

③ 钢桁架式主梁

钢桁架式主梁在早期斜拉桥中应用较少，但目前中国已有多座建成或在建的钢桁架式主梁斜拉桥，且多为双层桥面设计或公铁两用桥梁。为适应重载和宽桥面的需要，斜拉桥的钢桁架式主梁有时可被设计为三主桁形式。合福铁路铜陵长江大桥主桥为（90＋240＋630＋240＋90）m 五跨连续钢桁架式主梁斜拉桥，上层为六车道高速公路，下层搭载四线铁路，如图 6-13 所示。该桥钢桁架式主梁采

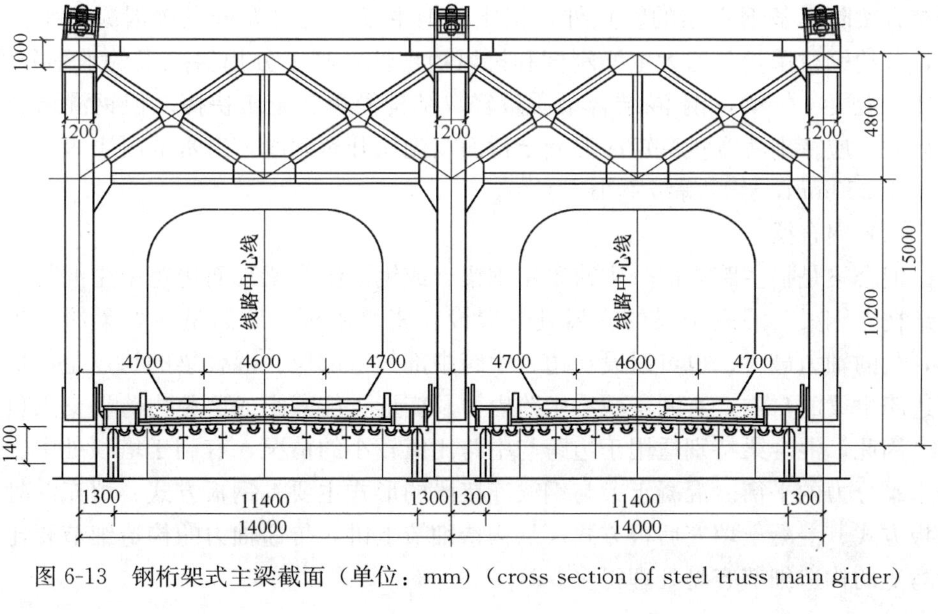

图 6-13　钢桁架式主梁截面（单位：mm）（cross section of steel truss main girder）

用N形桁架，三片主桁布置，桁宽2m×17.1m，节间长度15m，高15.5m。斜拉索锚箱置于上弦节点内，焊接于主桁节点。

④ 钢箱-桁组合梁

增大尺度的钢桁梁下弦杆与铁路正交异型钢桥面板系统形成分离边箱的边主梁结构，华伦式桁架置于其上组成钢板-桁主梁。大跨度铁路桥所需的竖向刚度由钢桁架提供，横向刚度由分离边箱与桥面板组成的主梁结构提供。

钢箱-钢桁组合结构具备两阶段成桥的条件，钢箱部分先行成桥承担大跨度桥梁主要荷载（load）[恒载（dead load）]，钢桁梁仅承受二期恒载与活载。新型钢箱-钢桁组合结构中钢箱梁部分（桥面板结构）受力特征与一般钢箱梁结构一致，钢桁构件受力仅为同等规模钢桁架式主梁斜拉桥的1/4～1/3。

箱-桁组合结构正交异型桥面板的优点有结构自重轻、建筑高度低、极限承载力（ultimate bearing capacity）大、跨越能力强、使用寿命长、易于加工制造、运输和安装，且桥梁修复作业时不会影响交通。另外，由于钢桥面板代替了钢筋-混凝土桥面板，钢桥面板和主桁共同受力，使桥梁轻型化得以实现。桥面板不仅是直接承重结构（bearing structure），而且作为主梁截面的一部分，参与主桁工作，可发挥桥面、主桁、平联等多方面的综合作用，从而改善桥梁的抗弯刚度、抗扭刚度和动力性能。

（3）钢-混结合梁

钢-混结合梁（composite beam）是指通过剪力连接件（shear connector）将钢主梁上翼缘（flange）同其上的混凝土桥面板结合在一起，达到钢主梁和混凝土桥面板共同受力的梁体结构，是近年来大跨度斜拉桥常用主梁形式之一。钢-混结合梁除具备钢主梁的特点外，相比于钢主梁，还可充分发挥混凝土承压特性，节约钢材用量，增大主梁刚度和抗风稳定性，利于分担斜拉索的水平分力。相比于混凝土主梁，钢-混结合梁质量轻、结构简单、施工快捷。但钢混结合梁设计时，应特别注意负弯矩区混凝土桥面板受拉开裂问题，通常混凝土板厚度不应小于250mm，强度等级不小于C40。

（4）混合梁

混合梁是指主跨或部分主跨采用钢梁（或钢混结合梁）而边跨采用混凝土梁的结构。钢梁与混凝土梁的交界处一般设在索塔附近，原因是该处梁的弯矩较小，梁的轴力最大；也可以设在边、中跨中部某一部位。混合梁的特点是：加大了边跨主梁的自重，有利于减小中跨内力及变形，能减小或避免边跨端支点负反力。因此，混合梁特别适用于边跨与中跨比值较小的情况，有利于塔顶处中、边跨水平分力的平衡。混凝土梁与钢梁连接段的形式主要有钢板方式、填充混凝土前板方式、混凝土填充后板方式。从构造细节上讲，传递轴力的构造细节要比传递弯矩的构造细节容易处理得多。

二、索塔（Cable Tower）

索塔通过斜拉索与主梁相连，塔柱承受塔自重以及斜拉索、主梁及桥面系的恒载与活载，同时也承受温度、支座沉降（settlement）、混凝土收缩徐变等因素引起的次内力。此外，作用在主梁上的风力、地震力也通过索塔传递给墩台及基础（foundation）。索塔可以是钢结构、混凝土结构或混合结构。由于索塔是以受压为主的压弯构件，混凝土材料能发挥其承压的优点，且养护费用少，大部分斜拉桥采用混凝土索塔。

（1）索塔构件组成

索塔的主要构件为塔柱，还包括塔柱之间的横梁和其他联结构件。塔柱之间的横梁可分为承重横梁和非承重横梁。承重横梁可为受弯横梁，用于设置主梁支座，也可为塔柱转折处的压杆或拉杆（parapet）横梁；非承重横梁为塔顶横梁和塔柱无转折的中间横梁，只起联系作用。

（2）混凝土索塔

混凝土索塔截面形式有实心或空心的矩形、五角形、六角形、八角形、H 形等。实心塔一般适用于中小跨度斜拉桥，小跨度一般采用等截面，中跨度一般采用变截面。较大跨度斜拉桥则通常采用空心截面索塔，此时斜拉索可锚固于塔柱箱室内壁。索塔的四角宜做成倒角或圆角，以利减小风阻力并改善索塔外观。八角形截面有利于配置封闭式环向预应力筋，但构造稍复杂。H 形截面在立面上可以不使锚头外露，对美观有所改善，且方便挂索施工。

（3）钢塔和钢-混凝土混合型塔

钢塔的应用主要是出于结构抗震考虑，实际应用较少。钢、混凝土混合型塔是索塔部分区段采用钢结构（steel structure），其余部分采用混凝土结构的索塔。

三、斜拉索（Stay Cable）

斜拉索连接主梁与索塔，将主梁上恒、活载传递给索塔，以受拉为主，是斜拉桥的重要组成部分。斜拉索应满足以下要求：材料应具备较高弹性模量和强度，抗疲劳性能好，安装、锚固简单，横截面紧密，防腐性能好，外观涂装色彩可多变，便于建筑美学设计。

（1）斜拉索构造

近代大跨度斜拉桥中，单根斜拉索的构造基本上采用平行钢绞线（steel strand）配合冷铸墩头锚和平行钢绞线配合夹片锚两种。平行钢绞线配合冷铸墩头锚的斜拉索构造因承载能力、疲劳强度和防腐措施等性能均较为可靠，故从 20 世纪 70 年代至今被广泛应用。但这种斜拉索要求与钢丝束索整体制造、整体运输和整体安装，在某些特殊环境下的应用受到限制。采用平行钢绞线配合夹片锚时，斜拉索张拉有整体张拉和逐根张拉成索两种方法。斜拉索整体张拉需要大吨位和大行程千斤顶（jack/lifting jack），张拉速度缓慢；但逐根张拉则设备轻便且安装速度快，在最近兴建的斜拉桥中被广泛应用。

(2) 斜拉索的锚固

斜拉索的锚固系统是斜拉桥设计中的关键构造，也是斜拉桥设计的重要环节之一。该部分需要保证连接的可靠性，承载集中应力并将其分散至全截面，要防止索端被腐蚀，且要便于斜拉索养护与更换。根据主梁形式不同，斜拉索与主梁的锚固形式有顶板（top deck）锚固、箱内锚固、斜隔板锚固、梁体两侧锚固和梁底锚固等。斜拉索与索塔的锚固形式主要有四类：交叉锚固、侧壁锚固、鞍座（saddle）锚固和钢横梁（钢锚箱）锚固。

(3) 斜拉索的防腐

斜拉索的防腐是斜拉桥设计的重要内容之一。对于平行钢绞线配合冷铸墩头锚，其镀锌钢丝采用高密度聚乙烯（polye-thylene，PE）套进行防护，裸索埋于冷铸锚的环氧树脂混合料中，钢丝受到镀锌层和高性能 PE 套双重保护。对于平行钢绞线配合夹片锚，镀锌钢丝涂油（蜡）层后，用双层 PE 套保护并将整索置于 PE 套内，套内灌以水泥砂浆或其他有机防腐剂，裸索埋于钢套的防腐油脂中，钢绞线受到镀锌层、油层、PE 层和 PE 套管的四重保护。

(4) 斜拉索的减振

斜拉索的风致振动对于斜拉桥是普遍存在的现象。斜拉索振动容易导致疲劳失效和外包破损。目前斜拉索的主要减振措施包括气动控制法、阻尼减振法和改变斜拉索动力特性法。

(5) 斜拉索的应力

斜拉索的应力控制需要考虑有效弹性模量、破断强度和疲劳三个要素。考虑斜拉索垂度的影响，根据 Ernst 公式，斜拉索的等效弹性模量 E_{eg} 为：

$$E_{eg}=\frac{E_p}{1+\frac{\gamma^2 l^2}{12\sigma^3}\cdot E_p} \tag{6-1}$$

式中，E_p 为斜拉索钢材弹性密度；γ 为索的密度；l 为斜拉索的水平方向投影长度；σ 为斜拉索的应力。

若斜拉索应力过小，则其垂度大，索的有效弹性模量就小，这是斜拉索必须采用高强度钢材的直接原因。因此，控制斜拉索的最小应力是十分必要的。

根据钢材的受力特性，当斜拉索所受荷载超过其破断荷载的 50%时，钢材的非弹性应变将快速增加。因此，对于一般荷载组合（load combination），斜拉索的最大承载力只能用到其破断强度的 40%。

另外，斜拉索应具有足够的抗疲劳能力，即在规定应变幅下，斜拉索在承受 200 万次的荷载循环后，其强度不小于原来强度的 95%。斜拉索的抗疲劳能力与钢材和锚具有关，目前生产的成品斜拉索应力变幅为 220～250MPa。

第四节 斜拉桥施工
(Construction of Cable-stayed Bridge)

斜拉桥的施工包括基础、墩台、索塔，主梁及斜拉索施工。根据国内外的工程实践，斜拉桥的基础、墩台与索塔的施工与其他桥型基本相同，但上部结构的施工有其特殊性。一般跨径的斜拉桥上部结构采用悬臂浇筑法或悬臂拼装（cantilever erection）法；中小跨径斜拉桥也可以根据桥址处的环境条件及自身特点，采用支架（falsework）法、顶推法（incremental launching method）或转体法等施工方法。作为高次超静定体系，斜拉桥施工过程相对复杂，需经过多次体系转换才能达到最终的成桥状态。

一、索塔施工（Construction of Cable Tower）

（1）索塔施工方法

钢塔施工一般采用工厂节段制造、施工现场拼装的方式。混凝土索塔均采用分段浇筑方法施工，塔柱混凝土输送采用混凝土输送泵或吊斗。塔柱施工的不同点是模板和脚手架平台的做法，主要有满布支架现浇法（cast-in-situ）、爬模或滑模浇筑法、整体模板逐段提升法和翻模施工法等。

（2）劲性骨架法施工

为了配合塔柱施工，混凝土塔柱的塔壁内往往需设置劲性骨架，劲性骨架具有施工位形控制、钢筋定位、模板固定、增大索塔整体刚度等作用。劲性骨架一般在工厂分节段加工，在现场分段拼接。劲性骨架安装定位后，可供测量放样、立模、钢筋绑扎及斜拉索钢套管定位使用，也可承受部分施工荷载。

（3）斜塔柱施工

混凝土索塔中的A形、倒Y形和钻石形等索塔的下塔柱和中塔柱均有一定的倾斜，目前一般采用爬模或滑模浇筑法施工。在具有较大倾斜角的索塔施工过程中，索塔柱处于悬臂状态，在自重和施工荷载作用下，塔柱底部会承受较大的弯矩，从而在塔柱截面内产生较大的拉应力而引起混凝土开裂。同时，不平衡弯矩也使塔身产生横向位移，影响塔身线形精度。因此，施工时必须采取相应措施加以控制。

（4）混凝土泵送

索塔混凝土一般用混凝土泵进行垂直输送。由于塔柱高度大，泵送时要求混凝土具有很好的流动性及合理的坍落度以防止堵管。泵送分一泵到顶和分级泵送等方法，需根据索塔高度、设备性能合理选择。

二、主梁施工（Construction of Main Girder）

（1）悬臂浇筑法（cantilever casting method）

混凝土斜拉桥主梁的悬臂浇筑均采用挂篮施工，其施工程序与一般预应力混凝土连续梁施工基本相同。但由于斜拉桥结构较复杂超静定次数高、斜拉索位置及各部位尺寸要求精确、施工过程中斜拉索张拉及体系转换频繁等，斜拉桥主梁的悬臂浇筑工艺又有其自身的特点。这些特点主要体现在挂篮形式及斜拉索的安装与张拉等方面：

① 主梁节段施工过程需考虑斜拉索安装和初张拉，斜拉索的施工与所采用的挂篮有关。

② 目前大多采用前支点挂篮，在挂篮前移到位后，通过接长杆接长永久斜拉索，张拉锚固于挂篮前端，作为挂篮的前支点，挂篮后支点锚固到已浇筑梁段上；若节段混凝土自重较大，在混凝土浇筑到一半时需第二次张拉斜拉索，两次张拉的目的是保证整个张拉及浇筑过程中梁体各部位结构安全并防止混凝土开裂。

③ 全桥合龙后，需要重新调整索的拉力，使得成桥后各索力与成桥设计索力相同，全桥内力达到设计状态。

（2）悬臂拼装法（cantilever erection method）

悬臂拼装法进行斜拉桥施工时，一般先在塔柱区现浇（或拼装）一段起始梁段来放置起吊设备，通过起吊设备从塔柱两侧依次堆成安装预制梁段，使悬臂不断伸长直到合龙。悬臂法施工一般从塔柱两侧对称进行，称为双悬臂法施工。当桥梁边跨在陆地上、主跨在水面上时，可以在支架上施工边跨，而中跨采用悬臂法施工，这种方法称为单悬臂法施工。悬臂拼装法用于混凝土主梁斜拉桥施工时，需要大吨位起重设备，在水面上施工时需要大吨位浮吊。

（3）其他施工法

① 支架法

采用支架法施工时，主梁全部在支架上浇筑完成后安装斜拉索，索力调整到位后主梁自动脱架。支架法只能用于跨径小、桥下净空低、搭设支架方便且不影响桥下交通的情况。此外，混凝土斜拉桥主梁的 0 号、1 号梁段以及其他设计要求先行浇筑的梁段，一般需采用支架法现浇施工，其施工工序与梁式桥相同。

② 顶推法

顶推法一般多用于钢斜拉桥主梁的施工。斜拉桥主梁采用顶推法施工，当跨径较大时，需设置临时墩。为节省费用及施工快捷，一般在跨中设置钢管柱临时墩，使斜拉桥主梁在顶推法施工过程中的跨径基本达到一致，使主梁最大正负弯矩控制在设计允许值范围内。斜拉桥主梁顶推到位后，在永久墩上进行落梁，然后张挂斜拉索，最后进行桥面系施工。顶推法适用于塔梁固结和墩梁分离体系的斜拉桥，对于飘浮或半飘浮体系的斜拉桥，需在主梁顶推到位后再挂索张拉。

③ 转体法

斜拉桥上部转体法施工主要采用平转法。由于斜拉桥的上部结构特点，平面转体施工时，其边跨可作为主跨的平衡重，因此只要在边跨加少量压载，使转动体系的重心在转抽中心即可保证转体时结构的纵向稳定与转体的平顺性。对于双塔三跨斜拉桥，分为两塔部分分别在岸边浇筑或预制拼装，然后转体就位临时锁定，浇筑或安装合龙段及体系转换，梁体施工与合龙方法同一般的斜拉桥。

斜拉桥平转法施工的转动中心设在主塔中心，比较适合于塔墩梁固结体系，对于飘浮体系或连续梁体系，也可先临时固结，在转体完成后再解除临时固结。当转体自重较大时，也可将转动铰设于墩顶，以减小转动自重。相比于斜拉桥的其他施工方法，转体法受结构自重限制，只适用于较小跨度斜拉桥，且转动球铰不可重复利用，故其施工造价较高。

三、斜拉索施工（Construction of Stay Cable）

斜拉索的施工包括斜拉索制作、运输、放索、安装、张拉锚固及索力测试与调整等。斜拉索的安装就是将成品斜拉索架设到索塔锚固点和主梁锚固点之间的位置上，整索安装。斜拉索的张拉则有拉丝式锚具张拉（钢绞线夹片群锚）和拉锚式锚具张拉（平行钢丝束）两种，前者因施工方便、现场工作量较少等优点，被更多应用。斜拉索的索力准确与否，是斜拉索设计施工成败的关键之一，必须有可靠的方法准确量测索力。目前常用的索力量测方法有压力表测定法、压力传感器测定法、频率法三种。此外，还有磁通量测定法等新的索力检测方法应用于索力测量。

由于斜拉桥梁、塔的内力与索力密切相关，桥梁施工过程中出现的线形偏差，均需在对塔、梁线形和应力以及索力监测控制的基础上，通过调整不同施工阶段的索力，来调整主梁和主塔线形和受力状态，以确保满足成桥设计要求。在此过程中，施工阶段张拉索力的准确计算对斜拉桥的成桥质量具有重要指导意义。

常用的施工阶段张拉索力计算有倒拆法、正装法和无应力状态法。倒拆法是以成桥理想状态为初始状态，按照与实际施工相反的顺序，逐渐拆分结构，计算得到每次拆除施工阶段对剩余结构的影响，直至拆分至第一施工阶段，从而获得每个施工阶段所需的斜拉索张拉力。正装法则是按照与实际施工相同的顺序，分每个施工阶段计算结构的施工内力和位移。无论是倒拆法还是正装法，均属于迭代计算。实际张拉索力计算中，通常是正装法和倒拆法交替进行，将考虑施工过程得到的成桥状态与理想的成桥状态进行对比，从而对施工张拉索力进行调整。

无应力状态法确定斜拉桥索力的基本原则：

（1）斜拉索索力和结构的位移会随外荷载变化，斜拉索长度也在自身被拉伸时发生变化。但是，斜拉索的无应力长度不会随着外荷载和结构体系的变化而改变，因此结构体系和其他斜拉索张拉调整对拉索自身无应力长度无影响。

（2）当结构体系外荷载不变时，斜拉索的无应力长度变化必须唯一地与一个桥梁内力状态对应。

（3）只要最终结果斜拉索单元无应力长度确定，最终结构的内力和应力状态都和结果的形成过程无关。

（4）不同安装过程形成的结构，只要最终的外荷载、结构体系和斜拉索无应力长度相同，最终结构的应力和位移状态就都是一致的。

根据上述基本原则，基于设计的成桥目标状态，结合迭代算法就可以得出斜拉索初始张拉应力和调整张拉力。

实际斜拉桥施工控制的最佳状态是：在每个施工阶段，适当地调整截面高程，而只张拉新安装的斜拉索，在全桥合龙前，对尽可能少的斜拉索进行一次调整，成桥后达到设计理想状态。

Word 专业词汇汉英对照（Glossary）

专业词汇	拼音	英文
跨径	kuàjìng	span
板梁	bǎnliáng	slab beam/slab girder
门式刚架	ménshì gāngjià	portal frame
锚固	máogù	anchoring
车道	chēdào	lane
结构体系	jiégòu tǐxì	structure system
地震作用	dìzhèn zuòyòng	earthquake action
次应力	cìyìnglì	secondary internal force/sub-internal force
阻尼器	zǔníqì	damper
横向刚度	héngxiàng gāngdù	lateral stiffness
抗风	kàngfēng	wind resistance
抗震	kàngzhèn	earthquake-resistance
刚构桥	gānggòuqiáo	rigid frame bridge
地震力	dìzhènlì	earthquake force
箱梁	xiāngliáng	box girder
挂篮	guàlán	formwork traveler/hanging basket
钢筋	gāngjīn	reinforced bar
横隔板	hénggébǎn	diaphragm/transverse diaphragm
养护	yǎnghù	maintenance
桁架	héngjià	truss
极限承载力	jíxiàn chéngzàilì	ultimate bearing capacity
承重结构	chéngzhòng jiégòu	bearing structure
结合梁	jiéhéliáng	composite beam
剪力连接件	jiǎnlì liánjiējiàn	shear connector
翼缘	yìyuán	flange
钢筋混凝土	gāngjīn hùnníngtǔ	reinforced concrete

续表

专业词汇	拼音	英文
沉降	chénjiàng	settlement
拉杆	lāgǎn	parapet
钢结构	gāngjiégòu	steel structure
疲劳	píláo	fatigue
钢绞线	gāngjiǎoxiàn	steel strand
千斤顶	qiānjīndǐng	jack/lifting jack
鞍座	ānzuò	saddle
荷载组合	hèzài zǔhé	load combination
悬臂拼装	xuánbì pīnzhuāng	cantilever erection
顶推法	dǐngtuīfǎ	incremental launching method
现浇	xiànjiāo	cast-in-situ
支点	zhīdiǎn	supporting point
平转法	píngzhuǎnfǎ	horizontal rotating method
承台	chéngtái	footing slab

思考题（Questions）

1. 相对于梁桥而言，为什么斜拉桥能大大提升桥梁的跨度？
2. 斜拉桥的主要构思是什么？密索体系斜拉桥的主要优点是什么？
3. 根据塔、索、梁相互结合的不同形式，斜拉桥可以分为哪几种类型？它们各自的优点是什么？
4. 简要介绍提高斜拉桥刚度的主要措施。
5. 斜拉桥主梁具有哪几种结构和截面形式？它们各自有什么特点？
6. 斜拉桥的索塔具有哪些结构形式？
7. 单索面与双索面在受力上有什么区别？
8. 斜拉桥的斜拉索在索塔上的锚固形式有哪些？都具有什么优势？

拓展阅读（Extensive Reading）

沪苏通长江公铁大桥

沪苏通长江公铁大桥（图 6-14），位于江阴长江大桥下游 45km，苏通长江大桥上游 40km，大桥南岸为张家港市，北岸为南通市。大桥全长 11072m，是通锡高速公路、沪苏通铁路、通苏嘉甬高速铁路共同的过江通道，是世界上跨度最大的公铁两用斜拉桥，也是世界上首座4线铁路、6车道公路斜拉桥。

图 6-14 沪苏通长江公铁大桥

沪苏通长江公铁大桥所跨越的区域是我国经济最发达的地区，为保障航运能力和航行安全，主通航孔按单孔双向通航的要求设计，主通航孔跨度应能满足大型船舶、船队的航行要求，主跨为1092m，如图6-15所示。该桥主桥孔跨布置为（142＋462＋1092＋462＋142)m。由于跨度大、荷载重、结构整体刚度要求高，要求梁、塔、索采用高性能新型材料，以提高材料抗力水平，保证安全。桥塔采用混凝土钻石形塔，桥塔采用C60混凝土，塔高352m，桥面以上有效塔高248m。斜拉索采用2000MPa级平行钢丝索，单根索最长达583.8m。

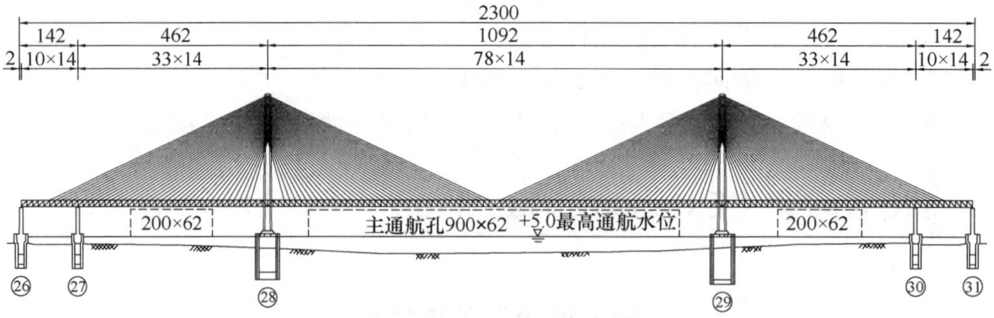

图 6-15 沪苏通长江公铁大桥立面布置（单位：m）

该桥主梁采用双层桥面、刚度大的钢桁梁，两侧边桁中心距35m，桁高16m，采用主桁架与桥面组合受力结构，桁架下弦由与主梁断面同宽的钢箱组成，上弦由与主梁断面同宽的正交异型钢桥面板构成，如图 6-16 所示。上下层桥面均作为主桁结构的一部分参与主桁受力，形成板（箱）-桁组合结构，有效地增加了主梁横断面的受力面积，极大地提高了桥梁刚度。该桥主梁宽度达到 35m，为了有效地减小横梁跨度，缩小横梁及横联尺寸，采用了三索面三主桁结构，有利于提高断面刚度，减小铁路轨道的扭转变形。

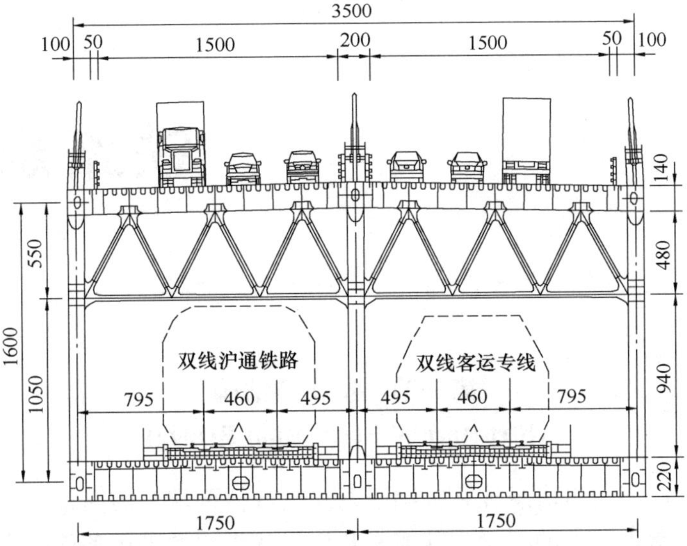

图 6-16 沪苏通长江公铁大桥主梁横断面布置（单位：cm）

该桥的设计施工采用了众多新材料、新结构、新设备、新工艺。主航道桥采用刚度大、行车性能优越的箱-桁组合新型结构，体现了世界钢桥结构发展方向。主航道桥钢梁采用两节间全焊接、桥位整体吊装技术（吊重达 1700t），为国内首次采用。运用超大超高钢沉井整体拼装浮运精确定位技术、超高塔高强度混凝土输送技术等新工艺。应用了 Q500qE 高强度钢及 2000MPa 级斜拉索新型材料，该材料应用为国内首次。主航道桥采用伸缩量 2000mm 的桥梁轨道温度调节器和梁端伸缩装置，为世界首次采用。

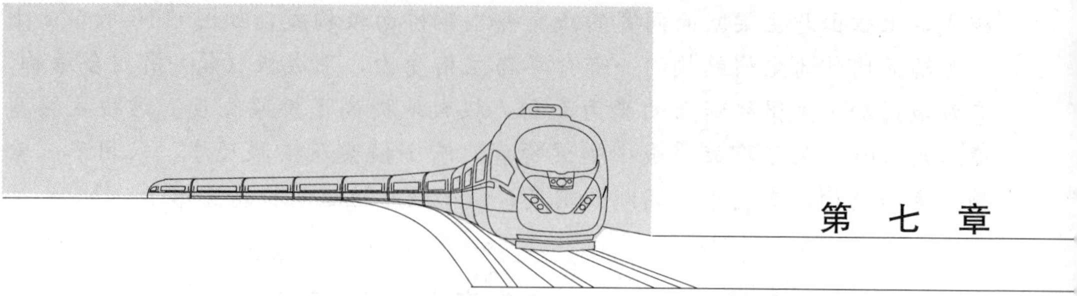

第 七 章

铁路悬索桥

Railway Suspension Bridge

第一节 悬索桥结构
(Structure of Suspension Bridge)

悬索桥是以通过索塔悬挂并锚固于两岸（或桥两端）的缆索（或钢链）作为上部结构主要承重构件的桥梁。其缆索几何形状由力的平衡条件决定，一般接近抛物线。从缆索垂下许多吊杆，加劲梁（stiffening girder）与吊杆下端锚固，同缆索形成组合体系。桥面荷载通过吊杆传递到主缆，可以减小活载（live load）所引起的加劲梁挠曲变形。由于悬索桥可以充分利用材料的强度，并具有用料省、自重轻的特点，悬索桥在各种体系桥梁中的跨越能力最强，跨径可以达到1000m 以上。

一、悬索桥的组成（Composition of Suspension Bridge）

悬索桥由主缆（main cable）、加劲梁、主塔（pylon/tower）、吊索（hanger）、鞍座（saddle）和锚碇（anchorage）构成，如图 7-1 所示。悬索桥的主缆呈曲线状，只受拉，所以现在主要由高强度冷拔镀锌钢丝构成，充分利用该钢丝的受拉强度；而加劲梁的形式就有较多的选择了，现今主要有钢箱梁和钢桁架两种

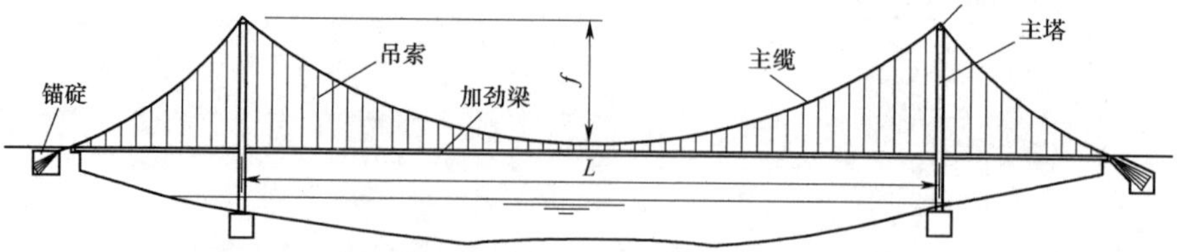

图 7-1 悬索桥结构（structure of suspension bridges）

形式；在钢塔的用材上，美国、日本、英国等国采用钢塔较多，中国、法国、丹麦等国采用混凝土塔较多。

悬索桥同其他桥型相比，具有以下特点：①悬索桥的主要受力构件不是加劲梁，所以截面不需要随着跨径的增大而增大；②悬索桥的主缆是典型的受拉构件，截面受力均匀，能够充分发挥材料强度，所以悬索桥非常适合大跨度桥梁；③悬索桥的施工总是先建立主塔之后架设主缆，再设加劲梁，这样主缆就变成了一个现成的悬吊式支架施工平台，建设较为方便；④悬索桥的跨度很大，所以支承的主塔可以避免建立在深水区域，且更利于通航。

二、悬索桥的结构体系（Structure System of Suspension Bridge）

悬索桥的类型可以从悬吊跨数、加劲梁支承方式、吊索形式、主缆锚固方式等方面进行划分，其结构体系通常有以下几种组合。

（1）按照悬吊跨数分

悬索桥可以分为单跨、两跨、三跨及多跨悬索桥，如图 7-2 所示。其中，单跨、两跨、三跨悬索桥的主塔数目都是两个，而多跨悬索桥的主塔数目为三个及以上。单跨和三跨悬索桥是最为常用的形式。单跨常用于高山峡谷地区，两岸地势较高，采用桥墩支承边跨更为经济，或者在跨越水面时减少水中基础施工；多跨由于结构的柔性太大，难以满足大跨度桥梁的受力和刚度需求，因此不具备良好的实用优势。

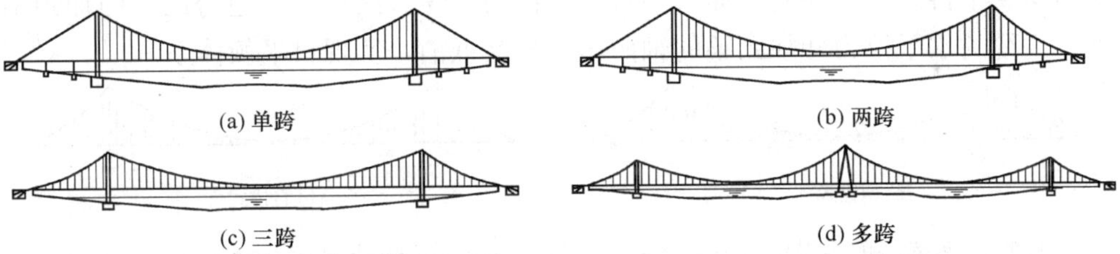

图 7-2　悬索桥的悬吊跨数布置形式（suspension span arrangement of suspension bridge）

（2）按照加劲梁支承方式分

悬索桥的加劲梁支承方式主要有两种，即两铰和连续，如图 7-3 所示。两铰支承方式的优势：加劲梁构造简单，制造和架设时的误差对加劲梁没有影响。连续支承方式的优势：梁端的转角小，在主塔处不产生折角，减少加劲梁的挠度。

(a) 两铰　　(b) 连续

图 7-3　悬索桥的加劲梁支承方式（stiffening girder support way of suspension bridge）

（3）按照吊索形式分

悬索桥的吊索形式主要有两种，即竖直吊索和斜吊索，如图 7-4 所示。与竖直吊索相比，斜吊索有以下特点：和主缆、加劲梁形成桁架作用，提高桥梁的纵向刚度；可提高结构阻尼，结构振动衰减性能好。但大多数还是应用竖直吊索形式，有些桥梁会将两种形式进行组合。

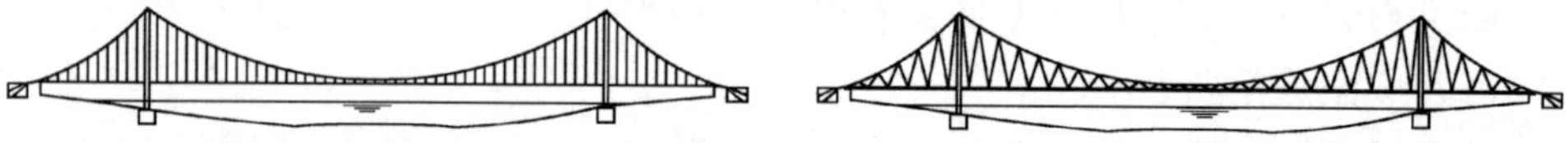

(a) 竖直吊索　　(b) 斜吊索

图 7-4　悬索桥的吊索形式（suspension cable form of suspension bridge）

（4）按照主缆锚固方式分

悬索桥的主缆锚固方式分为地锚式（exteral anchored）和自锚式（self-anchored），如图 7-5 所示。地锚式悬索桥产生的巨大水平拉力由外部锚碇来承受，从而实现全桥的受力平衡。而自锚式悬索桥的主缆直接锚固在边跨两端的加劲梁上，主缆的水平拉力和加劲梁的轴向压力相互抵消，实现自平衡体系。

(a) 地锚式　　(b) 自锚式

图 7-5　悬索桥的主缆锚固方式（main cable anchoring method of suspension bridge）

三、总体布置（Overall Layout）

悬索桥的总体布置主要内容有跨径布置、主缆垂跨比、加劲梁形式和高跨比、加劲梁宽跨比、主塔高度、吊索间距等。

（1）跨径布置

悬索桥的跨径设置包括主跨（main span）跨径和边跨与中跨之比。由于悬索桥的跨径本身很大，主跨跨径不受通航限制，主要受到地形和地质条件限制，在主跨跨径确定之后，再确定边跨与中跨之比，通常比值在 0.25～0.5。

（2）主缆垂跨比

主缆的垂度 f 与对应的跨度 L 之比称为悬索桥的垂跨比 f/L。垂跨比的大小影响悬索桥的内力与刚度。垂跨比越小，主缆的恒载（dead load）拉力越大，结构刚度越大，可以减少加劲梁的弯矩和变形，提高悬索桥的竖向刚度，有利于降低主塔的高度，但是主缆的用量会增加。因此对于自重大的钢桁梁，可以选择较大的垂跨比，以节省主缆用量，对于自重小的钢箱梁，选择较小的垂跨比，以提高悬索桥的整体刚度。

（3）加劲梁形式和高跨比

加劲梁的形式主要有桁式和箱形，桁式加劲梁的桁高比箱形加劲梁的梁高大好几倍，对于布置双层桥面适应性较佳，抗风稳定性优于箱形加劲梁，而箱形加劲梁材料省、自重轻。

悬索桥的加劲梁梁高，主要根据刚度条件和材料用量最少来确定，桁式加劲梁的梁高一般为 8～14m，箱形加劲梁的梁高一般为 2.5～4.5m。一般来说，悬索桥的梁高与跨度之间没有很强的相关关系，随着跨径的增大，加劲梁的高跨比越来越小。

（4）加劲梁宽跨比

悬索桥加劲梁的宽跨比，是由横向刚度（lateral stiffness）和抗风稳定性来决定的。根据横向刚度条件要求，中小跨度悬索桥（主跨为 100～500m）的加劲梁宽跨比不应小于 1/30，就大跨度悬索桥（主跨为 500m 以上）而言，由于主缆截面比较大，主缆的刚度影响突出，降低了宽跨比的要求，满足交通功能要求的宽跨比一般小于 1/30。一般根据已有的实践资料选择一定的宽跨比，然后通过抗风理论分析和风洞试验验证所选宽跨比是否合适。

（5）主塔高度

主塔高度由主缆主跨垂度和主缆与加劲梁之间的净距（跨中吊索最小高度）决定。主缆与加劲梁间最小净距，要满足能安装缠丝机要求，一般不小于 1m。主塔的截面取决于塔柱稳定及纵、横向强度要求。

（6）吊索间距

吊索间距主要从经济及施工等因素考虑。对于加劲箱梁，吊索间距影响桥面系纵横梁受力及预制箱梁的起吊自重；对于桁架梁，吊索间距影响弦杆、腹板长度、斜腹杆斜度桁架受风面积及桥面系纵横向受力。为了做到经济设计，可拟定几个吊索间距，作经济比较。

四、悬索桥的构造（Structure of Suspension Bridge）

（1）主缆（main cable）

主缆是悬索桥的主要承重构件，除承受自重和吊索重外，还通过吊索承受加劲梁、桥面系恒载以及活载。悬索桥一般采用两根主缆，平行布置，桥面两侧各一根，极少采用 4 根或者一根布置。

大多数的悬索桥主缆采用的是平行高强度钢丝束股合成，主缆分束股主要是为了便于架设和锚固。每根束股由几十根，乃至几百根平行钢丝构成。平行钢丝束股有空中纺线（air spinning，AS）法和平行钢丝束股法（PWS 法），后者具有明显的优势：架设质量好，假设工期短，比较经济。

主缆外形多按六角形配置，有平顶型和尖顶型两种，采用尖顶型的居多，图 7-6是平行钢丝束股法的主缆断面。

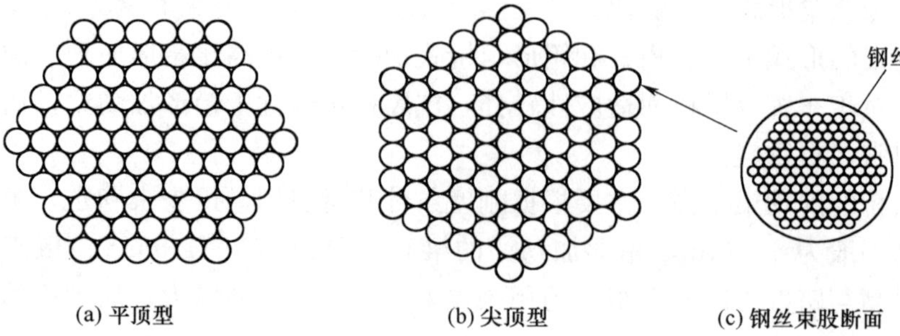

图 7-6　主缆断面（main cable section）

目前悬索桥的主缆通常采用镀锌钢丝，为了进一步增强防锈蚀能力，在主缆四周涂上锌粉膏等防锈剂，再用软退火的镀锌钢丝缠绕，然后涂上防腐层，形成双层双重防锈蚀措施，如图 7-7 所示。也有采用合成树脂的塑料包缠主缆，但是实际采用的不多。为了防水，主缆箍处产生的间隙要填充密实的材料，在锚碇区主缆分散开来，锚固到锚块，无法采用镀锌钢丝缠绕，常采用在锚碇箱内吹风除湿措施，保持空气干燥。

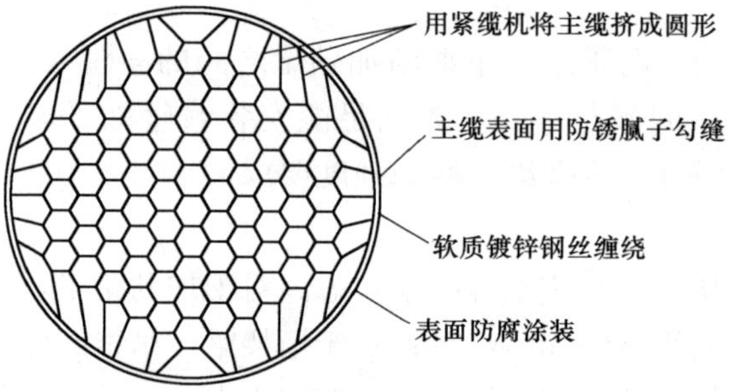

图 7-7　主缆成型及防腐处理
（main cable forming and anti-corrosion treatment）

（2）加劲梁（stiffening girder）

加劲梁的主要功能是提供桥面系和防止桥面发生过大的挠曲和扭曲变形。现今悬索桥加劲梁主要有两种形式：钢桁架式加劲梁和扁平钢箱加劲梁。扁平钢箱加劲梁的优点是：梁高小，自重轻，用钢量省，结构的抗风性能好。

钢桁架式加劲梁在双层桥面的适应性远远强于扁平钢箱加劲梁，因此适合交通量较大或者公铁两用悬索桥。钢桁架式加劲梁的立面布置多采用有竖杆的简单三角形形式，其横向布置应根据是否布置双层桥面而定，桥面常常采用钢筋混凝土板或者正交异型钢桥板面板。图 7-8 所示是五峰山桥钢桁架式加劲梁结构断面布置。

少数悬索桥也采用混凝土箱梁，混凝土箱梁抗风性能好、自重大、结构刚度大、一般无须养护，但是正因为自重大，所以只宜用在跨度不大（跨度小于 500m）的悬索桥中。

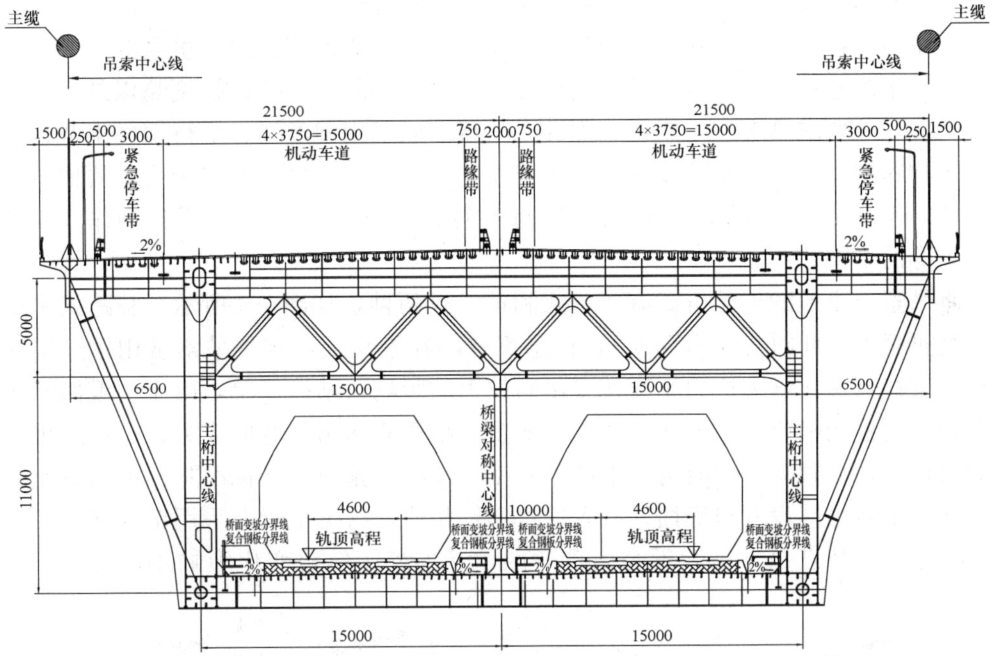

图 7-8 五峰山桥钢桁架式加劲梁结构断面布置（单位：mm）

(cross section of steel truss stiffening girder structure for Wufeng Mountain Bridge)

自锚式悬索桥的加劲梁由于受到主缆传过来的巨大轴向力，相对于地锚式悬索桥，其加劲梁截面要强大得多。自锚式悬索桥加劲梁既可以采用钢材、混凝土梁，也可采用钢-混组合梁。

(3) 主塔（pylon/tower）

主塔是支承主缆的重要构件，恒载和活载大多通过主塔传到塔墩和基础，因此主塔是以承受轴力为主的压弯构件。早期的悬索桥大多采用钢塔，后来因为混凝土强度提高、施工方法改进、价格低等特点，许多悬索桥改用混凝土塔。我国的悬索桥多采用混凝土塔。

主塔按结构受力分为刚性、柔性和摆式三种。悬索桥建成后，活载作用及温度变化，以及位于塔顶的鞍座与主缆之间不允许出现相对滑移，使得鞍座或桥塔沿着桥轴线方向发生纵向位移。若采用刚性塔，则需要在主鞍座下设辊轴，使鞍座能够沿纵向移动；若采用柔性塔，则鞍座固定于塔顶，由塔的变形适应鞍座的纵向位移，这种方式构造简单，维修保养容易；在悬索桥发展的早期，有些小跨度悬索桥中曾采用过摆柱式塔，这种塔在塔底设铰，大大减小了塔所受的弯矩，但施工困难，结构复杂，现已不再使用。大跨度悬索桥的主塔通常采用柔性塔，桥塔可挠曲。塔顶鞍座固定在塔上，桥塔截面通常为矩形，有时为了美观和抗风的需要，也可对截面进行适当调整。

（4）吊索及索夹（suspension cable and clamp）

吊索也称吊杆，其作用是将加劲梁恒载和活载传递到主缆。吊索的上端通过索夹与主缆相连，下端与加劲梁连接。吊索材料，除要求抗拉强度高以外，为便于架设，还要求具有一定柔性。因此，吊索一般采用钢丝绳、平行钢丝束或钢绞线等材料制作，少数小跨度悬索桥也有用刚性吊杆的。吊索的安全系数要比主缆高些，这主要考虑到吊索的疲劳（风与车辆引起的振动导致）、设计制作及安装误差等的影响。

吊索与主缆的连接方式有骑跨式和销铰式两种，如图 7-9 所示。骑跨式是吊索绕过索夹（此时为左右两半），让吊索骑跨在索夹上，这类吊索常用钢丝绳制作，其特点是：索夹应力不直接受吊索拉力的影响，结构简单，由于主缆倾斜角变化，套箍沟槽要随之变化，铸造形式多，吊索弯曲引起弯曲应力。销铰式采用销钉连接，在索夹（此时为上下两半）下一半的下垂板（又称吊耳）上设置销钉孔眼，吊索上端设开口套筒，两者通过销钉相连，这类吊索可采用钢丝绳或平行钢丝束，其特点是：吊索不会出现弯曲，受主缆倾斜角变化影响小，且易于更

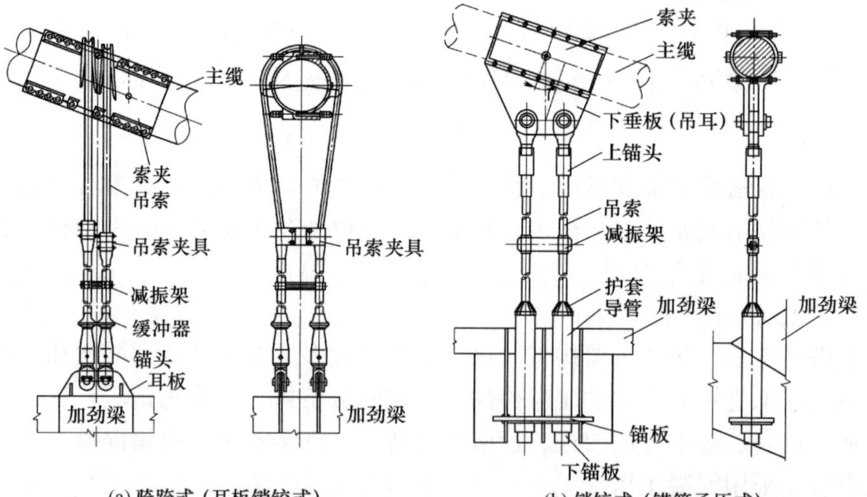

(a) 骑跨式（耳板销铰式）　(b) 销铰式（锚箱承压式）

图 7-9　吊索与主缆和主梁连接方式

（connection method between suspension cable and main cable and main girder）

换。目前销铰式连接方式用得较多。

吊索与加劲梁的连接方式有耳板销铰式和锚箱承压式两种。耳板销铰式是吊索通过错头与焊接于加劲梁上的耳板采用销栓相连，这类连接形式构造简单、施工方便、防水性能好，但存在应力集中问题。锚箱承压式构造复杂、制造安装维修不便，且防水耐久性差，目前较少采用。

此外，悬索桥在车辆（列车或汽车）、风、地震等荷载作用下，加劲梁和主缆在水平方向都将发生位移，特别是在跨中区域，这种位移会导致短吊索弯折受力明显，易造成疲劳破坏。因此，针对水平位移较大的悬索桥，可考虑在悬索桥的跨中位置设中央扣，以防止跨中短吊索的此类疲劳破坏。中央扣可分为刚性和柔性两种，如图 7-10所示。刚性中央扣采用型钢替代柔性吊索，并在跨中两侧增设型钢交叉布置；柔性中央扣则在跨中吊索两侧增设斜向交叉柔性吊索，增设的柔性吊索结构形式与常规吊索相同。此外，在大跨度悬索桥的设计中，已经开始使用带阻尼的耗能型中央扣，这样可以更好地提高悬索桥的抗风和减振性能。

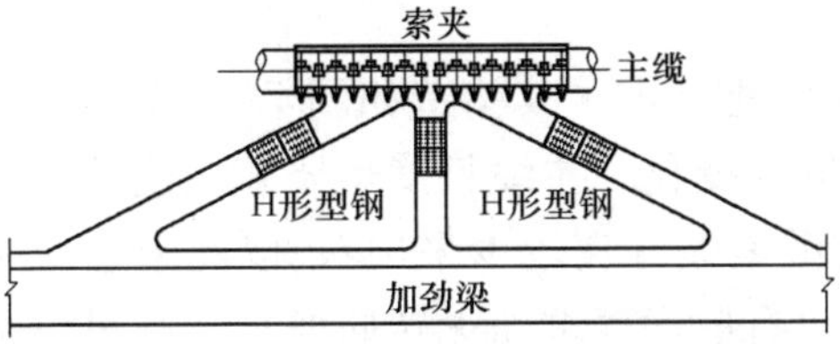

(a) 刚性中央扣

(b) 柔性中央扣

图 7-10　中央扣（central buckle）

（5）锚碇（anchorage）

锚碇是主缆的锚固体，与主塔一样是支承主缆的重要部分，它将主缆的拉力传递给地基。锚碇一般由锚碇基础、锚块、锚碇架及固定装置等部分组成。当主缆需要改变方向时，锚碇中还包括主缆支架和锚固鞍座。锚碇的形式可分为重力式和隧洞式，如图 7-11 所示。重力式锚碇是最常采用的形式，依靠混凝土自重来抵抗主缆的拉力；隧洞式锚碇用于坚固、节理少的基岩外露的情况，是先把岩石凿出一个隧洞，然后在其内埋入锚碇架，填充混凝土抵抗主缆拉力。我国西堠门大桥、日本明石海峡大桥、美国金门大桥均采用重力式锚碇，我国湘西矮寨大桥采用了隧洞式锚碇。与地锚式悬索桥不同的是，自锚式悬索桥不需要修建体积庞大的锚碇，主缆直接锚固于加劲梁上。

（6）鞍座（saddle）

鞍座按其使用功能可分为塔顶主鞍座和散索鞍（套）。塔顶主鞍座的作用是将主缆传来的巨大竖向力均匀分布到塔顶截面，而散索鞍（套）的主要功能是改变主缆方向，并把主缆的钢束股在水平及竖直方向分散开来，然后把这些钢束股

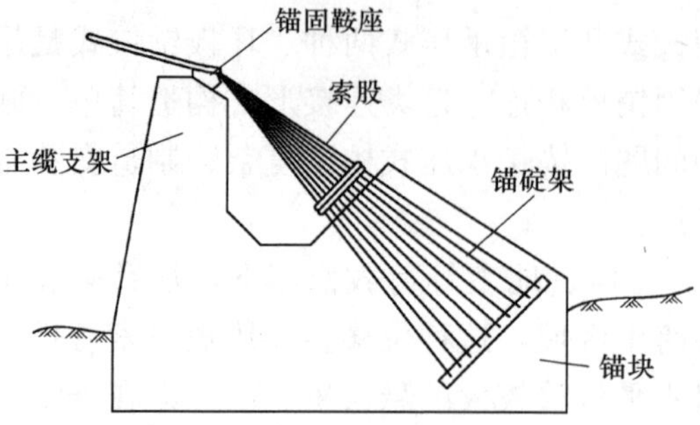

(a) 重力式

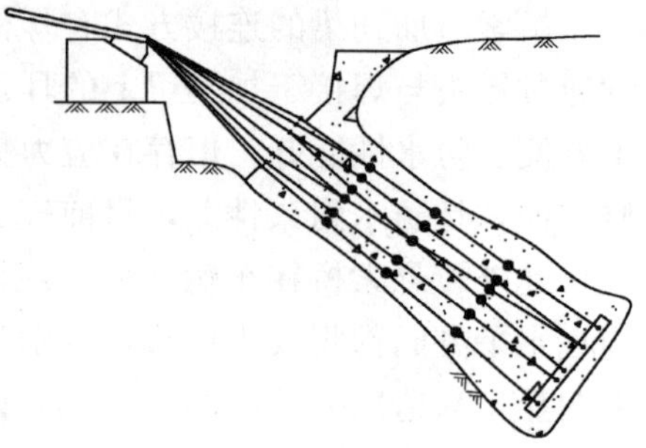

(b) 隧洞式

图 7-11 锚碇形式（anchorage form）

引入各自的锚固位置。近代悬索桥的鞍座为铸焊结合结构，比较轻型，鞍座底部与塔顶箱体吻合，且两者内部格状、加劲肋板位置也尽可能一致，以使鞍座上竖向力直接传给塔柱。塔顶鞍座主要由鞍槽、腹板、底板及横向加劲肋板等部分组成，如图 7-12 所示。

散索鞍（套）满足主缆转向及散索的功能要求，其构造如图 7-13 所示。由于温座变化以及主缆拉力因活载情况的不同而变化，主缆长度也要相应变化，可采用摇柱式散索鞍（目前常用）或滚轴式散索鞍（现较少采用），以此来适应主缆长度的变化。如果主缆进入锚固系统前只有散索要求而无转向要求，则可以采用喇叭形散索套来代替散索鞍。

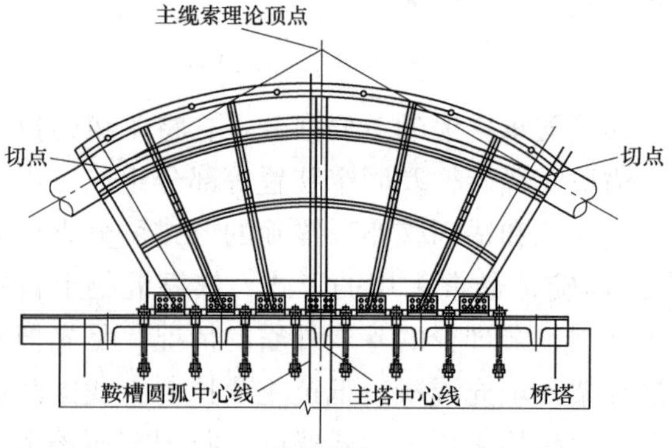

(a) 正面图

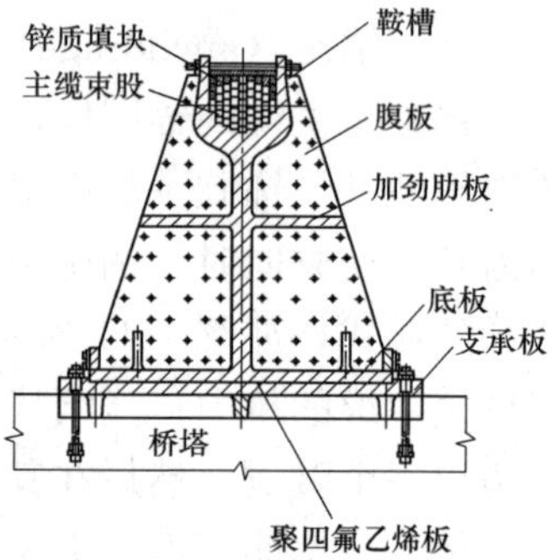

(b) 侧面图

图 7-12 塔顶鞍座（saddle on the tower）

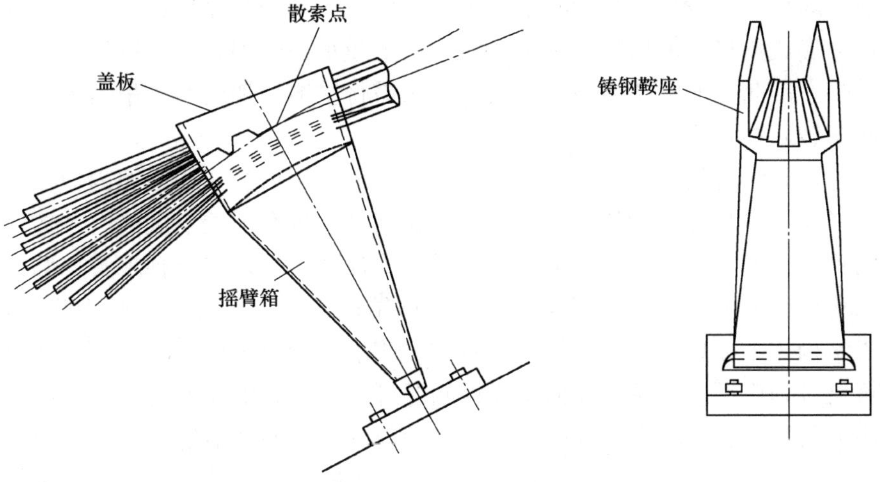

(a) 正面图　　(b) 侧面图

图 7-13　散索鞍（cable saddle）

第二节　受力分析（Stress Analysis）

一、悬索桥的几何非线性特性（Characteristics of Geometric Nonlinearity of Suspension Bridge）

悬索桥是高柔性结构，计算时必须考虑结构在承受荷载后的变形对内力分布的影响，即几何非线性的影响。悬索桥的几何非线性主要体现在以下三个方面：

（1）荷载作用下的结构大位移，这是作为柔性结构的最主要的几何非线性影响因素。悬索桥在受外荷载作用时，主缆及加劲梁发生下挠，吊索将伸长，主塔会压缩，吊索将发生倾斜，节点有水平位移等，这些都会对悬索桥的内力及变形产生较大影响。因此在进行分析时，力的平衡方程应根据变形后结构的几何位置建立，力与变形的关系是非线性的。

（2）主缆初始内力的影响，即重力刚度的影响。在主缆安装后及加劲梁架设过程中，受主缆自重和加劲梁中重力的作用，主缆会产生很大的水平拉力，形成较大的拉力刚度（或者重力刚度）。当后续荷载（包括活载）作用时，主缆形状发生改变，由初应力产生的拉力刚度对后续状态的变形存在着抗力，反映了主缆的几何非线性性质。

（3）主缆自重垂度的影响。在用有限元法分析时，主缆单元常采用直杆单元模拟，而实际上自重作用下主缆具有一定的垂度。主缆在受力后发生的变形由弹性变形和垂度引起的非线性变形两部分组成，其变形值将比直杆单元模拟值大。

二、计算理论简介（Introduction of Calculation Theory）

大跨度悬索桥加劲梁吊装时，某一节段吊装到位后暂时与相邻节段临时连接，节段间可看成铰接，待所有节段吊装到位、线形调整完后再将全部加劲梁连成整体，形成刚接，所以加劲梁重量完全由主缆承担，加劲梁只承担自身重量产生的弯矩。因此，悬索桥恒载状态的计算只需将主缆、加劲梁、吊索等自重（接近均布荷载）加在主缆上进行分析即可。

因此，悬索桥的计算难点主要是活载及其他使用荷载作用下的内力分析，此时必须考虑主缆与加劲梁的共同受力。考虑到悬索桥在承受活载前，主缆已具有足够的重力刚度，因此关于悬索桥的活载作用计算，可以有三种求解思路：①不考虑结构体系变形对内力的影响，可按普通结构力学方法计算，此为弹性理论；②考虑结构体系变形对内力的影响，即考虑几何非线性的影响，此为挠度理论；③计算机得到广泛应用后，几何非线性问题可以借助有限元方法综合考虑体系变形对内力的影响和节点大位移的影响，从而得到精确的数值解，此为有限位移理论。因此，悬索桥的计算理论大致经过了这三个阶段：弹性理论、挠度理论和有限位移理论。

（1）弹性理论

弹性理论是悬索桥最早的计算理论。弹性理论认为，主缆承受自重及全部桥面恒载，它的几何形状是二次抛物线，这一线形不因后来作用于桥面上的活载而发生任何变化。根据这一理论，在计算加劲梁由于活载所产生的弯矩 M 时，计算模型（一次超静定结构）与活载作用之前（恒载状态）是相同的，如图 7-14 所示。按平衡条件，可得：

$$M = M_0 - H_P y \tag{7-1}$$

式中，M_0 为相应简支梁（simple supported beam）的活载弯矩；H_P 为活载引起的主缆水平分力；y 为主缆承受活载前的纵坐标值。

弹性理论能满足早期跨度较小（不大于 200m）且加劲梁刚度相对较大的悬索桥的计算要求，弹性理论不能用于大跨度悬索桥的内力分析。

（2）挠度理论

随着悬索桥跨径的不断增大，加劲梁的刚度相对来说不断降低，对于主缆这种柔性悬挂构件，认为它的几何形状及长度都不因活载而变化的假定已不再适用。1888 年，悬索桥的挠度理论（图 7-14）被提出，但直到 20 世纪初才在美国的纽约曼哈顿桥首次采用，一直到 20 世纪 80 年代前后，悬索桥几乎都采用挠度理论进行设计。

挠度理论认为，主缆在恒载作用下取得平衡时的几何形状将因活载的作用而发生改变，并且主缆因活载作用而增加的主缆拉力所引起的伸长量也应当在计算中加以考虑。挠度理论考虑了恒活载产生的主缆拉力的二阶非线性影响，主缆的平衡方程是建立在变形后位置上的，是个四阶非线性微分方程。对此非线性微分方程，很难得出其解析解，故在挠度理论的实际应用中，通

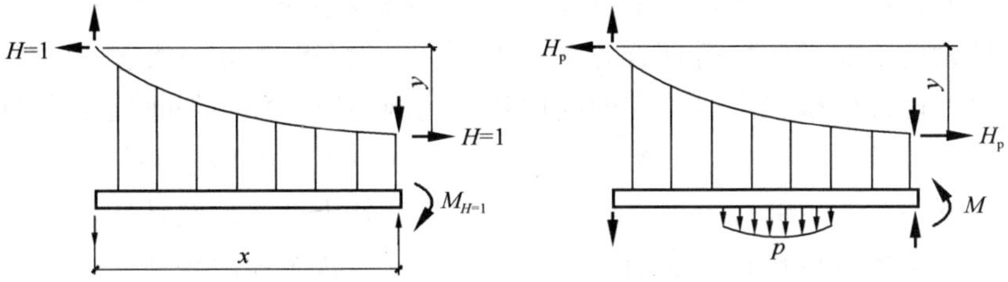

(a) 计算基本模型　　(b) 活载作用

图 7-14　悬索桥的挠度理论（deflection theory of suspension bridge）

常在采用近似假设的前提下进行求解，比如线性挠度理论、等代梁法、近代膜理论和重力刚度法等。这些方法均有假设前提，且计算相当烦琐，最重要的是不适合计算机运算。

（3）有限位移理论

当现代悬索桥的跨径进一步增大时，其加劲梁的刚度相对减小，当加劲梁的高跨比小于 1/300 时，采用挠度理论引起的误差不容忽略，为此有限位移理论开始应用于现代悬索桥的结构分析中，使悬索桥的分析计算更加精确。

有限位移理论把悬索桥结构分析方法统一到一般非线性有限元中，将悬索桥离散为杆系结构。按非线性杆系有限元进行求解。该理论无须做挠度理论那些假设，且可以处理任意的结构形式、边界条件和初始条件，因此它是悬索桥已有分析方法中最精确的，也是目前大跨度悬索桥分析计算中普遍采用的方法。

三、主缆线形分析（Analysis of Shape of Main Cable）

主缆是悬索桥的主要承重构件，所以主缆线形的准确计算显得尤为重要。在架设主缆时，主缆处于空缆状态，仅受到自重作用，其形状为悬链线。当加劲梁和吊索安装完后，即成桥状态，此时的主缆受到沿索长的主缆自重和沿桥长的加劲梁自重共同作用，主缆线形既非悬链线，也非抛物线，但因沿桥长分布的加劲梁重量占主要部分，所以加劲梁主缆可近似认为受到均布荷载的作用，此时主缆线形为近似抛物线。

悬索桥的主缆是其主要受力构件，一旦主缆的线形确定，主缆的内力和变形就可得到，进而可容易分析得到其他构件的受力状态，因此，悬索桥计算分析的关键是主缆线形。主缆线形主要是指寻找悬索桥主缆架设之初的空缆状态（悬链线线形）和架设完成的成桥状态（近似抛物线线形）。悬索桥的主缆从架设之初的空缆状态到架设完成的成桥状态，中间需经历的吊索和加劲梁的安装施工中会产生很大的变形，主缆的拉力也会增大很多，因此这个分析过程必须考虑几何非线性的影响。此外，成桥状态的线形应满足设计要求，但由于悬索桥主缆在成桥状态既非悬链线也非抛物线，其成桥线形实际上只有两个端点和跨中点的空间位置是已知的，主缆成桥线形上的其余点（例如索夹位置）的准确位置是未知的。因此，悬索桥不能像斜拉桥那样通过倒拆分析来获得其初始状态（空缆状态），但可以根据设计成桥状态时给定的结构几何控制参数，如主缆垂度、主缆跨中点位置、桥面设计线形、吊索（索夹）沿跨度方向位置、鞍座中心位置等，先假设一个施工理想初态，通过考虑几何非线性的前进分析算法反复迭代，并与成桥状态设计控制参数进行比较，从而获得悬索桥的空缆状态和成桥状态，为了更好地阐述上述迭代算法，下面先引入几个概念：

初始态：施工理想初态，即空缆状态，主缆架设完毕时塔缆结构的几何形状（此时主缆呈悬链线，鞍座预设偏量）。

荷载态：在初始态上作用一期恒载（吊索和加劲梁）和二期恒载（桥面铺装等）后得到的结构几何形状及内力。

目标态：设计要求成桥状态时结构的几何形状［包括主缆垂度、主缆跨中点位置、桥面设计线形、吊索（索夹）沿跨度方向位置、鞍座中心位置等］。

在以上三种状态中，只有目标态是已知的，但目标态的主缆线形仍是未知的。第一次试算时，取目标态作为初始态，同时假设成桥状态时主缆线形为悬链线，此时鞍座的偏位量为零，但在此后的迭代中鞍座需根据其产生的位移量来设置预偏量。在初始态上，施加一期恒载，即进行加劲梁和吊杆等的拼装。梁段吊装过程中加劲梁各段之间处于顶板（或上弦）临时铰接状态，当加劲梁和吊杆拼装完后，得到全部一期恒载作用下结构的几何形状及内力。在此基础上进行加劲梁的刚接，施加二期恒载，即进行桥面铺装等。至此，便可得到全部荷载作用下结构的几何形状及内力，即荷载态。将荷载态的结构几何形状的有关控制参数与目标态相比，若误差超过精度要求，则重新修正初始态，多次反复迭代直到误差满足精度要求时输出初始态和目标态，即可得到悬索桥主缆的空缆状态和成桥状态，实现悬索桥的主缆线形分析。在上述分析过程中，提到鞍座设置预偏量的概念，这是因为在架梁施工过程中，主跨荷载远比边跨的大，若鞍座不设预偏量，则会致使主跨产生的主缆水平拉力大于边跨主缆水平拉力，造成成桥状态鞍座两侧产生强大的不平衡力，容易导致鞍座内索股滑丝，索塔承受过大弯矩。因此实际工程中，为了防止此类情况发生，最有效的办法是鞍座设置预偏量，即通过主塔上的鞍座向边跨方向设置预偏，架梁过程中鞍座通过逐渐顶推回到主塔中心位置，可使成桥状下索塔两侧主缆水平拉力相等，这样塔底在恒载下就不产生弯矩。

第三节 悬索桥施工（Construction of Suspension Bridge）

悬索桥的施工主要包括锚碇、桥塔、吊索、主缆和加劲梁等，最具特色的应该是主缆的架设和加劲梁的架设。

一、锚碇的施工（Construction of Anchorage）

锚碇的主体施工流程如图 7-15 所示。

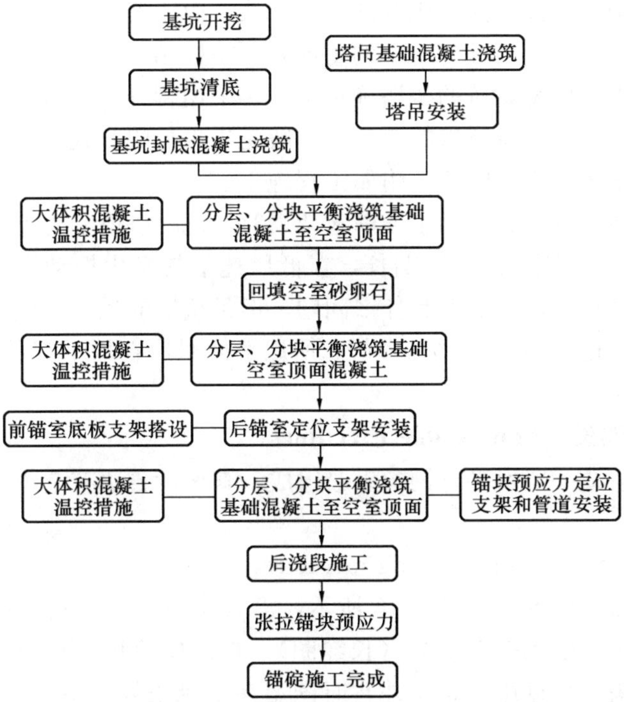

图 7-15 锚碇的主体施工流程

(main construction procedure of anchorage)

同时锚碇的建造缺少不了锚碇架，锚碇架既要传递巨大的主缆索力，又要保证主缆进入锚碇内的每一根绳股能保持精确的锚固位置，故在工厂制造时，除了要保证焊接质量之外，对尺寸的精度要求也很高。具体要求是，要使主缆架设安装时，各绳股交点位置的尺寸误差不大于 30mm。一般来说，锚碇架的质量很大，有的因地形受限制，无法采用大型吊机整体安装，故在锚碇混凝土灌注到一定高度后由塔吊逐件吊装。

二、桥塔的施工（Construction of Bridge Tower）

悬索桥桥塔的施工，根据其规模、形状、施工地点的地形条件以及其经济性，可以采取如下几种方法。

（1）浮式吊机施工法，是将桥塔施工的部件或桥塔节段由水上浮吊架设施工。其优点是可以大大缩短施工期，而且根据浮吊的起吊能力和起吊高度，对于塔高在 80m 以下的中等跨度悬索桥较为适宜。

（2）塔式吊机施工法，是在桥塔侧旁预先安装塔式吊机，以其做桥塔节段的起吊架设施工。由于施工机具和设备与桥塔无关，桥塔施工的垂直度容易得到控制。

(3) 爬升式吊机施工法，是在桥塔塔柱上安装爬升导轨，爬升式吊机沿此导轨，随桥塔的施工增高而向上爬升的施工方法。由于施工中吊机的质量和吊机的爬升是靠塔柱支撑的，塔柱施工中的垂度要严格控制。

目前，在大跨度悬索桥的桥塔施工中，多采用爬升式吊机施工法。采用爬升式吊机施工法进行悬索桥桥塔的施工，一般是先进行爬升式吊机的安装，而后进行桥塔底部的施工、塔柱的施工附属工程施工。

当桥塔主体工程完成，而主缆尚未架设时，此时桥塔实为上端自由的悬臂梁(cantilever beam)。因其固有周期长，在低风速下易发生振动。虽然此时振动使桥塔产生的应力很小，一般没有什么问题，但是桥塔的晃动会使塔上施工人员眩晕而引起危险，也会使施工效率降低。所以，此时应在塔上安装防风减振装置，以减小桥塔的振动。

三、主缆架设 (Main Cable Erection)

悬索桥的主缆一般由平行钢丝束股组成，其架设方法有空中纺线法与预制钢丝束股法两种。

(1) 空中纺线法 (air spinning method)

空中纺线法工作原理如图 7-16 所示，沿着主缆设计位置，从一侧锚碇到另一侧锚碇，布置一根无端牵引绳（长绳圈），将送丝轮扣牢在牵引绳某处。从卷筒抽出一钢丝头，套过送丝轮，并暂时固定在某靴跟处。用动力机驱动牵引绳，送丝轮就带着钢丝套圈送至对岸，取下套圈，将其套在对应的靴跟上。随着牵引绳的驱动，送丝轮就被带回这岸。再将钢丝绕过靴跟，就可继续抽送钢丝，形成下一个套圈并套在送丝轮上。如此反复进行，当套在两岸对应靴跟上的丝数达到

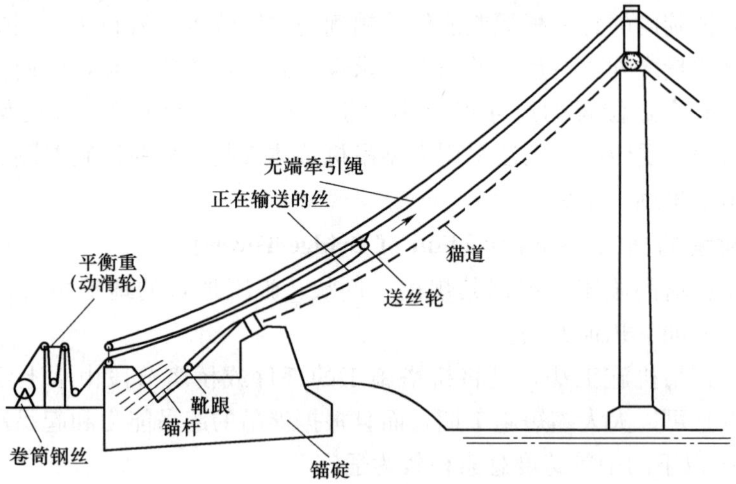

图 7-16 空中纺线法 (air spinning method) 工作原理

一根丝股的设计数目时，将钢丝剪断，用钢丝连接器将其两端头连起来。这样，一根丝股的空中编制就完成了。

为了实现送丝，必须设置猫道和送丝设备。所谓猫道，就是指位于主缆下方（大约 1m），沿着主缆设置，让进行主缆作业（包括送丝调丝、调股、紧缆、缠缆、装索夹、装吊索等工序）的工人有立足之处的支架平台。猫道一般宽度 3m 左右，由悬吊在塔和塔、塔和锚之间的几根平行承重绳加上铺面层组成。由于猫道宽度不大，为防止被风吹翻，同时也是为左右两猫道能互相交通，一般要在两猫道之间设横道，在主跨范围内，横道可设 3 道或 5 道，在边跨范围，可设 1 道或 2 道。由于猫道自重小，一般还应在其下方设抗风索确保其抗风稳定性。

为使主缆各钢丝受力均匀，必须对钢丝长度和丝股长度分别进行调整，称为调丝和调股。调丝的目的是使同一丝股内的各丝长度相等，而调股是为了使每根丝股的计算长度符合设计要求。

为使主缆有妥善的防护，还应及时进行紧缆和缠缆等工序。紧缆指在主缆各丝股全部就位之后，立即用紧缆机将主缆截面挤压成圆形。紧缆机可沿主缆移动，相继压紧主缆之后，为避免丝股松散，要立即用钢丝或扁钢进行捆扎。随后，就可以安装索夹和吊索。主缆会因其拉应力的增加而使横截面收缩，为了将主缆缠紧，应当在恒载的大部分已作用于主缆之后，再进行缠缆。缠缆是指用缠丝机将软钢丝紧紧缠在主缆之外。缠丝之前，应清洗主缆表面，并涂防锈材料（如锌粉膏等）。缠丝之后，需进行油漆作业。

（2）预制钢丝束股法（method of prefabricated parallel wire strand）

预制钢丝束股法不同于空中纺线法的施工工艺主要体现在平行丝股的制造和预制丝束的架设。

钢丝从丝盘中放出，通过导向网格，在成型机上向右移动，每隔一定距离用捆扎机捆扎一道，然后卷在卷筒上。最后，要给丝股两端装上锚头。成型后的丝股是正六边形，如图 7-17 所示。

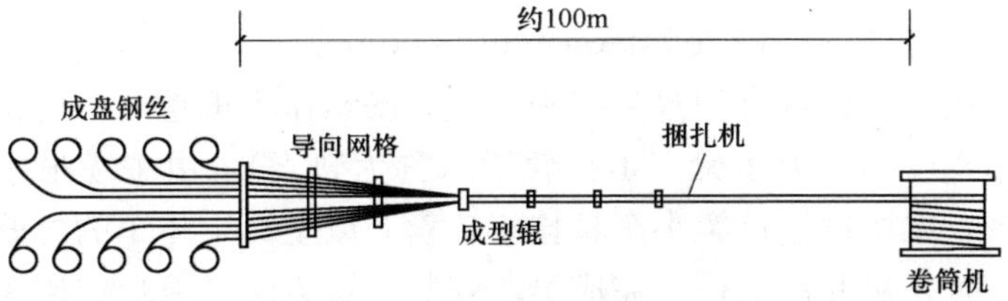

图 7-17 预制平行丝股制作工艺

（prefabricated parallel wire strand production process）

预制平行丝股架设成主缆时，也需要事先架设猫道、无端牵引绳（或者称为拽拉索）和丝股输放机。但是在猫道之上，要设置若干导向滚轮，以支承丝股。

用动力机驱动牵引绳，将丝股拽拉到位，丝股两端分别连接于锚杆，图 7-18 所示为丝股架设。

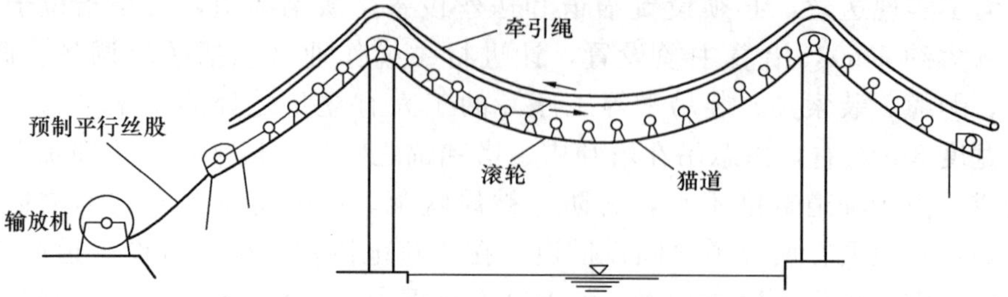

图 7-18 预制平行丝股架设（erection of prefabricated parallel wire strand）

四、加劲梁架设（Stiffening Girder Erection）

在完成主缆架设并调整好主缆线形后，就可安装索夹和吊索，开始加劲梁的架设工作了。加劲梁的常用架设方法有：

（1）悬臂架设法（cantilever erection method）

当加劲梁是桁架式时，常采用的方法类似于桁架式梁桥的悬臂安装法，即利用能沿着桁架上弦行走的吊机作为架梁机具，所不同的是，架设好的梁段立即与对应的吊索相连把梁段自重传给主缆，这样，先架设的梁段并不承受后架设梁段的自重。该方法主要适合于桁架式加劲梁的架设。

（2）梁段提升法（segment lifting method）

先将加劲梁预制成梁段浮运到桥下，利用可行驶于主缆的起重台车，借助滑轮组及钢丝绳将梁段提升到位。该方法仅适合于具有浮运条件的跨江河海湾的钢箱或钢桁架式加劲梁的架设。

（3）缆索吊装法（cable hoisting method）

先将加劲梁段在两岸预制好，再利用可在主缆上行走的缆索吊机将加劲梁段吊起，通过吊机在主缆上的运输，将加劲梁段吊运至安装位置进行拼装。该方法主要适合于山区峡谷不具备浮运条件的钢箱加劲梁的架设。

（4）轨索滑移法（rail cable launching method）

该方法利用悬索桥自身的永久结构主缆和吊索作为承重及传力构件，在吊索下端安装水平钢丝绳作为运梁车走行轨道（称为轨索），由主缆吊索与轨索组成空间索网体系，梁段通过运梁小车悬挂于轨索，以坐高空缆车的方式沿轨索从两岸运至安装位置，再起吊就位，完成梁段安装。该方法已成功应用于我国矮寨大桥钢桁架式加劲梁的架设。

悬索桥加劲梁的架设推进方式主要有两种：一种是先从跨中节段开始向两侧主塔方向推进；另一种是由主塔附近节段向跨中以及桥台方向推进。无论加劲梁的架设采用何种推进方式，均需要考虑主缆变形对加劲梁线形的影响，有条件的话，应在施工前做加劲梁施工架设的模型试验，根据试验资料来验证或者修正架设工序；在梁段架设过程中，悬吊的主缆是非常柔性的，为了使加劲梁的线形能够适应主缆变形，加劲梁之间须做临时铰接，待某一区段或者全桥加劲梁吊装完毕之后，再做永久性连接。

Word 专业词汇汉英对照（Glossary）

专业词汇	拼音	英文
加劲梁	jiājìnliáng	stiffening girder
塔	tǎ	pylon/tower
吊索	diàosuǒ	hanger
锚碇	máodìng	anchorage
自锚式	zìmáoshì	self-anchored
主跨	zhǔkuà	main span
横向刚度	héngxiàng gāngdù	lateral stiffness
空中纺线法	kōngzhōng fǎngxiànfǎ	air spinning
预制钢丝束股法	yùzhì gāngsī shùgǔfǎ	prefabricated parallel wire strand
索夹	suǒjiā	clamp
鞍座	ānzuò	saddle
散索鞍	sǎnsuǒān	cable saddle
悬臂架设法	xuánbì jiàshèfǎ	cantilever erection method
梁段提升法	liángduàn tíshēngfǎ	segment lifting method
缆索吊装法	lǎnsuǒ diàozhuāngfǎ	cable hoisting method
轨索滑移法	guǐsuǒ huáyífǎ	rail cable launching method

思考题（Questions）

1. 悬索桥由哪些主要构件组成？
2. 自锚式悬索桥与地锚式悬索桥在受力上和施工上有何不同？
3. 悬索桥主缆的成型方式有哪几种？
4. 悬索桥加劲梁常用的架设方法有哪些？各有什么特点？
5. 为什么悬索桥的跨越能力特别强？

拓展阅读（Extensive Reading）

五峰山长江大桥

五峰山长江大桥位于润扬长江大桥和泰州长江大桥之间，大桥北岸位于镇江市丹徒区高桥镇，南岸位于镇江市新区五峰山脚下，是新建连（云港）镇（江）铁路跨越长江的关键工程，也是京沪高速公路南延与江宜高速公路共同跨越长江的工程。大桥全长6409m，是4线铁路（2线连镇铁路、2线预留）＋双向8车道高速公路的公铁两用大桥。该桥是我国第一座高速铁路悬索桥，也是世界首座高速铁路悬索桥，如图7-19所示。该桥的施工建设中使用诸多新技术：①由于钢梁吊装节段重量大，采用2节段钢梁整体安装新技术，进一步提高钢梁架设安全性并加快施工进度；②采用基于BIM的信息化管理新技术，提高了我国高速铁路桥梁建设管理水平。

五峰山长江大桥双塔悬索桥，跨径布置为（350＋1092＋350)m，其立面布置如图7-20所示。桥塔采用门式框架钢筋混凝土结构。全桥设置两根主缆，横桥向中心间距为43m，垂跨比为1/10。主缆采用预制平行高强钢丝索股结构（PPWS），每根主缆由352股索股组成，每股由127根ϕ5.5mm镀锌高强钢丝组成，主缆挤圆后直径1300mm，单根主缆拉力高达90000t，足以吊起1.5艘“辽宁号”航空母舰，是世界上主缆直径最大的悬索桥。吊索与索夹采用销接式结构，纵向标准间距14m。每个吊点设置2根吊索，跨中设置有柔性中央扣索。

主桥加劲梁采用钢桁梁，钢桁梁立面采用华伦桁式，横断面采用带副桁

图7-19　五峰山长江大桥

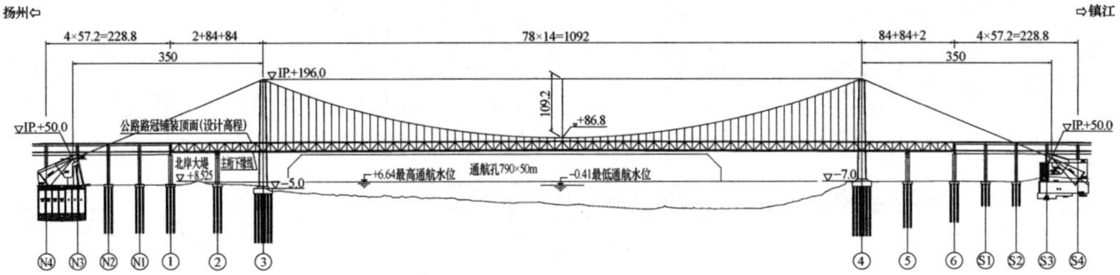

图 7-20　五峰山长江大桥立面布置（单位：m）

的直主桁形式，2 片主桁中心桁宽 30m，桁高 16m，节间距 14m，副桁中心距与主缆中心距 43m，每道竖杆处均设置三角形横联和吊杆，钢桁梁材质为 Q370qE 钢。上下层桥面均采用板桁结合的正交异型板整体钢桥面结构；下层铁路桥面采用有砟轨道结构，道砟槽面板采用轧制不锈钢复合钢板（由 3mm 厚不锈钢板与面板结构钢轧制复合而成），复合钢板上直接铺设道砟，主桥加劲梁横断面如图 7-8 所示。钢桁梁采用大节段整体设计、制造、运输、吊装，标准节段为 2 节间 1 个节段，长 28m，最重节段 1758t，最轻节段 1331t。边跨与桥塔附近节段采用浮吊吊装，滑移施工；中跨节段采用 2 台 900t 缆载吊机抬吊吊装施工。

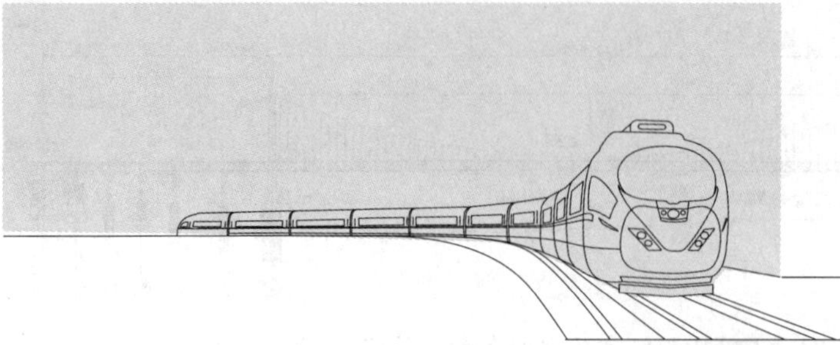

第　八　章

铁路钢桥概述

Overview of Railway Steel Bridge

第一节　钢桥的主要特点与适用范围

(Characteristics and Appliable Scope of Steel Bridge)

钢桥（steel bridge）是指桥梁上部结构的主要承重部分用钢材制成的桥梁。钢材是一种抗拉、抗压和抗剪强度较高的均质材料，钢构件一般可设计得较为轻巧，因而钢结构的自重较轻。目前，采用相同的桥梁结构体系时，钢桥的跨越能力均强于采用其他材料所建造的桥梁，见表 8-1。

表 8-1　不同材料建成的最大跨度桥梁（largest span bridges of different materials）

材料	钢（铁）	钢筋混凝土	木材	石材
梁桥（含刚构桥）	加拿大魁北克桥（主跨 549m，钢桁架梁桥）	挪威斯托尔桑德特大桥（主跨 301m，预应力混凝土连续刚构桥）	—	福建漳州江东桥（跨径 22m，石梁桥）
拱桥	广西平南三桥（主跨 575m，钢管混凝土拱桥）	贵州沪昆高速铁路北盘江特大桥（主跨 445m，劲性骨架钢筋混凝土拱桥）	江苏苏州欢乐胥江木拱桥（跨径 75.7m，木桁架拱桥）	山西晋城丹河大桥（主跨 146m，石拱桥）
斜拉桥	俄罗斯岛大桥（主跨 1104m，钢箱梁斜拉桥）	巴拿马运河三桥（主跨 530m，混凝土梁斜拉桥）	日本广岛公路木结构斜拉桥（主跨 77m，木桁架梁斜拉桥）	—

续表

材料	钢（铁）	钢筋混凝土	木材	石材
悬索桥	土耳其1915恰纳卡莱大桥（主跨2023m，钢箱梁悬索桥）	云南昭通月亮湾大桥（主跨465m，预应力混凝土梁悬索桥）	—	—

注：“—”表示未查到相关资料；在建桥梁不在本表统计范围。

钢材材质均匀，塑性与韧性良好，接近理想弹塑性体。在运营中，钢构件实际应力与计算值较接近，计算可靠。在桥梁施工过程中，钢构件在工厂中制造，不但施工质量可靠，而且上下部结构可以同时施工，可节省施工工期。钢桥使用寿命较长，在受到损伤时，也易于修复或更换，即使全桥拆换，钢材还可以回收再利用。因此，从总价值上讲，钢材是一种经济合理的建桥材料。然而钢桥对动荷载效应较为敏感，在长期可变荷载作用下，结构部分构件容易发生疲劳现象。钢材受大气侵蚀，易生锈，需要定期检查和喷油漆养护，故钢桥的养护费用较其他材料桥梁多一些，但随着优质油漆与耐候钢的出现，目前钢桥养护周期大大加长。当温度到达450～650℃时，钢材强度下降极快，在600℃时已不能承重，故钢材须防火。另外，在列车通过钢桥时，噪声大，故不宜在市区修建铁路钢桥。

钢桥具有的较多优点使其在大、中、小跨径桥梁都可采用。一般而言，公路桥梁设计时，50m以下的小跨径桥梁应尽可能采用钢筋混凝土桥；城市中为了快速建桥也可以修建小跨度钢桥；对于中等跨径和大跨径（小于500m）桥梁，应从技术、经济、安全、环保等方面，综合比较预应力混凝土梁桥、钢筋混凝土拱桥以及钢桥等，以采用合理的桥梁结构形式和选择适当的材料类型；对于超大跨径（大于500m）桥梁，则非钢桥莫属。而在我国铁路桥梁建设中，大、中跨径的桥梁一直以钢桥为主。

第二节 钢桥的主要类型
(Category of Steel Bridge)

桥梁的分类方式很多。按照用途，钢桥可分为公路钢桥、铁路钢桥、公铁两用钢桥、人行钢桥等；按安装桥面位置，可分为上承式钢桥、中承式钢桥、下承式钢桥；按照平面和立面形状，可分为直桥（straight bridge）、斜桥（skew bridge）、弯桥（curved bridge）、坡桥等。这里着重讲述按力学体系分类的钢桥。钢桥有梁、拱、索三大基本力学体系。梁式体系桥以承受弯矩为主，拱式体系桥以承受压力为主，悬索体系桥以承受拉力为主。将梁、拱、索三大基本体系进行结构的组合，又出现有组合特点的其他桥型，如斜拉桥、梁拱组合桥等。

一、钢梁桥（Steel Girder Bridge）

梁式体系桥以承重结构为主。梁桥在竖向荷载的作用下，支座处不产生水平反力，仅产生竖向反力，竖向荷载与承重结构轴线接近垂直，为主要承受弯矩与剪力的结构。与相同跨径的其他体系桥梁相比，主梁内产生的弯矩是最大的。

钢梁桥在力学图式上可分为简支钢梁桥、连续钢梁桥和悬臂钢梁桥，如图 8-1所示。

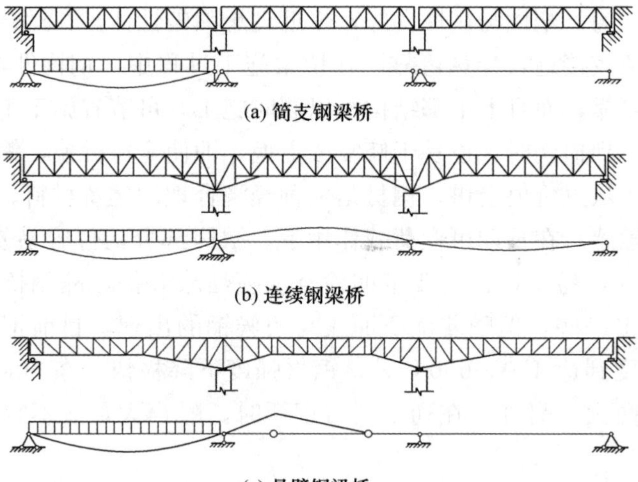

(a) 简支钢梁桥

(b) 连续钢梁桥

(c) 悬臂钢梁桥

图 8-1　钢梁桥

钢梁桥按照主梁截面构造形式的不同，可分为钢板梁桥、钢桁梁桥、钢箱梁桥以及钢-混凝土结合梁桥，本章后续几节主要讲述铁路钢梁桥的基本概况。

二、钢拱桥（Steel Arch Bridge）

拱式体系桥的主要承重结构是拱圈或拱肋。拱式体系在竖向荷载作用下，支点处将产生水平反力（推力），这个水平反力将大大减小主拱跨中由竖向荷载产生的弯矩。由此，拱式体系桥与同跨径梁式体系桥相比，其弯矩和剪力要小得多，主拱在竖向荷载作用下，主要承受压力。

如果拱桥不能充分承受两端支承处的水平力，则拱脚不仅会产生很大的位移，而且拱内会产生很大的弯矩，不能充分发挥拱的优势。拱桥可以采用两种方法来承受两端支承处的水平力：一种是设置坚固的基础，水平力由基础承受，为有推力拱，适用于地基良好的桥位；另一种是在拱的两端设置拉索或者梁（称为系杆或系梁）等，使得水平力互相平衡，为无推力拱，也称为系杆拱，可以适用于地基较差的桥位。

按照桥面相对主拱的位置，拱桥可分为上承式、中承式和下承式；按照主拱横截面的构造形式可分为钢箱拱桥、钢桁拱桥和钢管拱桥（或钢管混凝土拱桥）。关于拱桥的基本知识见第五章。

三、悬索桥（Suspension Bridge）

悬索体系桥的主要承重结构是悬索（主缆），在竖向荷载作用下，悬索桥的主缆承受强大拉力，此拉力对加劲梁起到了巨大的卸载作用。由此，加劲梁比同等跨径梁桥的内力要小得多。

悬索桥根据锚固方式不同可分为地锚式悬索桥和自锚式悬索桥；按分跨情况，分为单跨、两跨和三跨悬索桥；按照加劲梁的构造形式可分为钢板梁桥、钢桁梁桥、钢箱梁桥及结合梁悬索桥等。关于悬索桥的基本知识见第七章。

四、斜拉桥（Cable-stayed Bridge）

斜拉桥是由桥塔、主梁和斜拉索组成，可以认为是三大基本体系中梁和索的组合体系。斜拉桥在竖向荷载作用下，受拉斜拉索将主梁吊起，通过桥塔基础将力传给地基，桥塔以受压为主，斜拉索对主梁的作用就像多点支承连续梁，使主梁内弯矩大大减少，斜拉索的水平分力又使主梁成为偏心受压构件。

斜拉桥按结构体系不同分为塔、梁、墩固结，塔墩固结，梁支承于墩上（铰支、漂浮或半漂浮）；塔、梁固结支承于墩上。主梁多为连续体系，主梁的构造形式有钢箱梁、钢板梁、钢桁梁与结合梁。关于斜拉桥的基本知识见第六章。

第三节　钢板梁桥概述
(Overview of Steel Plate Girder Bridge)

主梁用钢板梁做成的钢梁桥，称为钢板梁桥。按桥面位置的不同，钢板梁桥可分为上承式钢板梁桥和下承式钢板梁桥。桥面位于主梁上翼缘就是上承式钢板梁桥，桥面位于主梁下翼缘则为下承式钢板梁桥。钢板梁桥的优点是构造简单、制作容易，可整孔运输，安装、维修和养护方便。当跨度小于 40m 时，钢板梁桥比钢桁梁桥经济，但是与钢筋混凝土梁或预应力钢筋混凝土梁相比，钢板梁造价高。因此，只有在工期要求紧，场地受到限制的情况下才可考虑采用钢板梁桥。

一、上承式钢板梁桥的组成及构造特点（Composition and Structure Features of Deck Steel Plate Girder Bridge）

上承式钢板梁桥的上部结构主要有主梁、联结系（包括上平纵联、下平纵联、中间横联、端横联等）、桥面和支座，如图 8-2 所示（桥面与支座略）。

主梁是上承式钢板梁桥的主要承重结构，由两片钢板梁组成，主要承受竖向荷载。每片钢板梁由上下翼缘板和腹板通过焊接或铆接组成。跨度较小时，主梁用等截面梁；跨度较大时，可采用变截面梁，使主梁截面承受弯矩的能力大致符

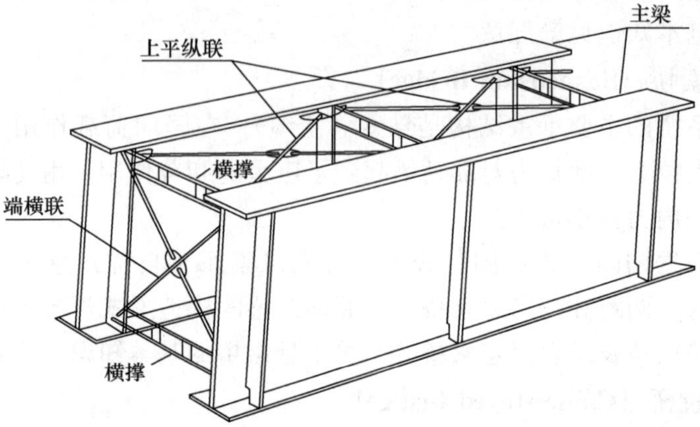

图 8-2　铁路上承式钢板梁桥（deck steel plate girder railway bridge）

合弯矩图，以节约钢材。铁路桥的桥宽较窄，多数采用双主梁的结构形式，主梁中心距由桥枕合理跨度、横向倾覆稳定性以及横向刚度要求等因素决定，我国上承式钢板梁桥的主梁中心距为 2.0～2.2m。为了保证主梁腹板的局部稳定性，在腹板两侧每隔一定距离焊上一对板条或型钢，这种板条或型钢称为腹板的加劲肋。加劲肋可分为竖向加劲肋和水平加劲肋，考虑到联结系的布置及腹板稳定的需要，竖向加劲肋通常按等距离布置，间距为 2m。加劲肋的上端常与上翼缘顶紧，以支承翼缘板。横联处的竖向加劲肋，其上端不仅与上翼缘顶紧，而且与上翼缘焊连。水平加劲肋布置在距受压翼缘 1/4 腹板高度处。位于梁端的竖向加劲肋称为端加劲肋，它传递梁端反力，端加劲肋的上下端都与翼缘板顶紧焊牢，如图 8-3 所示。

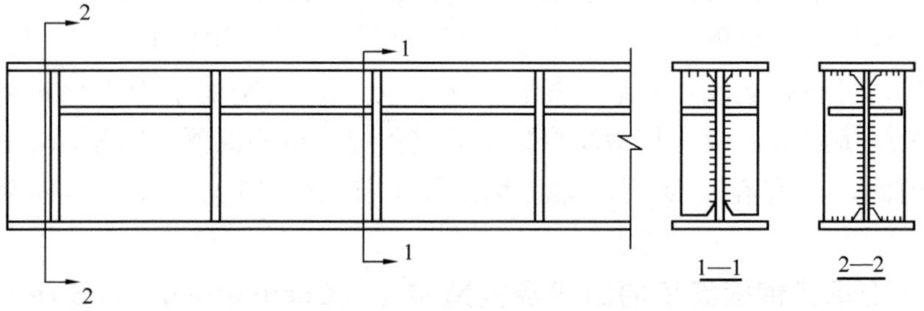

图 8-3　主梁腹板加劲肋构造（stiffening rib at main girder web）

联结系是主梁之间带撑杆的交叉体系结构，联结系分为上平纵联、下平纵联、中间横联、端横联。靠近主梁上翼缘的水平纵向联结系称为上平纵联，如图 8-4（a)所示；靠近主梁下翼缘的水平纵向联结系称为下平纵联，如图 8-4（c）所示；在两个主梁横向平面内的联结系称为中间横联，如图 8-4（d）所示；位于

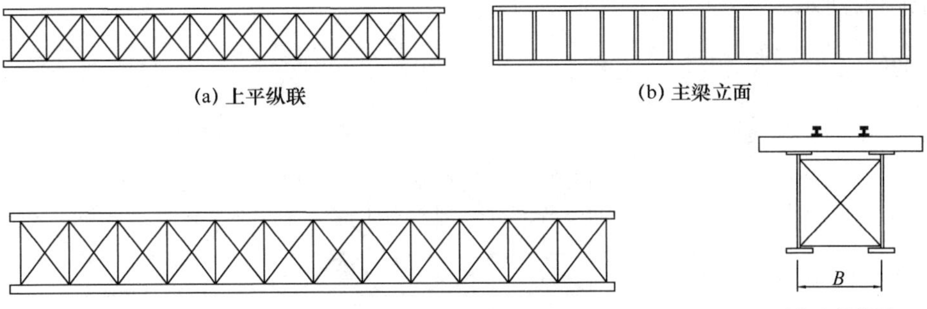

(a) 上平纵联　(b) 主梁立面　(c) 下平纵联　(d) 中间横联

图 8-4 联结系（bracing system）

梁端的横联称为端横联。上下平纵联的横撑分别焊连于内侧竖向加劲肋上，交叉斜杆焊连于平纵联的节点板上。上平纵联节点板用手工焊焊在距上翼缘 250mm 处，以避免桥枕下挠压在上平纵联上。下平纵联节点板也焊在腹板上，也可用螺栓连接在下翼缘上。中间横联的横撑通常采用双角钢，交叉杆件则采用单角钢，中间横联一般每隔 4m 设置一个。端横联的下横撑通常起顶梁的作用，因此采用工字形钢梁。联结系将两片主梁在水平纵向和横向分别联成一体形成一个稳定的空间结构，平纵联还能传递桥跨结构的横向荷载。

上承式钢板梁桥的桥面一般采用明桥面，由桥枕、护木、正轨、护轨等组成，如图 8-5（a）所示。位于坡陡弯急线路上的桥梁，如果仍采用明桥面，则将给桥上线路的铺设与养护增添不少困难，此时宜采用道砟桥面，如图 8-5（b）所示。道砟桥面可以减少噪声和便于维修，但是道砟桥面自重较大。

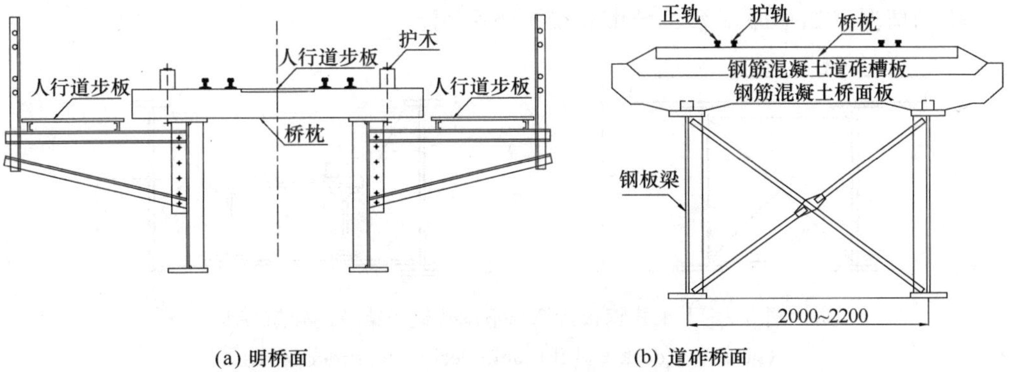

(a) 明桥面　(b) 道砟桥面

图 8-5 铁路桥梁桥面结构（deck structure of railway bridge）

二、下承式钢板梁桥的组成及构造特点（Composition and Structure Features of Through Steel Plate Girder Bridge）

下承式钢板梁桥的上部结构主要包括主梁、联结系、桥面系、桥面及支座，如图 8-6 所示。

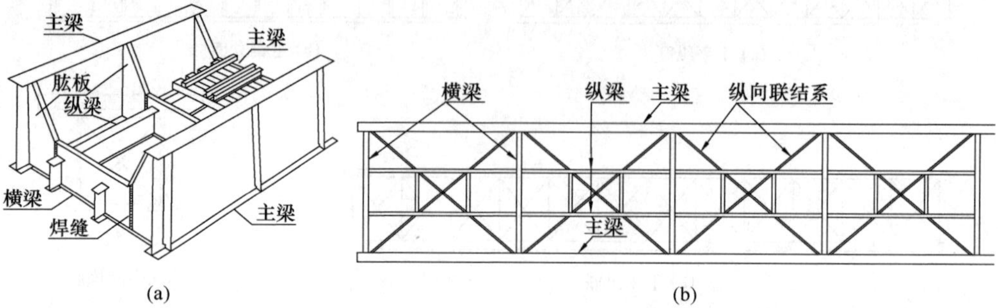

图 8-6　下承式钢板梁桥（through steel plate girder bridge）

主梁同样是下承式钢板梁桥的主要承重结构，其组成与上承式钢板梁桥的主梁相同。在靠近主梁下翼缘设下平纵联，由于列车穿过两片主梁，无法设置上平纵联。桥面系是由纵梁和横梁组成的水平梁格结构，主要传递桥面上的竖向荷载。下承式钢板梁桥的主梁与桥面系形成一个敞口框架，在主梁与横梁之间加设肱板，其作用是：①对主梁上翼缘起支撑作用，保证上翼缘的稳定；②可起横联的作用；③减小或防止主梁偏斜。桥面系的纵梁高度较主梁小得多，大大缩小了建筑高度（轨底至主梁底的距离，见图 8-7）；有时为了进一步减小建筑高度，可使桥面系的纵梁低于横梁，这时可用鱼形板穿过横梁腹板连接纵梁梁端，但这样会造成横梁腹板开口处的应力集中，增加疲劳开裂的可能性。

与上承式钢板梁桥相比，下承式钢板梁桥的缺点是费钢，同时制造也比较费工。但由于它具有建筑高度小的优点，经常在桥头线路标高低且对桥下净空要求严格的情况（如平原水系、城市立交）下采用。

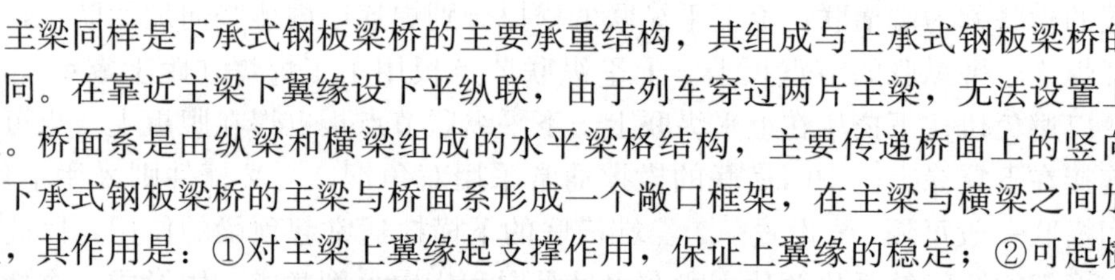

图 8-7　上承式钢板梁桥与下承式钢板梁桥的建筑高度
（height of deck and through steel plate girder bridge）

第四节　钢桁梁桥概述
(Overview of Steel Truss Bridge)

钢桁梁桥的主梁是由位于多个平面内的钢桁架连接形成整体空间结构，承受荷载作用的空腹式受弯结构。同实腹梁相比，当跨径较大时，桁式主梁具有刚度大、通透性好、用钢量省、制造运输及拼装方便等特点。钢桁梁杆件以轴向受力为主，截面受力均匀，材料强度能够得到充分利用。当跨度增大时，板梁桥及结合梁桥所需的梁高和用钢量将增加，一般当桥梁跨度大于 40m 时，采用钢桁梁结构比较经济。钢桁架在桥梁工程领域的应用范围十分广泛，既可以形成钢桁梁桥的主要承重结构，又可以作为悬索桥和斜拉桥的主梁、拱桥的拱肋等结构。下面主要介绍铁路钢桁梁桥的组成、分类及其构造特点。

一、钢桁梁桥的组成（Composition of Steel Truss Bridge）

钢桁梁桥由主桁、联结系、桥面系及桥面组成，下承式简支钢桁架梁如图 8-8 所示。

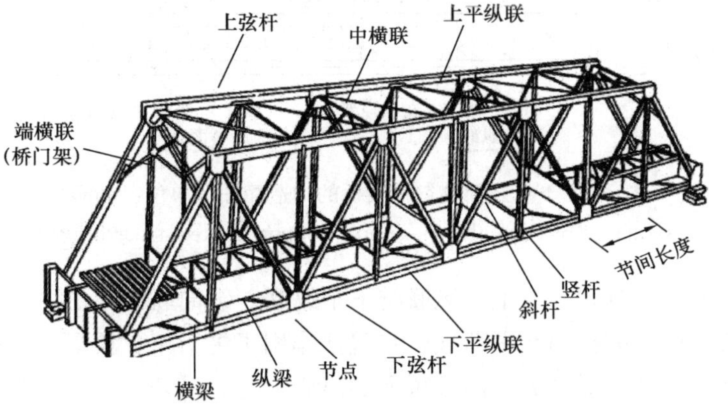

图 8-8 下承式简支钢桁梁
（through type simply supported steel truss beam）

（1）主桁架

主桁架是钢桁架桥的主要承重结构，主要承受竖向荷载。主桁架由左右两幅桁架组成，每幅桁架中有上弦杆、下弦杆及腹杆等杆件。主桁杆件交会处称为节点，有斜杆交会的节点称为大节点，其受力及构造较复杂，节点板尺寸也较大；仅有竖杆和弦杆交会的节点，称为小节点，其受力及构造简单，节点板尺寸较小。大节点左右弦杆的内力不等，截面也不尽相同，通常弦杆在大节点中心或节点旁是断开的；小节点左右弦杆内力相等，截面相同，故弦杆在小节点处不必断开。节点之间的距离称为节间长度，节间长度一般也是钢桁架桥面系横梁的间距及纵梁的跨度，我国中等跨度钢桁架标准设计中的节间长度取为 8m，如图 8-9 所示。

（2）联结系

联结系有纵向联结系和横向联结系两种（图 8-9），其作用是联系主桁架并同主桁架一起使桥跨结构成为几何图形稳定的空间结构。纵向联结系设在主桁架的

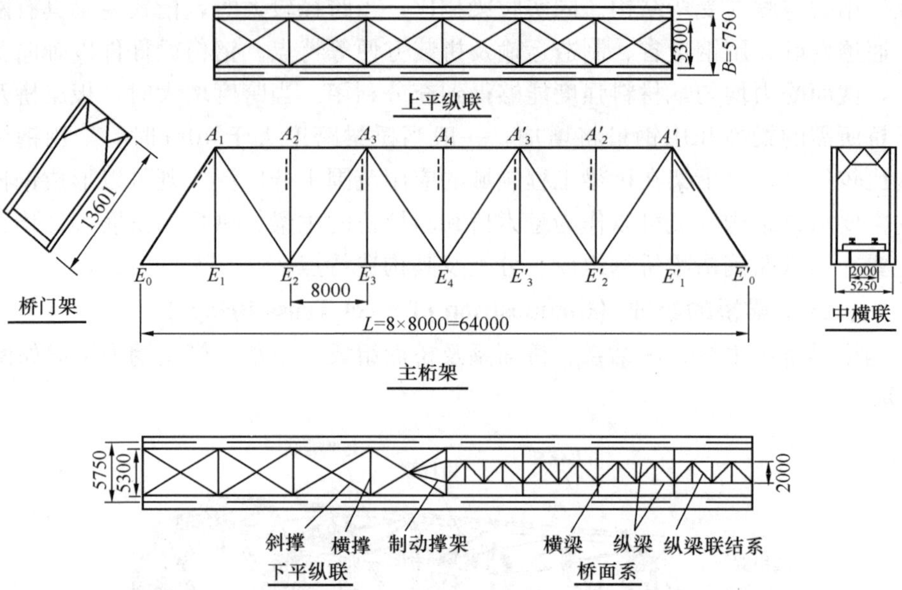

图 8-9　下承式简支钢桁梁桥的构造简图（单位：mm）
（structure of through type simply supported steel truss bridge）

上下弦杆平面内，分别称为上平纵联与下平纵联。纵向联结系的主要作用是承受作用于桥跨结构上的横向水平荷载，它包括作用于主桁架、桥面系、桥面和列车上的横向风力，列车摇摆力及曲线桥上的离心力等。另外，纵向联结系横向支撑弦杆，可减小弦杆在主桁平面外的计算长度。

横向联结系设在桥跨结构的横向平面内，位于桥跨结构中部的叫作中间横联，位于桥跨结构端部的叫作端横联。在下承式钢桁架桥上，端横联也叫作桥门架。桥门架设在主桁架端斜杆平面内，中间横联设在主桁架竖杆平面内，若主桁架没有竖杆，则中间横联可设在主桁架中间斜杆平面内。对于钢桁架桥，中间横联的间距不大于两个节间。中间横联的作用是增加钢桁架桥的抗扭刚度，当桥跨结构受到不对称的竖向荷载和横向荷载时，中间横联还可适当调节两片主桁或两片纵向联结系的受力不均匀性。横向联结系犹如上下平纵联间的一些弹性支承，理论分析和试验表明，上平纵联所承受的横向荷载，绝大部分是通过端横联或桥门架传给支座的，仅有一小部分通过中间横联传至下平纵联，因此，桥门架或端横联所受的力要比中间横联大得多。

（3）桥面系

桥面系由纵梁、横梁及纵梁之间的联结系组成，主要承受并传递竖向荷载和纵向荷载。纵梁之间的联结系将两片纵梁联成整体，纵梁间距通常为 2m。下承式钢桁梁桥的桥面系位于主桁的下平纵联平面上，为了争取较小的建筑高度，下承式钢桁梁桥的纵梁和横梁通常布置在同一平面上。除了上述纵横梁体系的桥面系外，近年来发展了正交异型板桥面结构，如南京大胜关长江大桥（图 8-10）。

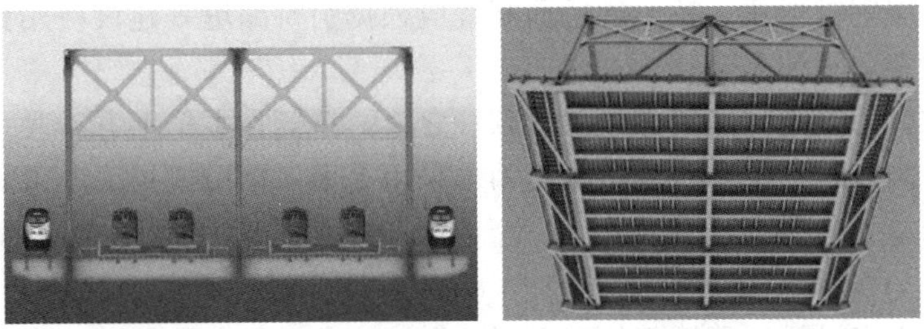

图 8-10 正交异型板桥面结构——南京大胜关长江大桥
(orthotropic slab bridge deck structure—Nanjing Dashengguan Yangtze River Bridge)

（4）桥面

桥面是供车辆和行人走行的部分。为保证列车的正常运行、桥梁的安全和维护工作的便利，铁路钢桁梁桥的桥面主要有明桥面和道砟桥面。钢桁梁桥与钢板梁桥的明桥面基本一致，如图 8-5（a）所示。

正交异型板道砟桥面主要由正轨、护轨、轨枕、道砟、人行道板等组成，如图 8-11 所示。桥面二期恒载大，可明显改善明桥面的缺点，其主要特点是：噪声小，整体刚度好，荷载分布能力强，桥面板作为主梁的一部分参与共同受力。另外，该桥面体系节约钢材，发挥薄板优良的力学性能，焊接也较容易。

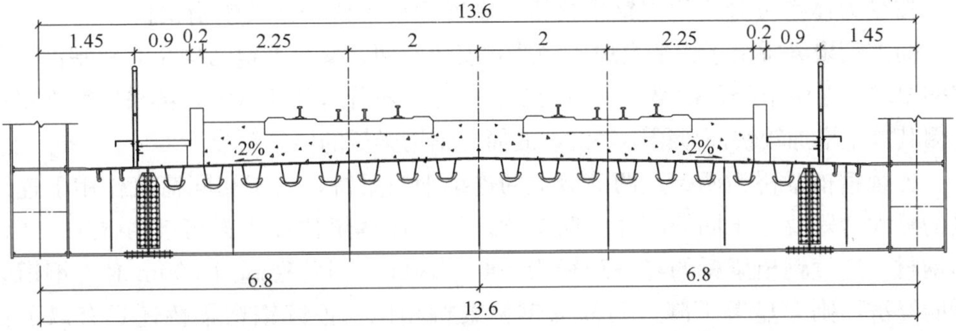

图 8-11 铁路桥梁正交异型板道砟桥面结构（单位：m）
(orthotropic slab ballast bridge deck structure of railway bridge)

二、钢桁梁桥分类（Classification of Steel Truss Bridge）

（1）按桥梁用途分类

按桥梁用途可分为铁路钢桁梁桥、公路钢桁梁桥及公铁两用钢桁梁桥。桥梁结构组成基本相同，主要区别为铁路桥活载大、主桁高较大、构件截面尺寸较大。考虑到列车运行要求，对桁架刚度要求也大。

(2) 按桥面与主桁相对位置分类

按桥面与主桁相对位置可分为上承式钢桁梁桥、中承式钢桁梁桥、下承式钢桁梁桥、双层钢桁梁桥。桥梁的桥面高程应根据引桥路堤等建设费用和桥下通航净空条件确定。

上承式钢桁梁桥，即桥面位于上弦杆之上，车辆在主桁上方行驶。当桥下有足够的净空高度时，中小跨度桥跨结构多采用上承式钢桁梁桥。上承式钢桁梁桥行车部分构造比较简单，可降低桥墩高度，减小主桁中心距和桥墩宽度，较为经济。

中承式钢桁梁桥，即桥面位于上下弦之间，车辆从主桁间穿过。典型的桥梁有美国魁北克桥、福斯铁路桥等，均为大跨度悬臂钢桁梁桥，中支点处桁高较高，跨中有挂梁。

下承式钢桁梁桥，即桥面位于下弦杆附近，车辆从主桁间穿过。当桥下净空不足时，宜采用下承式钢桁梁桥。当桁高较小，受到建筑限界限制不能设置上平纵联时，下承式钢桁梁桥成为半穿式桁梁桥，半穿式由于横向刚度较小，目前较少采用。双层钢桁梁桥，即在桁高范围内布置两个桥面，例如，我国武汉长江大桥、南京长江大桥在桁架顶布置公路桥面，桁架下弦杆布置铁路桥面，也可以在桁高范围内布置双层公路桥面。双层钢桁梁桥既可充分利用紧张的桥位资源，也可使上部结构和下部结构均获得较经济的设计。

(3) 按受力体系分类

按受力体系可分为简支钢桁梁桥、悬臂钢桁梁桥和连续钢桁梁桥。

简支钢桁梁桥由于构造简单，制造和安装方便，又是静定结构，对地基没有严格的要求，在中小跨径桥梁中采用较多。但是，随着跨径的增大，再采用简支钢桁梁因其自重增加较快而显得不经济，故简支钢桁梁桥的经济跨径为 60～120m。

连续钢桁梁桥为两跨及两跨以上的连续钢桁梁桥，由于相同荷载作用下连续梁的最大弯矩要小于同等跨径的简支梁，采用连续梁比简支梁可节省 8%～10% 的钢材。连续钢桁梁桥的经济跨径为 100～280m，当跨径超过 300m 时，钢桁梁桥的经济性则会显著下降。与简支钢桁梁桥相比，连续钢桁梁桥还具有以下特点：①连续梁在桥墩上只有一个支座，墩帽所需尺寸较简支梁小。墩身在竖向荷载作用下，只承受中心压力。②具有较大的竖向刚度，其竖向挠度曲线匀顺连续，转坡点少，冲击作用小，有利于铁路桥梁的高速行车。连续梁的挠度约为简支梁的 80%。③便于采用伸臂法架设，杆件安装内力与运营内力接近，不需要因为伸臂法施工而过多地加大截面或采用临时加固措施。④连续桁梁遭到局部破坏时，其余部分不易坠毁，修复较易。⑤连续桁梁是超静定结构，施工过程中可通过调整支座高程来调整杆件内力，使其内力分布更趋合理。但若因地质不良基础发生沉陷时，桁梁杆件内力将发生变化，因此对地基要求较高。⑥连续梁桥最常采用的每联跨数是两跨或三跨，极少超过五跨。跨数多固然可以改善线路运行条件，但所带来的经济效益有限，而且会使固定支座承受较大的制动力，增大活动支座一端的伸缩量。⑦二孔连续梁应做成等跨的。三孔时为使各孔弯矩平衡，跨度的合理比例是 7∶8∶7。但为了美观，特别是遇到两联以上的长桥时，也常采用等跨布置，如我国的武汉长江大桥就采用 3 联（3×128m）。⑧连续梁因竖向刚度大，其梁高可以做得比简支梁矮一些，通常为跨度的 1/8～1/7。跨度很大时，为避免弦杆截面尺寸相差过分悬殊，难以设计，可将支点上方桁高适当加大。一般可为跨中桁高的 1.2～1.5 倍。但不宜将加高部分的外形做得太尖。为了美观、制造标准化及安装时便于爬行吊车在上弦移动，近代修建的连续钢桁梁桥常做成平行弦。图 8-12 所示为国内外几座著名的连续钢桁梁桥，其中图 8-12（a）为我国 1957 年建成的武汉长江大桥，为我国跨越长江的第一座公铁两用特大桥。图 8-12（b）为美国的锡俄陀维尔桥，它至今仍保持着连续钢桁梁桥的跨度纪录。

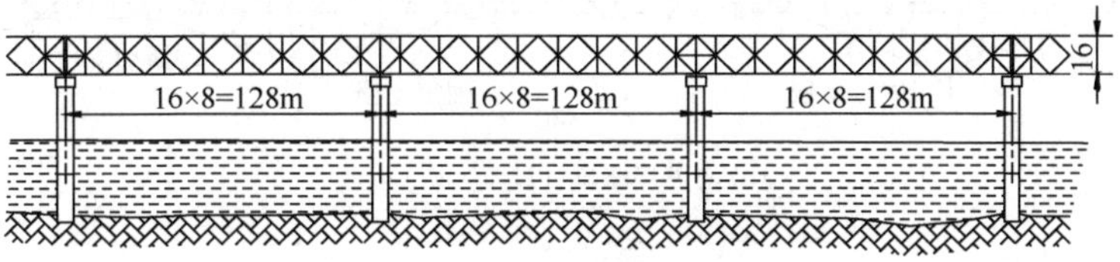

(a) 我国长江上的武汉长江大桥

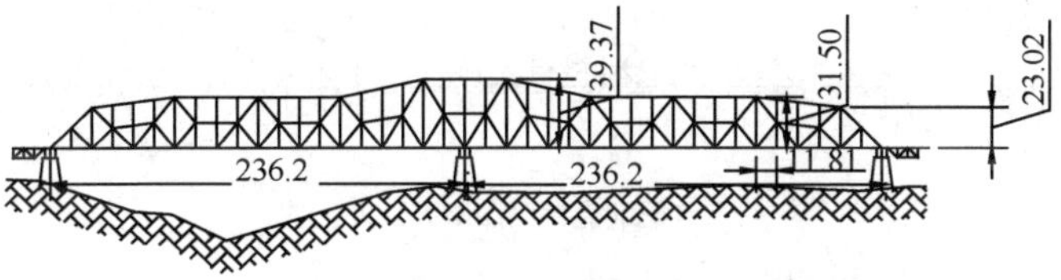

(b) 美国俄亥俄河上的锡俄陀维尔桥

图 8-12 连续钢桁梁桥的几种图式（单位：m）
(examples of continuous steel truss bridge)

悬臂钢桁梁桥由锚跨、伸臂及悬臂挂跨组成，其中悬挂跨和两端伸臂组成的部分叫组合跨，如图 8-13 所示。悬臂钢桁梁桥具有以下特点：①多跨静定结构，墩台基础的沉陷不影响桁架杆件内力，故在河床地质情况较差的河流上修建大跨度钢桥时可考虑采用悬臂桁梁；②临孔荷载可以减小跨中弯矩，与简支桁梁相比可节省 8%～10%的钢材；③组合跨中设置的铰本身构造复杂，较连续桁架桥伸缩缝构造多，不利于行车；④挂孔与悬臂连接处的较大转角较大，致使桥面不平顺，不利于行车。基于以上原因，在桥型方案设计时，应结合当地具体条件进行全面比较，择优采用。图 8-14（a）为我国 1912 年建成的津浦线泺口黄河铁路

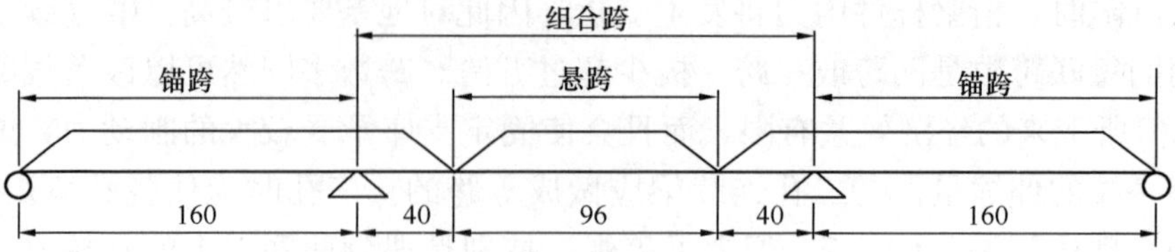

图 8-13 悬臂桁梁桥（单位：m）
（cantilever truss bridge）

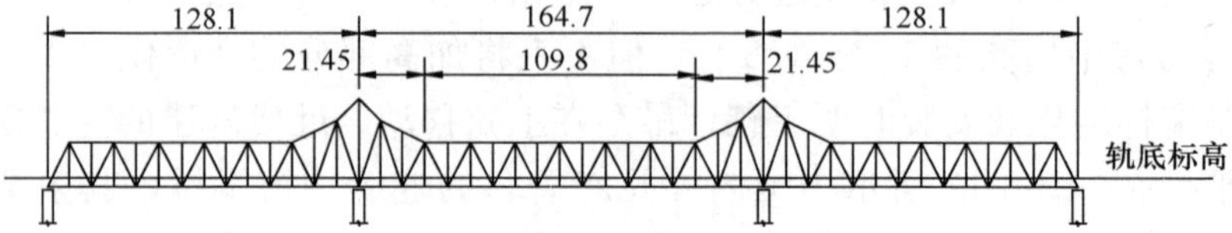

(a) 泺口黄河铁路桥

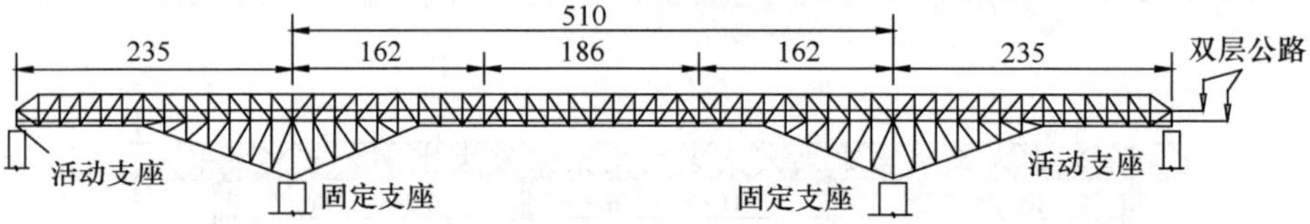

(b) 南港连络桥（日本大阪）

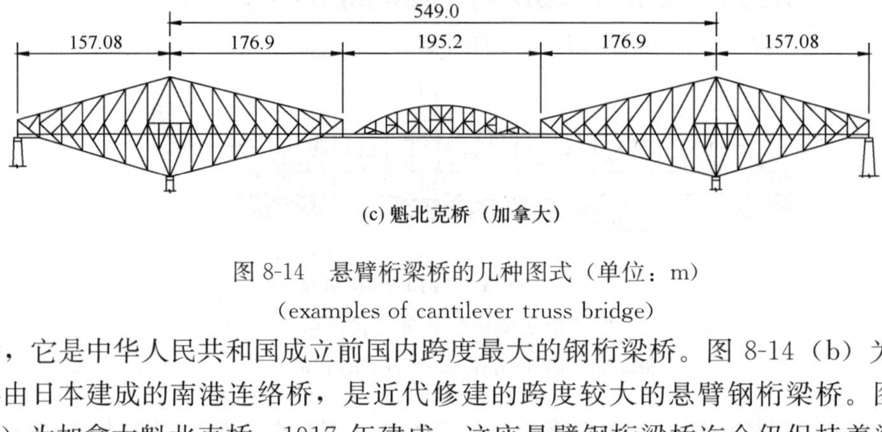

(c) 魁北克桥（加拿大）

图 8-14 悬臂桁梁桥的几种图式（单位：m）
（examples of cantilever truss bridge）

桥，它是中华人民共和国成立前国内跨度最大的钢桁梁桥。图 8-14（b）为 1974 年由日本建成的南港连络桥，是近代修建的跨度较大的悬臂钢桁梁桥。图 8-14（c）为加拿大魁北克桥，1917 年建成，这座悬臂钢桁梁桥迄今仍保持着梁式钢桥的跨度纪录。

三、主桁架的图式及主要尺寸（Structure and Main Dimension of Main Truss）

主桁架是钢桁梁桥的主要组成部分，其图式选择得是否合理，对钢桁梁桥的设计质量起着重要作用。拟定主桁架的图式，应根据桥位的具体情况，选择一个较为经济合理的方案。对于城市桥梁，还应该适当考虑与周围环境相协调的美观问题。

根据腹杆几何图形的不同，主桁架常见的几何图式可归纳为四种基本类型，如图 8-15 所示。选择主桁架图式的原则是经济、构造简单、有利于标准化和便于制造安装。

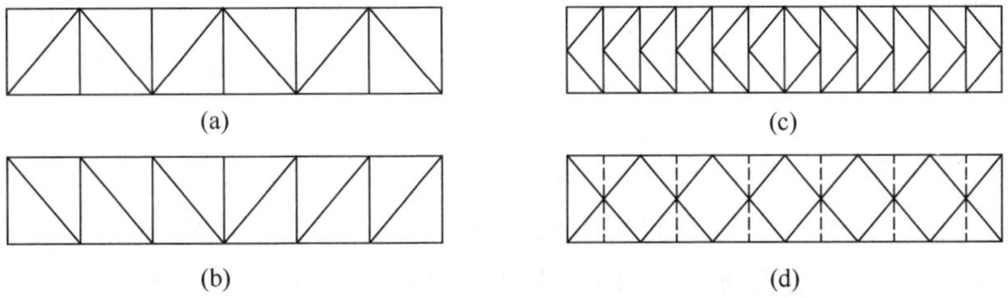

图 8-15 主桁架的常用类型（common type of main truss）

在确定主桁架具体尺寸前，应先确定其桥梁跨度。钢桁梁桥设计应以上下部结构建设费的总和最省为基准来确定其经济跨度。钢桁梁桥主桁架的主要尺寸包括桁架高度、节间长度、斜杆倾角和主桁架中心距。这些尺寸拟定得是否合理，对钢桁梁桥的技术经济指标有决定性影响。

（1）桁架高度（truss height）

桁架高度由用钢量、刚度等要求来确定。在上承式桁梁中，还要考虑容许建筑高度的要求，下承式应保证满足净空要求。

桁架高度大，弦杆受力较小，截面也小，可以减少弦杆的用钢量，但腹杆增长，用钢量会有所增加；桁架高度小，则反之。从理论上讲，当总的弦杆用钢量与腹杆用钢量相等时，桁架的用钢量最省。对于一定跨度的桁架桥，当选取的桁架高度为用钢量较经济时，称为经济高度。由大量统计资料得知，单线铁路下承式桁梁经济梁高为跨度的 1/6.5～1/6。

钢桁梁桥应具有必要的竖向刚度。通常把挠度作为衡量竖向刚度的标志，挠度大，梁端的转角也大，影响行车的平顺性和安全性，节点刚性次应力和活载动力作用也大。主桁高度对钢梁桥的挠度影响甚大，拟定主桁高度时，应对挠度进行初步验算。

（2）节间长度（panel length）

主桁架的节间长度直接影响主桁架纵横梁的跨度和斜腹杆的倾角。节间长，则纵梁的跨度大，纵梁用钢量多，横梁数量减少，横梁用钢量也减小。由于纵梁占桥面系用钢量的比值较大，纵梁跨度（节间长度）不宜过大。

解决主桁节间长度与纵梁跨度之间矛盾的办法是适当压缩主桁节间长度和放大纵梁跨度。但在大跨度桥梁中，过分加大纵梁跨度，势必增加桥面系质量，加大主桁架的自重。在这种情况下，必须从腹杆体系或主桁体系上来解决这一问题。例如采用再分式腹杆体系或采用劲性梁代替主桁弦杆，允许横梁连接在节间范围以内。我国大跨度的武汉长江大桥、南京长江大桥、枝城长江大桥等均采用再分式的米字形腹杆体系解决这一矛盾。

中、小跨径的桁架，上承式桁架的节间长度一般为 3～6m，下承式桁架的节间长度一般为 6～10m，跨径较大的下承式桁架节间可达 12～15m。公路桥的节间长度可适当增大，因为公路桥面较轻，纵梁跨度增大对桥面总质量的增加比值不会很大。

(3) 斜杆倾角（inclination of diagonal）

斜杆倾角由主桁高度与节间长度的比值决定，对腹杆用钢量和节点构造有很大影响。倾角过小，腹杆数少，但腹杆长度增大，而且腹杆内力很大。倾角过大，则腹杆内力小，但腹杆数量增多。此外，倾角过小或过大，均使斜杆无法伸入节点中心，节点板变得很长或很高，使面外的刚度很差。有竖杆的桁架的合理倾角为 50°左右；无竖杆的桁架的合理倾角为 60°左右。斜杆倾角与桁高、节长有矛盾时，可在合理范围内进行调整。

(4) 主桁架中心距（distance between main trusses）

钢桁梁桥主桁架的中心距离由横向刚度和稳定性决定。

铁路钢桥中主桁间距太小，会使钢桁梁的横向刚度不足，导致列车过桥时引起桥跨结构剧烈的横向振动，轻则影响旅客舒适度，重则导致列车脱轨。由于桥梁横向振动的机理和计算方法尚不成熟，目前我国铁路单线钢桁梁桥主桁间距主要由横向刚度控制，在确定主桁中心距时必须特别注意，对特殊类型桥梁必须进行桥梁结构动力分析。

下承式钢桁梁桥的主桁中心距还应满足桥梁建筑限界的要求。上承式桁梁桥的主桁中心距还要考虑横向倾覆稳定性的要求，抗倾覆稳定安全系数不得小于 1.3。

我国铁路从 1958 年开始制定自己的标准设计，如下承式桁梁跨度有 48m、64m、80m 三种，全部采用三角形桁架，桁高 11m，节间长 8m，主桁中心距 5.75m。提速后这些桥梁在货物列车过桥时横向振动激烈，桥梁的横向刚度明显不足，2000 年后主桁中心距改为 6.4m。

在拟定上述尺寸时，考虑了标准化和模数化，目的在于使设计、制造、安装、养护和更换工作简化方便。我国桥梁厂备有适应制造标准设计的整套设备，以满足工厂制造、工地安装的需要。标准设计中的纵梁、横梁、主桁和联结系杆件，以及节点板等部件的主要尺寸基本相同，以减少杆件类型；制造时只需较少的设备，能控制产品质量和提高工效；运输时杆件编号少，便于装运和存放；安装时同类杆件可以互换，加快了安装速度；运营期间如遇个别杆件损坏，可用备用杆件换上，对养护、战备都有利。

第五节 组合梁桥概述
(Overview of Composite Girder Bridge)

组合梁（composite girder）是指采用剪力连接件（shear connector）将钢梁与混凝土板组合成一个整体截面并共同承担外荷载的复合结构，如图 8-16 所示。普通混凝土材料具有较高的刚度和抗压强度，但其自重大、抗拉强度低，强度和裂缝宽度的限制往往控制了其应用范围；钢材具有强度高、韧性好的优点，为减轻自重并节省材料，钢结构常被设计为薄壁形式，容易出现失稳破坏而导致材料利用率降低。为了充分发挥混凝土和钢材各自的特点，将这两种材料组合在一起共同工作，从而产生了组合结构这种新的结构形式。

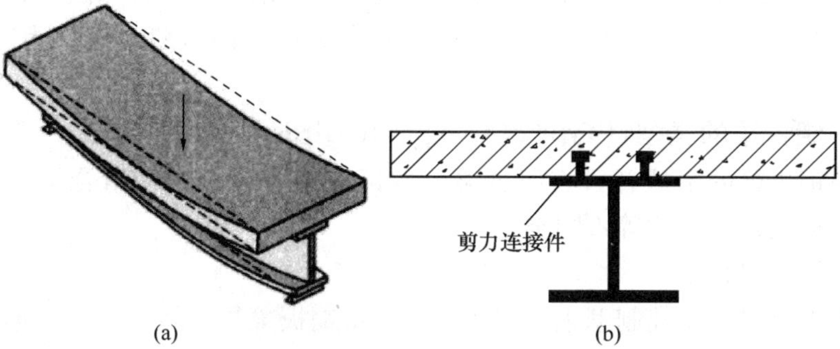

图 8-16 组合梁构造（structure of composite girder）

由于简支梁上缘受压、下缘受拉，通过在简支梁上翼缘布置适宜受压的混凝土板，下翼缘设置抗拉强度高的钢梁，既不会出现混凝土受拉开裂的问题，也不易使钢梁受压失稳，因此，简支梁是组合梁桥最常采用的结构形式。近年来，随着组合梁技术的不断进步，混凝土板不再仅限于设置在截面上缘，而是可根据需要在截面上下缘设置；组合梁的钢梁也由钢板梁发展到钢箱梁、钢槽形梁、钢桁梁和波形钢腹板梁；超高性能混凝土、预应力技术也在组合梁中得到越来越多的应用。目前，组合梁桥的应用范围已从简支梁桥逐渐扩展到连续梁桥、拱桥和斜拉桥等多种复杂结构体系。

一、组合梁的特点（Characteristics of Composite Girder）

组合梁桥将钢梁和混凝土板联合在一起共同受力，可充分发挥两种材料的力学性能，与钢梁和混凝土梁相比，其构造和受力也有一些不同之处：

（1）与钢筋混凝土梁相比，组合梁可以减小构件尺寸、减轻自重，提升结构的跨越能力和耐久性。可利用先架设的钢梁作为支架和模板，现场浇筑混凝土桥面板，加快施工速度，节省模板和支架数量。

（2）由于混凝土板与钢梁共同工作，与钢梁相比，组合梁可节省 20%～

40%的钢材用量。组合梁计算截面比钢板梁大，可增大结构刚度。混凝土受压翼缘使得主梁截面重心提高，钢梁腹板大部分处于受拉区，可避免钢梁腹板发生局部失稳。

(3) 剪力连接件是保证钢梁和混凝土板共同工作的前提，其构造形式、布置方式是组合梁设计计算的关键环节。

(4) 混凝土的收缩和徐变变形将受到钢梁的约束，从而导致组合梁出现内力、应力重分布以及附加变形。

(5) 组合梁桥常用的施工顺序是先架设钢梁，然后施工混凝土板，此时，钢梁作为混凝土板的模板和支架单独受力。混凝土达到一定强度后，才作为主梁的翼缘板与钢梁形成组合截面，参与主梁共同工作。因此，钢梁和混凝土板参与受力的施工阶段不一致，钢梁和混凝土板的应力一般采用应力叠加法计算。

(6) 组合梁施工工序较多，对施工要求较高，耐火性能相对钢筋混凝土梁差。

二、组合梁的类型 (Type of Composite Girder)

按照钢主梁的形式，可将组合梁分成钢板组合梁、钢箱组合梁、钢桁组合梁、波形钢腹板组合梁等不同类型。

(1) 钢板组合梁

钢板组合梁采用轧制型钢或焊接工字形型钢板梁与混凝土桥面板形成组合截面，钢板梁之间设置横向连接钢梁使各片梁共同受力，如图 8-17 所示。

图 8-17 钢板组合梁 (steel plate composite through girder)

钢板组合梁可直接采用钢厂生产的热轧工字形型钢做钢梁，现场加工简单，施工安装方便。钢梁采用工字形型钢时，由于其自身截面尺寸小，承载能力有限，一般只用于小跨径组合梁。由于混凝土桥面板作为组合梁翼缘承受荷载，组合钢板梁采用上下翼缘不对称的钢梁截面形式对受力更为有利，上翼缘仅需满足布置剪力连接件的要求，下缘则可根据受力要求加大尺寸，因此特别适合焊接钢梁。对于轧制钢梁，也可在下翼缘贴焊钢板，但需注意钢梁疲劳强度降低的问题。

（2）钢箱组合梁

钢箱组合梁由混凝土箱梁和钢箱梁发展而来，由于箱形截面抗扭刚度大，稳定性好，在城市桥梁及大型立交枢纽工程中应用广泛。

钢箱组合梁可分为开口槽形钢箱组合梁［图 8-18（a）］和闭口钢箱组合梁［图 8-18（b）］，两者的差别在于箱梁是否具有钢顶板。

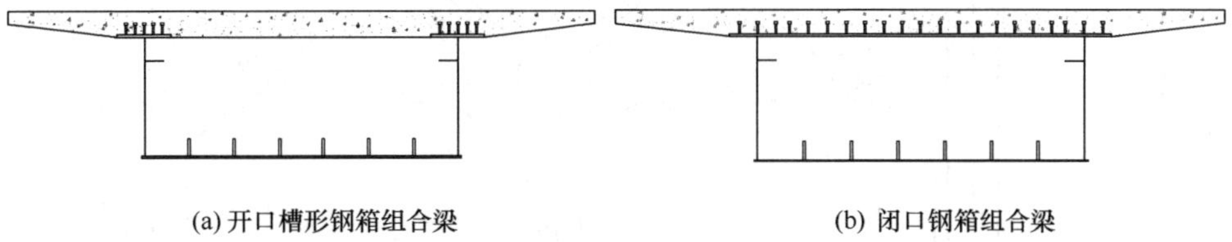

图 8-18　钢箱组合梁（steel box composite girder）

开口槽形钢箱组合梁制作比较方便，用钢量少，但是在与混凝土桥面板形成组合截面之前，其抗扭刚度小，稳定性较差，需增加横隔板或斜撑以保证结构的稳定性。当桥面宽度较大时，可在箱内增加横隔板、斜向钢支撑，或者增加纵向腹板变成单箱多室断面以减小混凝土桥面板的厚度，也可以做成多箱多室截面，如图 8-19 所示。

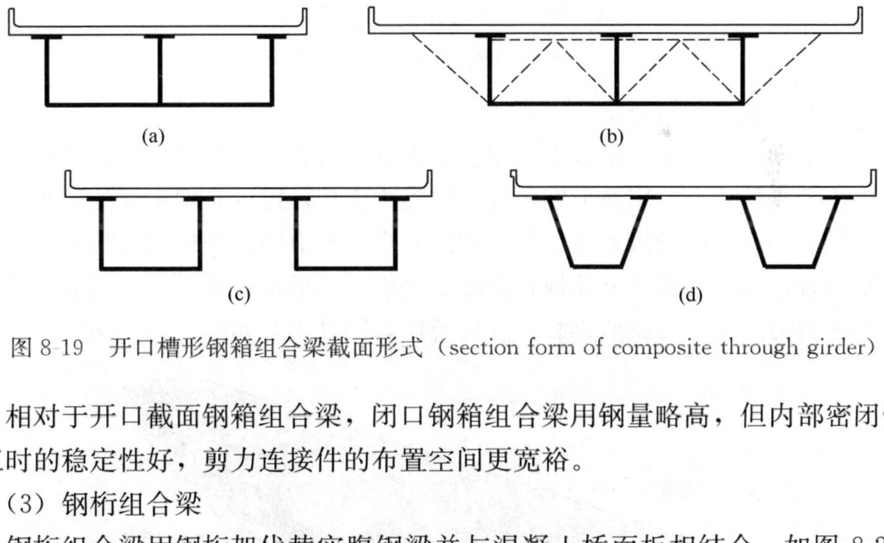

图 8-19　开口槽形钢箱组合梁截面形式（section form of composite through girder）

相对于开口截面钢箱组合梁，闭口钢箱组合梁用钢量略高，但内部密闭性和施工时的稳定性好，剪力连接件的布置空间更宽裕。

（3）钢桁组合梁

钢桁组合梁用钢桁架代替实腹钢梁并与混凝土桥面板相结合，如图 8-20 所示。钢桁组合梁在大跨度桥梁中具有良好的应用前景，我国芜湖长江大桥、天兴洲大桥等桥梁都采用了该结构形式。

钢桁组合梁以混凝土桥面板作为主桁架受压弦杆的一部分参与受力，可以节约钢材，有利于提高主桁的刚度和降低桁高；混凝土桥面板还可以起到平纵联的作用并参与主桁受剪，提高主桁的空间稳定性，改善主桁架的受力状况。

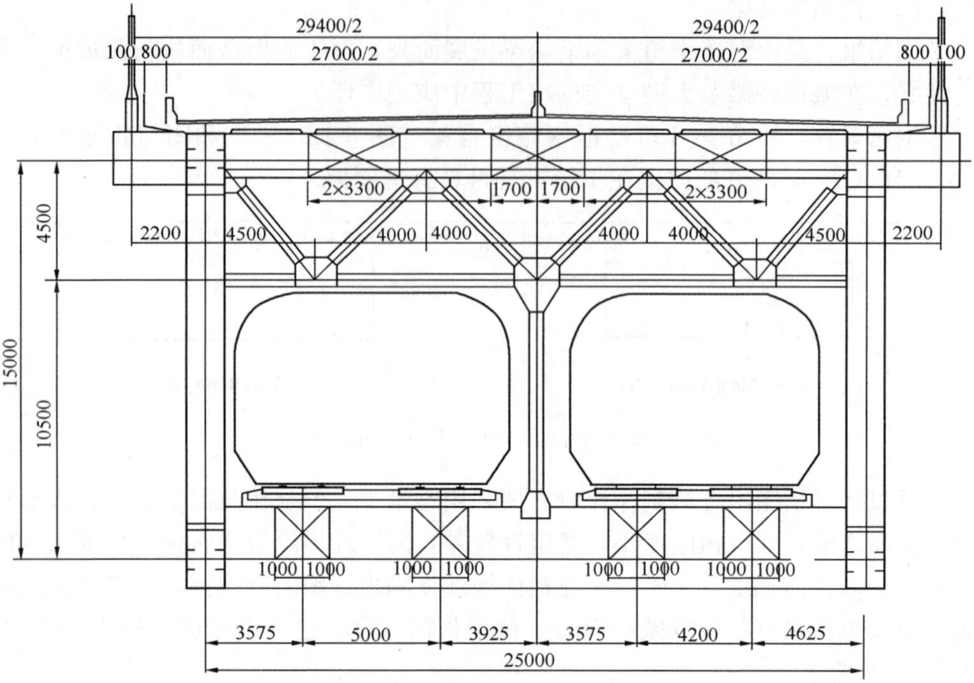

图 8-20　钢桁组合梁（单位：mm）
(steel truss composite girder)

（4）波形钢腹板组合梁

大跨度预应力混凝土梁桥腹板厚度较大且容易开裂，而波形钢板具有质量轻且纵向刚度小的特点，用波形钢板代替混凝土腹板，可以实现主梁的轻型化，有效提高纵向预应力的利用效率，是一种具有推广价值的新型桥梁结构形式。波形钢腹板组合梁通常由混凝土顶板、混凝土底板和波形钢腹板组成，混凝土顶板和底板通过剪力连接件与波形钢腹板连成整体共同受力，如图 8-21 所示。

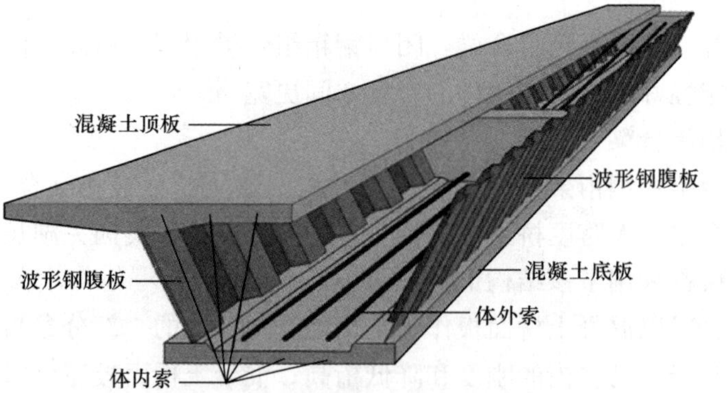

图8-21　波形钢腹板组合梁（corrugated steel web composite girder）

专业词汇汉英对照（Glossary）

专业词汇	拼音	英文
钢桥	gāngqiáo	steel bridge
公路钢桥	gōnglù gāngqiáo	highway steel bridge
铁路钢桥	tiělù gāngqiáo	railway steel bridge
人行钢桥	rénxíng gāngqiáo	foot steel bridge
直桥	zhíqiáo	straight bridge
斜桥	xiéqiáo	skew bridge
弯桥	wānqiáo	curved bridge
钢梁桥	gāngliángqiáo	steel girder bridge
主梁	zhǔliáng	main girder
简支钢梁桥	jiǎnzhī gāngliángqiáo	simple-supported steel beam bridge
连续钢梁桥	liánxù gāngliángqiáo	continuous steel beam bridge
悬臂钢梁桥	xuánbì gāngliángqiáo	cantilever steel beam bridge
钢板梁桥	gāngbǎnliángqiáo	steel plate girder bridge
钢桁梁桥	gānghéngliángqiáo	steel truss bridge
钢箱梁桥	gāngxiāngliángqiáo	box girder bridge
钢拱桥	gānggǒngqiáo	steel arch bridge
拱肋	gǒnglèi	steel arch rib
加劲梁	jiājìnliáng	stiffening girder
简支钢桁梁桥	jiǎnzhīgāng héngliángqiáo	simply supported truss bridge
上承式桁梁桥	shàngchéngshì héngliángqiáo	deck truss girder bridge
下承式桁梁桥	xiàchéngshì héngliángqiáo	through truss girder bridge
双层桁梁桥	shuāngcéng héngliángqiáo	double deck truss bridge
联结系	liánjiéxì	bracing system
节间长度	jiējiān chángdù	panel length
斜杆倾角	xiégǎn qīngjiǎo	inclination of diagonal
组合梁	zǔhéliáng	composite girder
剪力连接件	jiǎnlì liánjiējiàn	shear connector

思考题（Questions）

1. 钢桥的主要结构形式和受力特点是什么？

2. 比较说明上承式与下承式梁桥的异同点。

3. 组合梁的特点是什么？组合梁的主要类型有哪些？

4. 简述钢桁梁桥的组成以及各部分的作用。

5. 阅读有关绿色建筑与可持续发展理念的相关资料，简述钢桥在绿色环保和可持续发展方面的优越性主要来自哪几个方面。

6. 查阅沪苏通长江大桥与五峰山长江大桥等相关资料，了解我国钢桁架桥的最新发展状态以及未来发展趋势。

拓展阅读（Extensive Reading）

桥梁用钢的自主研发之路

中国桥梁用钢发展与铁路钢桥建造技术进步密切相关。自 1953 年武汉长江大桥设计开始以来，桥梁钢发展经历了七个标志性阶段。其间，中国桥梁工程师和钢铁工业技术人员自力更生、艰苦奋斗，在新型钢材研制实践中不断协同探索，通过自主创新，实现了桥梁钢材综合性能突破，先后建成了芜湖长江大桥、京沪高速铁路南京大胜关长江大桥、沪苏通长江大桥等在国际桥梁发展史上具有领先地位的一批重大工程。

第一阶段，中华人民共和国成立初期，对结构用钢，特别是重型桥梁用钢处于引进、学习阶段。1957 年，我国建成首座跨越长江的武汉长江大桥，主跨为 128m，由苏联援建，而使用的钢材是苏联生产的 A3 钢（Q235q 钢），交货强度要求不低于 240MPa。

第二阶段，1969 年，中国自主设计建造的南京长江大桥建成通车，主跨达到 160m，使用的钢材是鞍钢生产的低合金 16Mnq 钢（Q345q 钢），钢材屈服强度不小于 345MPa，抗拉强度不小于 520MPa。新型钢材从研制到实际工程运用打破了苏联技术封锁，被誉为“争气钢”，南京长江大桥由此被誉为“争气桥”。在自力更生的伟大实践中，中国工程师不断总结桥梁钢制造经验，发现 16Mnq 钢板仅能满足 U 形缺口冲击，韧性指标偏低。同时，钢材板厚效应明显，仅用于不超过 32mm 厚钢板，否则冶金质量难以保证。

第三阶段，1994 年建成的九江长江大桥，主跨达到 216m，采用的是鞍钢研制生产的 15MnVNq 钢（Q420q 钢），最大板厚 56mm。与 16Mnq 钢相比，钢材强度有了显著提高，屈服强度不低于 412MPa，抗拉强度不小于 540MPa。但由于采用加钒提高强度，厚钢板低温韧性和焊接性能较差，给桥梁制造带来很多困难。九江长江大桥建成后，该钢种一直未能推广应用，桥梁钢成为制约铁路桥梁发展的突出矛盾。现实困难让工程师们认识到，桥梁用钢不能仅关注强度的提升，满足良好低温韧性与焊接综合性能的钢材才是未来发展方向。

第四阶段，20 世纪 90 年代初，中国铁路桥梁面临主跨达 312m 的芜湖长江大桥建设难题，合适桥梁钢问题显得愈加突出。为了保证桥梁工程的安全性和加工制造的方便，需要重点解决钢板的低温韧性和焊接性能等问题。为此，中铁大桥局集团有限公司和武汉钢铁集团公司联合共同开发了大跨度铁路桥梁用钢 14MnNbq 钢。该钢采用降碳加铌和超纯净的冶金方法，保证了在屈服强度不低于 370MPa、抗拉强度不小于 530MPa 的基础上，具有－40℃低温冲击韧性（冲击功不低于 120J），同时焊接性能也大大提高，解决了板厚效应问题，可大批量供应 32～50mm 厚钢板。芜湖长江大桥 46000t 钢的供货统计数据表明，所供 10～50mm 钢板冲击韧性平均标准达到－40℃时冲击功 223J 的优异水平。芜湖长江大桥建设后的 10 年时间里，14MnNbq 钢全面满足了铁路桥梁建设的需要，并得到了极为广泛的应用。2000 年，14MnNbq 钢被纳入桥梁钢国家标准，成为 Q370qE 钢。

第五阶段，京沪高速铁路南京大胜关长江大桥，是京沪高速铁路和沪汉蓉铁路于南京跨越长江的越江通道，是我国铁路桥梁史上的又一个里程碑，为六线铁路桥梁，设计速度 300km/h。该桥具有大跨、重载、高速三大特点。主桁构件最大轴力高达 90000kN，中主墩最大支座反力约 150000kN，如果继续使用 14MnNbq 钢，则最大板厚必须使用到 120mm，这将会给设计施工带来极大困难。为此，武汉钢铁集团公司和中铁大桥局集团有限公司联合开发了 Q420q 钢，以满足工程建设需要。Q420q 钢有以下特点：消除了板厚效应，由于采用一系列精炼技术，同时随着轧制力的提高，钢板由传统的最大使用板厚 50mm 扩展到 68mm。在焊接材料上，传统 C-Mn、Si-Mn 系焊材的焊缝强度仅在 500MPa 级别以下，焊缝低温冲击韧性仅能达到－30℃时 48J。自主研制的新型针状铁素体形桥梁用钢的手工焊、气保焊、埋弧焊焊接材料，焊缝强度大于 570MPa，同时－40℃冲击韧性可以达到 120J 以上。

第六阶段，2010 年规划建设的沪苏通长江大桥主航道桥采用主跨 1092m 双塔斜拉桥，是世界上首座跨度超 1000m 的公铁两用斜拉桥，于 2020 年建成通车。针对高速、大跨、重载铁路桥梁受力要求，中国工程师提出研发

Q500qE 高性能钢用于桥梁关键受力部位。Q500qE 钢采用了与 Q420qE 钢类似的成分设计与生产工艺，但通过低碳与控制冷却的晶粒细化措施，获得了较高的强度和良好的低温韧性和焊接性能。

第七阶段，为推动桥梁工程的技术进步以及桥梁用钢材料的发展，对接新时代“双碳”目标，依托“十三五”国家重点研发计划“高性能桥梁用钢”项目，研制出了 Q690qE 高性能桥梁结构钢，并成功应用于武汉汉江湾桥和澳氹四桥等。Q690qE 高性能桥梁结构钢除具有较高强度外，还兼具良好的低温韧性和焊接性能，为汉江湾桥上部结构节约了钢材约 1500t，减轻了结构自重，减小了杆件截面规模，降低了主桁结构制造、运输、安装难度。同时得益于 Q690qE 高性能桥梁结构钢的使用，主桁杆件质量可控制在 100t 以内，减少了拱上吊机等施工设备的投入，取得了良好的经济效益。

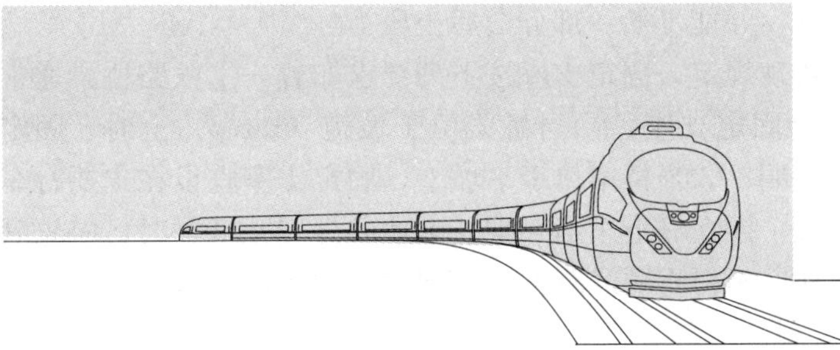

第 九 章

桥梁支座、墩台和基础

Bridge Bearing, Abutment and Foundation

第一节 桥梁支座（Bridge Bearing）

一、支座的作用和布置方式（Function and Layout of Bearing）

支座是桥跨结构的支承部分。它的作用是将桥跨结构的支承反力传递给墩台，并保证桥跨结构在荷载（包括温度）作用下能满足设计所要求的变形（位移和转角）。因此，要求桥梁支座必须具有足够的承载能力，对设计要求的变形（位移和转角）的约束应尽可能地小，同时应便于安装、养护和维修，并在必要时可更换。

桥梁支座按其容许变形性能分为固定支座（fixed bearing）与活动支座（movable bearing）。固定支座传递竖向力和水平力，上部结构在支座处能自由转动但不能水平移动；活动支座则只传递竖向力，上部结构在支座处既能自由转动又能水平移动。活动支座又可分为单向活动支座（仅提供沿桥轴纵向的自由移动）和双向活动支座（纵向、横向均可自由移动）。

按支座用材料可分为钢支座（steel bearing）、橡胶支座（rubber bearing）、钢-橡胶组合支座、混凝土支座和铅支座等。

按支座的结构形式可分为弹性垫层简易支座、弧形支座、摇轴支座、辊轴支座、板式橡胶支座、盆式支座（pot bearing）、四氟乙烯橡胶支座和球形支座等。

固定支座与活动支座的布置，应根据以下原则确定：①对桥跨结构而言，最好使梁的下弦在制动力的作用下受压，使能抵消一部分竖向荷载作用在下弦产生的拉力；②对桥墩而言，最好让制动力的方向指向桥墩中心，使墩顶圬工在制动力作用下受压而不受拉；③对桥台（abutment）而言，最好让制动力的方向指向堤岸，使墩台顶部圬工受压，并能平衡一部分台后土压力。

根据上述原则，铁路桥规规定，固定支座按下列要求布置：①铁路桥梁通常必须在每联梁体上设置一个固定支座；②当桥梁位于坡道（ramp）上时，固定支座一般应设在梁体较低一端；③当桥梁位于平坡上，固定支座宜设在主要行车方向的前端；④在车站附近，设在靠近车站一端。上述条件相互抵触时，应先满足坡道要求。除特殊设计外，不得将顺线路方向相邻两孔的固定支座安设在同一桥墩上。

桥梁支座的布置方式，主要根据桥梁的结构形式及桥梁的跨度、宽度等确定。

简支梁桥一端设固定支座，另一端设活动支座。为了适应温度变化、混凝土收缩等变形，设置固定支座端，一般设置一个固定支座，其余为横向活动支座，对于公路、城市的多梁式桥或宽度较大的桥，横向需设置多个支座时，为使横向变形均匀，固定支座设置在桥梁中部；设置活动支座端，与固定支座对应位置处设纵向活动支座，其余设双向活动支座，如图 9-1 所示。

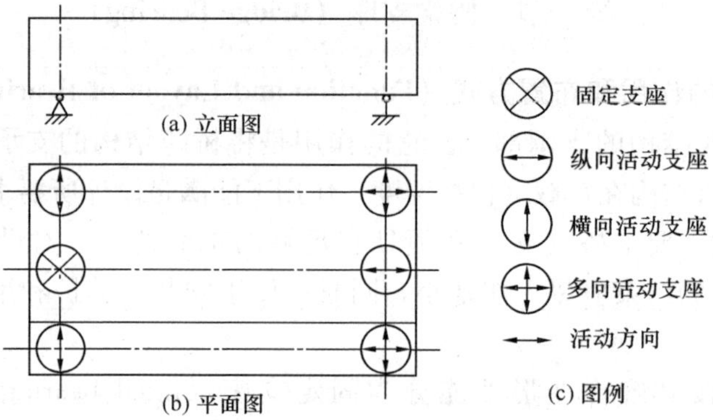

图 9-1　简支梁桥支座布置
(bearing layout of simply supported girder bridge)

当桥梁的宽度小、横向变形很小，固定支座的制造公差就能适应桥梁横向变形要求或固定支座能承受因温度、收缩变形引起的横向力时，也可采用不设横向活动支座和多向活动支座的布置方式。

对于不能区分单向、多向活动的橡胶支座，可不遵循上述原则。

连续梁桥一般每联从力学概念上只设一个固定支座，其他支座均为活动支座，如图 9-2（a）所示。首先确定固定支座设置的墩位：为避免梁的活动端伸缩缝（expansion joint）过大，固定支座宜置于每联长度的中间支点上。但若该处墩身较高，则应考虑避开，或采取特殊措施，以免墩身尺寸过大。各墩上的支座布置与简支梁的类似，其支座布置通常如图 9-2（b）所示。

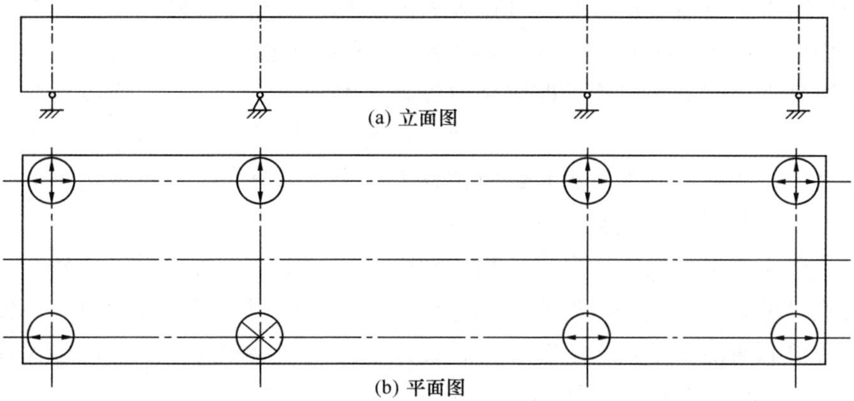

图 9-2　连续梁桥支座布置
(bearing layout of continuous beam bridge)

支座应根据竖向、水平反力大小和位移量、转角变形等因素确定。其形式可按表 9-1 选用。

表 9-1　支座选型表（bearing selection）

跨度（m）	≤6	8	10～16	20～32	≥32
钢（铸钢）支座	—	平板支座	弧形支座	辊轴（摇轴）支座	
橡胶支座	板式橡胶			板式橡胶支座	—
钢-橡胶组合支座	—			—	盆式、球形支座
其他	弹性垫层	—			

目前，我国的混凝土桥主要采用板式橡胶支座和盆式支座，钢桥主要采用钢支座。球形支座近年来使用越来越多。一般桥梁工程师的工作并不涉及支座本身的设计，支座由制造厂商提供，桥梁工程师依据工程需要结合支座反力、水平及转角位移大小进行选型。

二、典型支座简介（Introduction of Typical Bearing）

（1）板式橡胶支座（laminated rubber bearing）

板式橡胶支座具有构造简单、加工方便、造价低、结构高度小、安装方便和使用性能良好等一系列优点。此外，它能方便地适应任意方向的变形，特别适应于宽桥、曲线桥（curved bridge）和斜交桥。橡胶的弹性还能削减上下部结构所受的动力作用，对抗震有利。板式橡胶支座按结构形式可分为普通板式橡胶支座和滑板橡胶支座。

① 普通板式橡胶支座

普通板式橡胶支座由两层以上加劲钢板和橡胶组成，且钢板全部包在橡胶体内，如图 9-3（b）、图 9-3（d）所示。板式橡胶支座放置在梁部与支承垫石之间，构造非常简单，其变位机理是：利用橡胶的不均匀压缩实现转角变位，利用橡胶的剪切变形（shear deformation）实现水平位移，如图 9-3（c）所示。由于橡胶与钢或混凝土之间有足够大的摩阻力（摩擦系数 0.25～0.40），橡胶板与梁底和墩台顶之间一般不需要固定连接。因此，普通板式橡胶支座一般无固定支座和活动支座之分，所有纵向水平力和纵向位移由各个支座分担。通过选用不同大小和不同厚度的橡胶板来适应各个支座的承载力和变形要求。

为了避免产生初始剪切变形，板式橡胶支座应水平放置，对于坡桥，应采用构造措施对梁底进行调平，如梁底调楔形平块、预埋钢板等；安装时，应使梁底面和墩台顶面清洁平整，必要时，可在墩顶面浇筑一层水泥砂浆，以确保橡胶支座受力均匀，如图 9-3（a）所示。

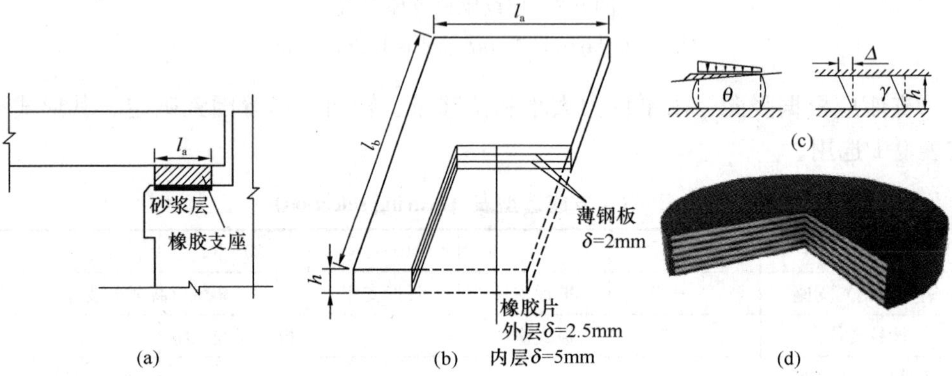

图 9-3　板式橡胶支座（laminated rubber bearing）

② 滑板橡胶支座

普通板式橡胶支座仅依靠橡胶的剪切变形来适应伸缩位移的需要，使用上是受限的，比如若桥长太长，则两端的伸缩量很大，单靠橡胶的剪切变形很难满足变形要求，必须采取其他措施或改用滑板橡胶支座等其他类型支座。

滑板橡胶支座由板式橡胶支座、滑板（通过热硫化与板式橡胶支座粘接）、不锈钢板、上支座钢板等组成，其构造示意图如图 9-4 所示。其在普通板式橡胶

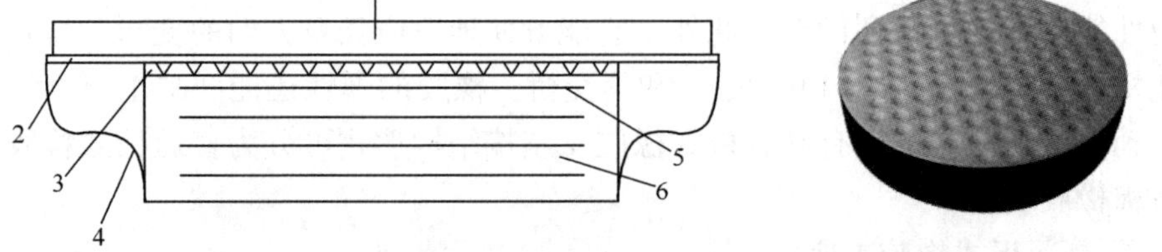

1—上支座钢板；2—不锈钢板；3—滑板(聚四氟乙烯板或改性聚四氟乙烯板)；
4—防尘罩；5—加劲钢板；6—橡胶

图 9-4　滑板橡胶支座（slide rubber bearing）

支座的表面热硫化粘接一层滑板（聚四氟乙烯板或改性聚四氟乙烯板），滑板与粘贴在梁底预埋钢板下的不锈钢板之间形成摩擦系数很小的滑动面，靠滑动来满足大纵向变位。滑板橡胶支座常作为桥梁的活动支座。

（2）盆式支座（pot bearing）

盆式支座是国外 20 世纪 50 年代开发的一种桥梁支座，国内 20 世纪 70 年代末才开发应用，它是目前桥梁中特别是大跨度桥梁中最主要的桥梁支座形式。

盆式支座是在普通板式橡胶支座的基础上，将钢部件与橡胶部件组合而成的一种混合型支座。其变形原理综合了普通板式橡胶支座和滑板橡胶支座的优点，即用设置在钢盆中的橡胶板承压和转动，用高性能滑板（改性聚四氟乙烯滑板或改性超高分子量聚乙烯滑板）和不锈钢冷轧钢板之间的平面滑动来适应桥梁的纵向位移要求，同时克服了普通板式橡胶支座处于无侧压向受压状态时承载力不高的缺点，盆式支座的橡胶板安放在钢盆中，受压时处于三向受压状态，其承载力大大提高，且变位量大。

图 9-5 所示为盆式支座的构造示意图。它由顶板（上支座板）、不锈钢冷轧钢板、高性能滑板、高性能滑板密封圈、中间钢板、橡胶板、黄铜密封圈、钢盆（下支座板）、橡胶密封圈和锚固螺栓等组成。

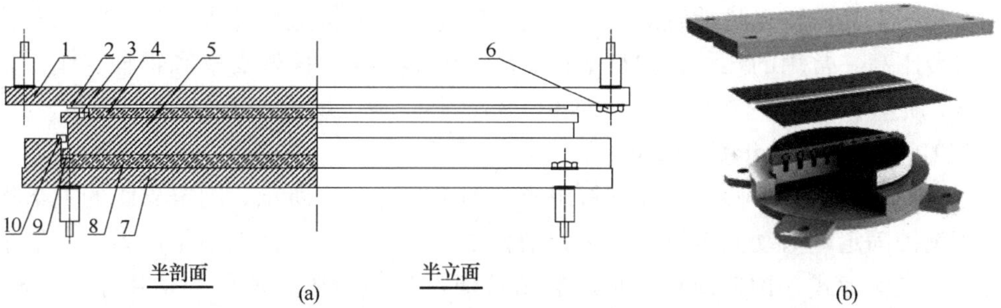

1—顶板(上支座板)； 2—不锈钢冷轧钢板； 3—高性能滑板密封圈； 4—高性能滑板； 5—中间钢板；
6—锚固螺栓； 7—钢盆(下支座板)； 8—橡胶板； 9—黄铜密封圈； 10—橡胶密封圈

图 9-5 盆式支座构造示意图（双向活动支座）
（structure of pot bearing-bidirectional movable bearing）

盆式支座按其使用性能分为固定支座、双向活动支座、纵向或横向活动支座三种，如图 9-6 所示。固定支座由顶板（上支座板）、橡胶板、黄铜密封圈、钢盆（下支座板）、橡胶密封圈和锚固螺栓等组成。它承受桥梁结构的竖向、横向和纵向反力，容许转角变位。双向活动支座由顶板（上支座板）、不锈钢冷轧钢板、高性能滑板、高性能滑板密封圈、中间钢板、橡胶板、黄铜密封圈、钢盆（下支座板）、橡胶密封圈和锚固螺栓等组成。它承受竖向反力，并能适应桥梁的转角和纵、横向位移的需要。

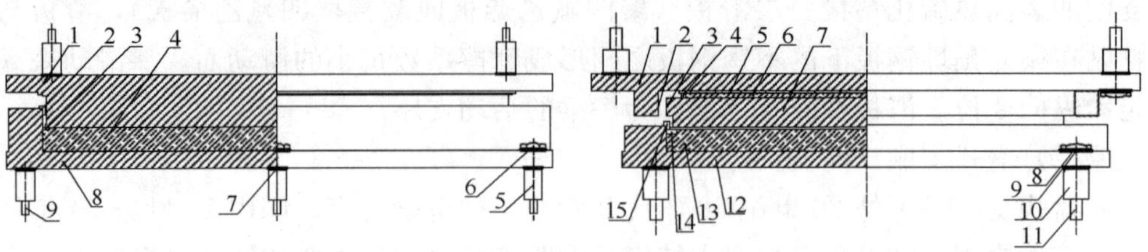

1—顶板(上支座板); 2—防尘圈; 3—黄铜密封圈; 4—橡胶板;5—套筒; 6—锚固螺栓; 7—垫圈; 8—钢盆(下支座板); 9—螺杆

(a) 固定支座

1—顶板(上支座板); 2—侧向不锈钢冷轧钢条; 3—导向滑条; 4—高性能滑板密封圈; 5—不锈钢冷轧钢板; 6—高性能滑板; 7—中间钢板; 8—锚固螺栓; 9—垫圈; 10—套筒; 11—螺杆; 12—钢盆(下支座板); 13—橡胶板; 14—黄铜密封圈15—橡胶密封圈

(b) 纵向或横向活动支座

图 9-6　盆式支座的固定支座、纵向或横向活动支座

(fixed, longitudinal or transverse movable bearings of pot bearing)

纵向或横向活动支座的构造基本上与多向活动支座相同，只是在支座的顶板挡块上还包括侧向不锈钢冷轧钢条，对应的中间钢板两侧设有导向滑条，以限制支座的横向或纵向位移。

（3）铸钢支座（steel bearing）

铸钢支座的特点是承载能力和刚度均较大，但有构造尺寸大、易生锈和养护维修费用高。常用的几种类型有平板支座、弧形支座、摇轴支座和辊轴支座，如图 9-7 所示。

① 平板支座（plate bearing）

平板支座由上下两块平面钢板组成，如图 9-7（a）所示。固定支座的上下板间用钢销固定，活动支座只将上平板销孔改为长圆形。这种支座是桥梁支座最早的一种支座形式，构造简单、加工容易，但位移量有限，所以只适用于 $L \leqslant 8$m 的钢筋混凝土桥。目前平板支座大部分已被普通板式橡胶支座代替。

② 弧形支座（curved support）

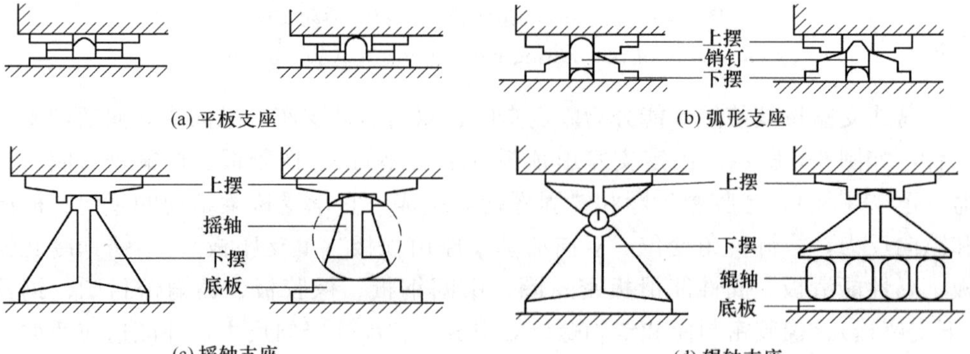

图 9-7　钢支座类型（type of steel bearing）

弧形支座是将平板支座的上下两块钢板的平面接触改为弧面接触，如图 9-7（b）所示，其他完全同平板支座。这样梁端能自由转动，但伸缩时仍要克服较大的摩阻力，所以只适用 8m<L<20m 的钢筋混凝土桥，目前，不少桥梁的弧形支座已被板式橡胶支座代替。

③ 摇轴支座（rocker bearing）

当 48m≥L≥20m 时，铁路桥梁可采用铸钢摇轴支座。摇轴支座有固定支座和活动支座之分，如图 9-7（c）所示。活动支座由底板、摇轴和直接与梁底相连的顶板组成。摇轴的顶面和底面均做成圆曲面形，能自由转动，并由摇轴顶面、底面的位移差来适应梁体纵向位移的需要；固定支座由顶板和摇轴两部分构成，而摇轴的底面改为水平面，直接和墩台相连，因而只能转动，不能纵向位移。

④ 辊轴支座（roller bearing）

辊轴支座是大跨度混凝土桥和钢桥常用的支座形式。辊轴支座通常由若干个小直径辊轴并列、组联在一起，如图 9-7（d）所示，通过辊轴的转动来适应梁体位移的需要，在下摆的顶部加设弧形支座，以保证梁端能自由转动。辊轴的数量视支座反力大小而定，根据线接触应力的大小，确定单个辊轴所需要的直径。为了节省钢材并减小支座尺寸，可将辊轴两侧削去，但必须注意被削辊轴仍能调节所要求的位移量而不致倾覆。为了保证辊轴之间的相对位置，通常在辊轴两端中心处设置连杆，使各辊轴平行转动。

（4）球形支座（spherical bearing）

球形支座是在盆式支座的基础上发展起来的一种新型桥梁支座，特别适用于曲线桥、宽桥和斜桥等，目前已广泛应用在公路、铁路和城市道路桥梁上。

图 9-8 所示为球形支座的构造。其由下支座凹板、球面钢衬板、上支座板和聚四氟乙烯板（平面和球面各一块）及橡胶密封圈和防尘罩（dust cover）等部件组成。

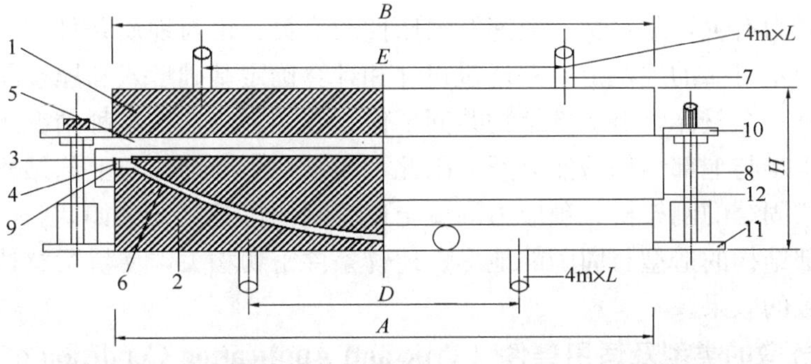

1—上支座板；2—下支座凹板；3—球面钢衬板；4—钢挡圈；5—平面聚四氟乙烯板；
6—球面聚四氟乙烯板；7—锚固螺栓；8—连接螺栓；9—橡胶密封圈；
10—上支座连接板；11—下支座连接板；12—防尘罩

图 9-8 球形支座的构造（structure of spherical bearing）

球形支座按其使用性能也可分为固定支座、多向活动支座和单向活动支座三种形式。通过在上支座板上设置导向槽或导向环可约束支座的单向或多向位移，可以制成球形支座的单向活动支座及固定支座。

球形支座可适用于大转角，其设计转角可达 0.05rad 以上。球形支座通过球面传力，作用到支承混凝土上的反力较均匀；其各个方向的转动性能一致，适用于曲线桥和宽桥；球形支座不再利用橡胶板承压，不存在橡胶老化和变脆等对支座转动性能的影响，特别适用于低温寒冷地区。

第二节 桥墩和桥台（Pier and Abutment）

一、墩台的作用与要求（Function and Requirement of Pier and Abutment）

桥墩、桥台和基础统称为桥梁的下部结构，它们的主要作用是支承上部结构并将上部结构传来的作用及本身自重传递到地基（subsoil）。

桥墩指多跨桥梁的中间支承结构，除承受上部结构的竖向压力和水平力外，还受风力及可能发生的流水压力、冰压力、船只和桥下漂流物的撞击力、地震力的作用。

桥台是连接两岸线路或道路的桥路衔接结构，它除了支承上部结构外，还起着挡土护岸的作用。桥台在承受支座传来的竖向力和水平力的同时，还要承受台后填土及填土上附加作用引起的土侧向压力。

桥梁墩、台结构应具有足够的强度、刚度和稳定性，以确保整个桥跨的正常工作。此外，桥梁对地基的承载力、沉降量（settlement）、基础和地基之间的摩擦力等都必须提出较高的要求，以防止在桥梁荷载作用下，地基发生过大的水平位移、转动和沉降，特别是超静定结构（statically indeterminate structure）桥梁。

桥梁下部结构的选型应遵循安全耐久，满足交通要求，造价低，养护维修量少，预制施工方便，工期短，与周围环境协调，造型美观等原则。桥梁的墩台设计与结构受力有关，与水文、流速及河床性质有关，也与地质条件有关。桥梁墩台要置于稳定可靠的地基上，并通过设计和计算确定基础形式和埋置深度。

桥梁是一个整体，上下部结构共同工作、互相影响，在某种情况下，桥梁的下部结构很难与上部结构截然分开，因此，要重视下部结构与上部结构的合理构成。对墩梁固结的刚架桥、预应力混凝土连续刚构桥等，尤其如此。同时，还要求桥梁下部结构的造型与周围的地形、地物条件密切相关，使桥梁整体达到与环境和谐一致的效果。

二、桥墩的类型及适用条件（Type and Application Condition of Pier）

桥墩形式的采用，取决于桥上线路或道路、桥下水流速度、墩位处水深、水流方向与桥梁中轴线的夹角、通航及桥下漂流物情况、基底土壤的承载能力、梁部结构及施工方法等。常用桥墩一般分为重力式桥墩（gravity pier）、空心桥墩

(hollow pier)、柱式桥墩（column pier）等。

(1) 重力式桥墩（gravity pier）

重力式桥墩也称实体桥墩，它主要依靠自身的重力来平衡外力而保持其稳定，因此墩身比较厚实，可以不配钢筋，而用天然石材或片石混凝土砌筑。重力式桥墩取材方便，施工简易，养护工作量小，对抵抗外界不利因素如撞击、侵蚀的能力较强，在早期的铁路桥梁中常被采用。它的缺点是工程量大、自重大，对地基承载力的要求较高，基础工程量也往往较大。重力式桥墩按截面形状又分为矩形桥墩、圆形桥墩、圆端形桥墩。

① 矩形桥墩

矩形桥墩（图 9-9）截面为矩形，具有圬工较省、模板简单、施工简便的优点，但对水流的阻力特别大并促使水流紊乱而招致桥墩周围发生较大的局部冲刷（local scour），所以矩形桥墩一般适用于无水、静水或靠近岸边水流流速小处。山区单线铁路或道路的跨谷桥及其他旱桥常采用矩形桥墩。

图 9-9 中为典型的单线铁路矩形桥墩，为了减小墩身圬工量，常将墩身设置一定的坡度，墩底尺寸较大、墩颈处略小，又考虑到上部结构的受力、施工及构造要求，上部设计成扩大的托盘及顶帽，顶帽上设排水坡及支承垫石。对电气化铁路，还需设置接触网支柱基础。

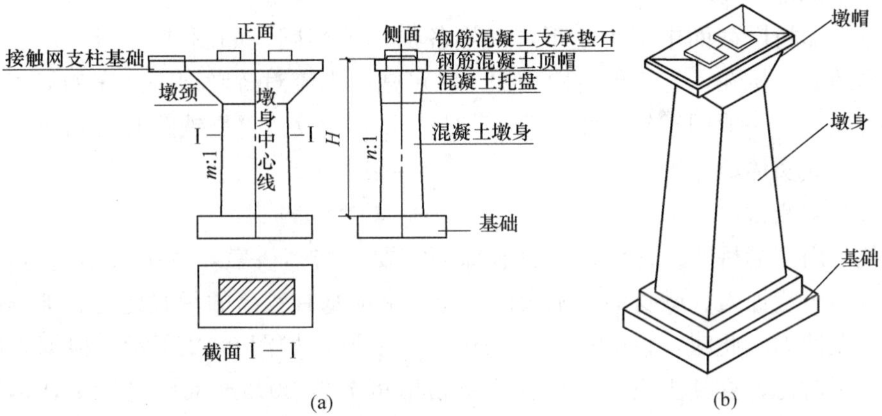

图 9-9　矩形桥墩（rectangular pier）

② 圆形桥墩

圆形桥墩（图 9-10）与矩形桥墩类似，只是墩身截面为圆形，托盘及顶帽为圆端形，使用时，不受水流与桥梁轴线斜交角度的限制。当水流流向不稳定或水流与桥梁法线斜交角度大于 15°时应采用圆形桥墩。由于圆形桥墩各个方向的尺寸相同，不能根据桥墩纵、横向受力及使用要求不同采用不同的尺寸，增大了桥墩的阻水面积，因此对于斜交角小于 15°时及横向宽度较大的公路桥桥墩不宜采用。

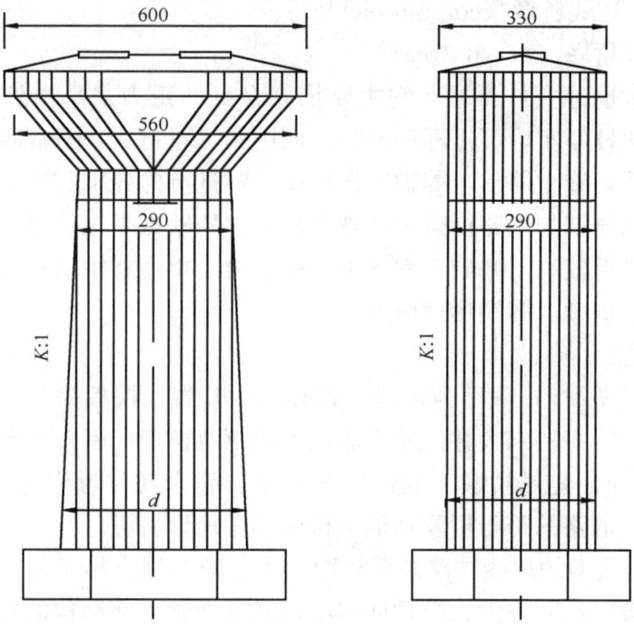

图 9-10　圆形桥墩（单位：cm）（circular pier）

③ 圆端形桥墩

圆端形桥墩截面中部为矩形，两端各加一个半圆，如图 9-11 所示，能使水流顺畅地通过桥孔，与矩形桥墩相比，它可减小水流对桥墩周围河床的局部冲刷和水流压力，一般用于斜交角小于 15°时的水中桥墩。它是铁路和公路桥梁上常用的重力式实体墩。

（2）空心桥墩（hollow pier）

位于山区的桥梁往往因桥长且谷深而需要建造高桥墩，如果采用重力式墩，则墩身圬工量惊人、墩身的自重大而相应要求地基有较高的承载能力、地震时有较大的惯性力。此时，设计中一般采用空心桥墩，如图 9-12 所示。根据方案比较及实桥对比，混凝土空心桥墩比实体桥墩可节省 20％～30％的圬工，钢筋混凝土空心桥墩可节省圬工 50％左右。

空心墩墩壁较薄，在有船、筏和漂流物或受冰压力的河流上，一般不宜采用，以防撞击和磨损墩壁而导致破坏。但根据河流的具体情况，采取下部实体墩身等措施，通过技术经济比较后，仍可采用空心墩。

设计高墩时，应根据墩高、墩截面尺寸、梁的跨度以及施工条件等，选择适当的空心墩的类型。

圆形空心截面受力性能最好，一般情况下可不设横隔板（diaphragm），施工最为方便，设计高墩时可优先考虑采用这种截面形式。当构造需要桥墩的横向尺

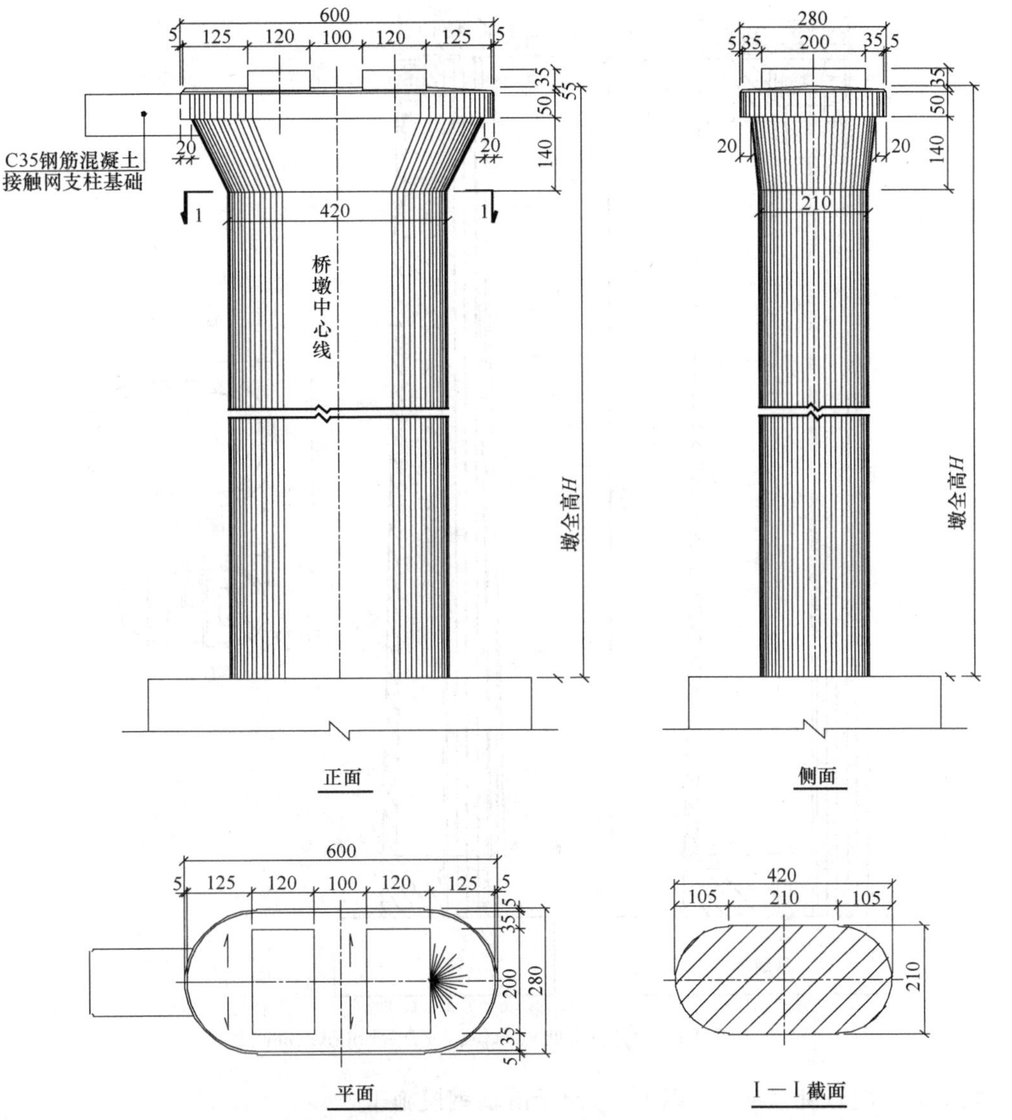

图 9-11　圆端形桥墩（单位：cm）（round-ended pier）

寸很宽，或横向水平力较大，如梁宽度大，双线铁路、公路、弯道桥或架梁需要墩顶较宽等情况时，可考虑采用圆端形或矩形带纵隔板的空心墩。当墩身不太高，平面两向宽度比值不太大时，可采用不带纵隔板的形式。另外，方形与圆形相比，方形温度应力较大。使用滑动钢模板施工时，圆端形比矩形方便。

关于桥墩的立面形式，台阶式空心墩构造复杂，施工十分不便，截面突变处应力集中，现已不采用这种形式。直坡式空心墩只用于墩身不高或某些特殊需要的桥上。而斜坡式空心墩普遍适用于各种条件下的桥墩，受力合理，施工方便。

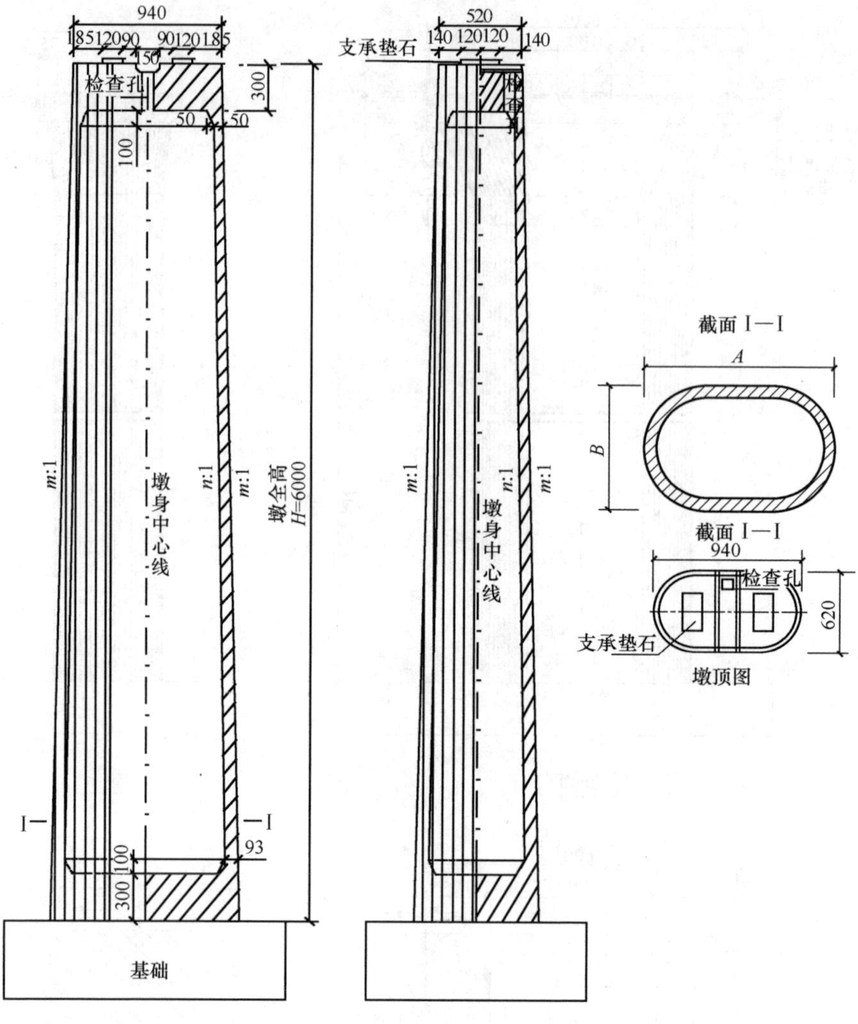

图 9-12　空心桥墩（单位：cm）(hollow pier)

墩身坡率应较陡（40∶1 以上），便于滑动钢模施工。

(3) 柱式桥墩（column pier）

柱式桥墩是目前公路桥梁、桥宽较大的城市桥梁和立交桥及中小跨度铁路旱桥中广泛采用的桥墩形式。这种桥墩既可减轻墩身自重、节省圬工材料，又比较美观、结构轻巧，桥下通视情况良好。柱式桥墩（图 9-13）的形式主要有单柱式、多柱式、哑铃式以及混合柱式四种。柱身截面大多为圆形、矩形。

单柱式桥墩适用于水流与桥轴线斜交角大于 15°的桥梁，或河流急弯、水流流向不固定的桥梁。在水流与桥轴线斜交角小于 15°的桥梁或仅有小的漂流物或轻微的流冰的河流中，可采用双柱式或多柱式桥墩。在有较多的漂流物或较严重

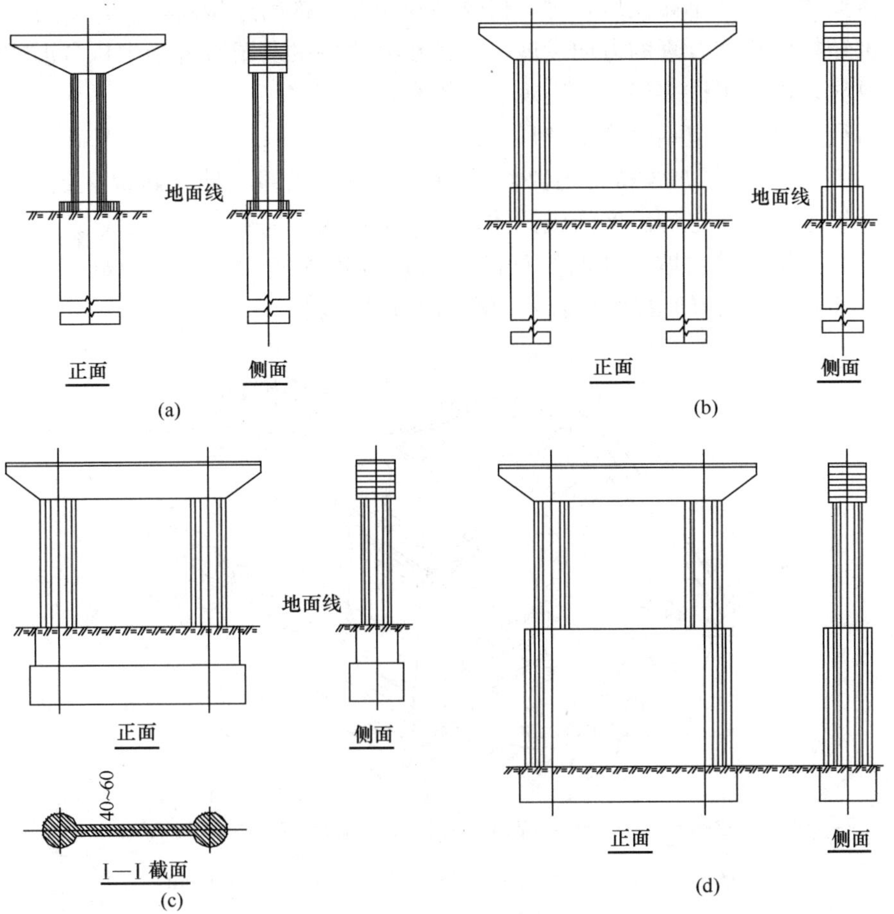

图 9-13 柱式桥墩（column pier）

的流冰河流上，当漂流物卡在两柱中间可能使桥梁发生危险，可在双柱间加做40～60cm 厚的隔墙，成为哑铃式桥墩。当墩身较高时，也可把高水位以下的墩身部分做成实体，以上部分做成双柱的混合式桥墩，这样，既减少了水上部分的圬工体积，也保证了抵抗漂流物的能力。

三、桥台的类型及适用条件（Type and Application Condition of Abutment）

作为桥梁的重要组成部分，桥台起着支承桥跨结构和衔接桥跨与路基的作用，它不仅要承受桥跨传来的荷载及自重，还要承受台背填土土压力及填土上车辆荷载产生的附加土压力。因此，桥台本身应具有足够的强度、刚度和稳定性，对桥台地基的承载力、沉降量、地基与基础之间的摩阻力等都有一定的要求，以避免在荷载作用下桥台发生过大的水平位移、转动或沉降而影响桥跨的正常使用。这也是桥台设计中的主要内容。当今，随着设计、施工技术的进步，世界各国的桥梁建设都在迅猛发展，这不仅体现在桥跨结构的造型新颖上，同时也反映在下部结构向轻型合理的方向发展。尤其在公路桥梁及城市桥梁中桥台形式更是日新月异，出现了许多轻型、美观、结构合理的形式。

桥台由台顶（包括道砟槽及顶帽）、台身（abutment body）及基础三部分组成（图 9-14）。为了加强桥台与路堤的衔接，桥台尾部应伸入路堤一定的深度，其前端填土应按一定的坡度做成锥体，并铺砌护坡。顶帽设有支承垫石支承桥跨结构，其上设有排水坡。铁路桥梁的桥台顶设道砟槽用来承托道砟（ballast）、枕木（sleeper）、钢轨等线路设备，顶面设有排水坡。

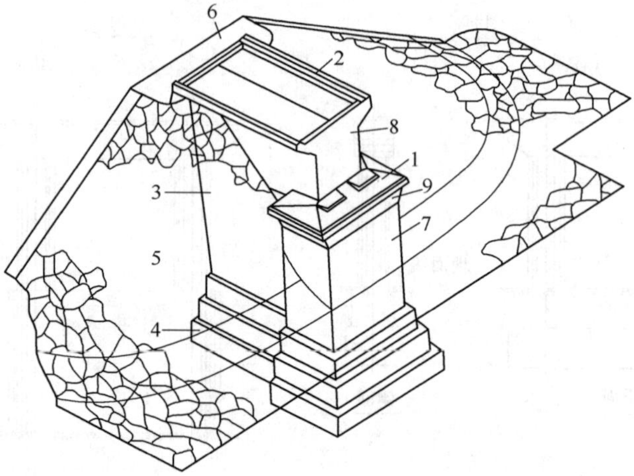

1—台帽；2—道砟槽；3—后墙；4—基础；5—锥体；6—路堤；7—前墙；8—胸墙；9—托盘

图 9-14　桥台一般构造（general structure of abutment）

常用的中、小跨度梁桥桥台类型有重力式桥台、轻型桥台、框架式桥台和组合式桥台等。桥台为就地建造的整体式重型结构，主要靠自重来平衡台后的土压力，桥台本身大多由砌石、片石混凝土或混凝土等圬工材料建造，台帽（abutment coping）一般为钢筋混凝土建造。轻型桥台、框架式桥台和组合式桥台常应用于公路桥梁中，本节主要介绍重力式桥台。重力式桥台依据桥台的形状及台背填土情况分类，常用的有 U 形桥台、T 形桥台、耳墙式桥台、埋式桥台、挖台及一字形重力式桥台。

（1）U 形桥台（U-shaped abutment）

U 形桥台由支承桥跨的前墙与连接路基的两翼墙（wing wall）所组成，中空部分填土，以节省圬工，如图 9-15 所示。桥台两侧翼墙的受力与挡土墙相同，自上而下由窄变宽，当桥窄、台高时，采用 U 形桥台就不经济。因此，对铁路梁桥，适用于填土高度较小（$H \leqslant 4$m）、地基容许承载能力较低的桥梁。而应用于公路的 U 形桥台适用于填土高度 $H \leqslant 10$m 的桥梁。U 形桥台的缺点是台后 U

形中空部分容易积水，冰冻后膨胀，致使墙身产生裂缝，影响桥台使用寿命，故在严寒地区使用时，需选用良好的渗水性填料并做好防排水设施。

（2）T 形桥台（T-shaped abutment）

T 形桥台是一般大、中铁路桥常用的一种桥台形式，桥台后端部分的台身较窄，而前墙较宽，截面形式为 T 形，如图 9-16 所示。为了改善受力状态，台身后墙做成仰斜式，基础也一般做成前宽后窄的 T 形。T 形桥台比一般实体桥台节省圬工，但由于后墙较窄，道砟槽为钢筋混凝土悬臂，钢筋用量较多，台身长度随着填土高度而增加，所以当填土较高时，圬工量较大。

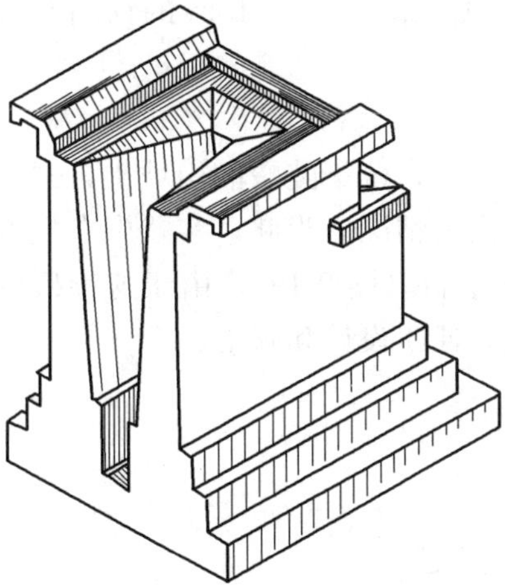

图 9-15　U 形桥台（U-shaped abutment）

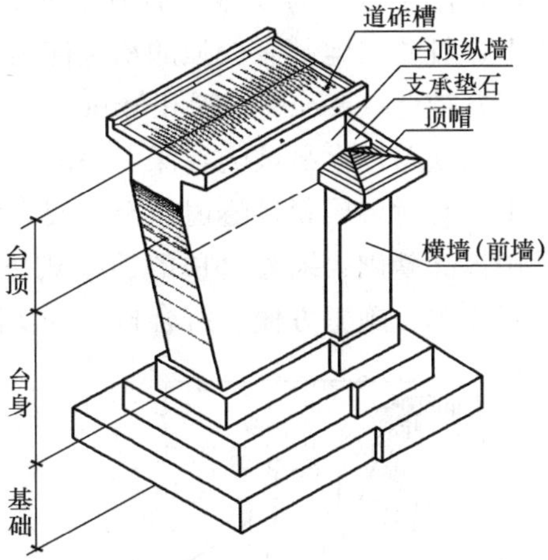

图 9-16　T 形桥台（T-shaped abutment）

T 形桥台一般应用于填土高 4～12m 的铁路桥梁，或用于较小承载力的地基。为适应各种设计情况，编制了单线 6～32m 跨度梁桥，填土高 4～12m 的标准图。

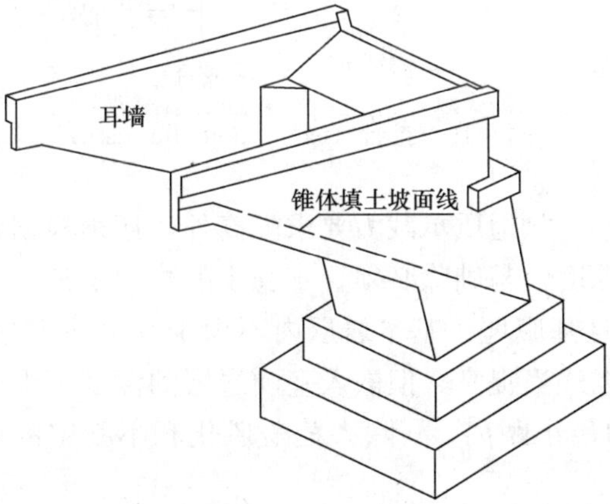

图 9-17　耳墙式桥台
(abutment with cantilevered retaining wall)

（3）耳墙式桥台（abutment with cantilevered retaining wall）

耳墙式桥台（图 9-17）也是铁路梁桥中最常用的桥台形式，公路桥梁中也常采用。与 T 形桥台相比，耳墙式桥台采用两片耳墙与路堤相连接，代替台尾的实体圬工从而缩短了台长、节省圬工，但耳墙为了避免根部开裂，需配较多的钢筋。

耳墙式桥台适用于填土高为

4～12m梁桥。耳墙式桥台由于台身尺寸小，特别适用于深基础或铁路复线、宽桥面的公路桥梁。当填土很高时，锥体坡角伸出台前部分需加固坡角或设挡土墙。

（4）埋式桥台（hidden abutment）

埋式桥台（图9-18）埋入锥体填土中。为了减小土压力造成向前的力矩，台身做成后仰形式。埋式桥台可大大节省桥台圬工，但由于将桥台埋入锥体填土中，使锥体伸入桥孔减小了桥下过水面积，从而增加了桥的全长，且锥体坡角易受水流冲刷需进行铺砌及坡角防护。埋式桥台台身高而基础较短，基底应力大。这种桥台用于桥头为浅滩、溜坡受冲刷较小、填土高不小于12m的铁路及公路桥梁上，且要求地基有较强的承载能力。

（5）挖台（excavation abutment）

山区铁路，常是坡陡谷深，桥隧相连。有些桥台位于陡峻的山坡上，嵌入山体之中，有时台尾紧接隧道甚至有侵入洞门之内的情况。为此，实践中在挖方内常采用提高基础、缩短台顶的顶帽式桥台，即挖台（图9-19）。由于这种桥台结构形式简单、施工方便、符合自然的实际情况，便于设计和施工。

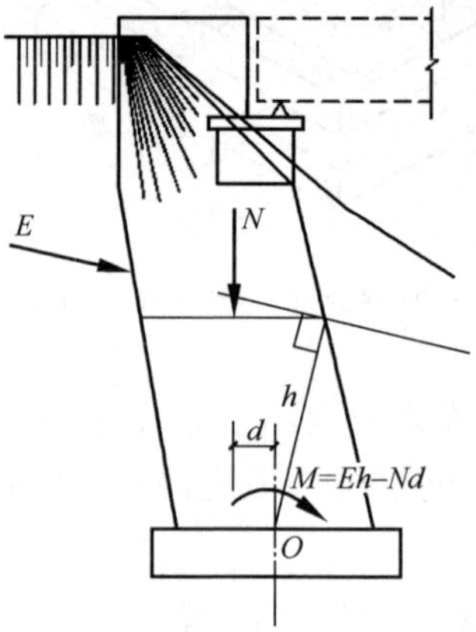

图9-18　埋式桥台（hidden abutment）

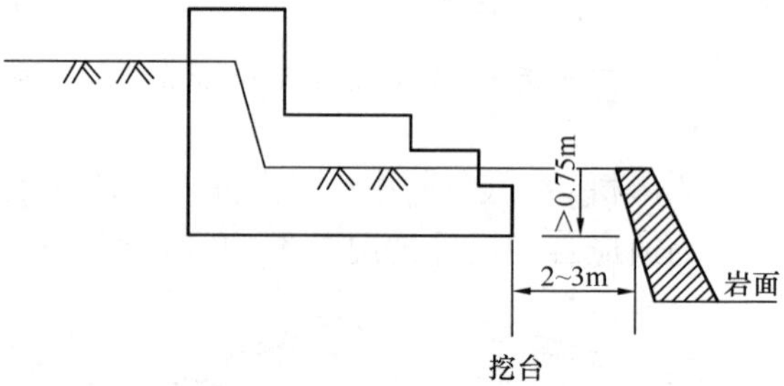

图9-19　挖台（excavation abutment）

挖方内桥台应设置于稳定的山体中。除地质承载力要求较高外，还须根据台位处山体地质具体情况，确定其埋置深度。基础除必须置于稳定的岩层上外，一般以不使基础襟边（或基顶）外露，且基底埋于基本岩层内不少于0.75～1.0m为宜，当基底埋置于坚硬的岩层时可以适当提高，但嵌入坚硬岩层的深度不少于0.5m。基础边缘距岩层外露面边缘的最小距离，（除去覆盖风化和不稳定的岩层）一般不小于2～3m。

桥台基坑开挖不宜过大，当基坑周围不浸水时，最好不设模板使基础混凝土灌注封底。台身尤其是台后以不设模板直接与岩层接触灌注为好。台身周围若有过大的超挖应以浆砌片石回填。

（6）一字形重力式桥台（1-shaped gravity abutment）

目前，在高速铁路桥梁设计中，广泛采用了一种新的桥台形式——一字形重力式桥台（图 9-20）。它是在耳墙式桥台的基础上，依据现行的规范，优选出的一种介于耳墙式桥台与 T 形桥台之间的新台型。为了缩短不必要的台长、节省圬工，避免锥体过多进入桥孔，一字形重力式桥台以混凝土砌块代替耳墙部分与路基相连；为提高桥台整体线刚度，适当增加台身长度；为便于台后施工，保证台后填料振捣压实，台身后坡采用直墙式；为满足客运专线大吨位梁体自重及架桥机运、架梁引起桥台前端受力不利情况，台身前墙采用斜坡式并适当加大前墙伸入桥孔的长度以利于结构受力。一字形重力式桥台身截面采用矩形截面，从平面看，台身纵向尺寸较横向小很多，形状似一字形。桥台无论从结构受力方面，还是从施工方面，都较耳墙式桥台、T 形桥台有着显著的优越性，适宜在中等高度的桥上广泛使用，在深基础或双线桥上使用时，经济效益更好。目前标准设计中，台后填土控制在 8m 以下。

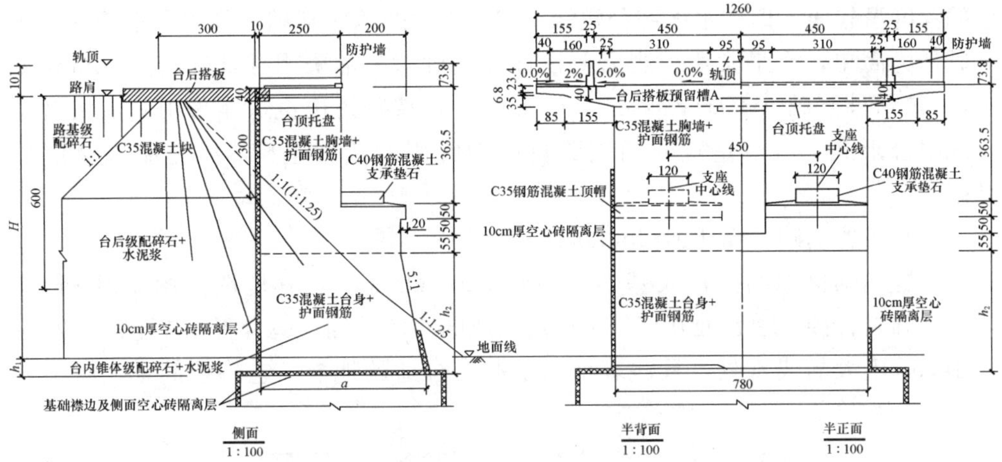

图 9-20　一字形重力式桥台（单位：cm）（1-shaped gravity abutment）

第三节　桥梁基础（Bridge Foundation）

一、基础的作用与要求（Function and Requirement of Foundation）

基础指桥梁结构物直接与地基接触的部分，是桥梁下部结构的重要组成部分。承受基础传来的荷载的那一部分地层（岩层或土层）则称为地基。地基和基础受到各种荷载后，其本身将产生应力和变形。为了保证桥梁的正常使用和安全，地基和基础必须具有足够的强度和稳定性，变形也应在容许范围内。

基础类型的选定主要取决于地质土层的工程性质与水文地质条件、荷载特性、桥梁结构形式及使用要求，以及材料的供应和施工技术等因素。选择的原则是：力争做到使用上安全可靠、施工上简便可行、经济上节约合理。因此，必要时应作不同方案的比较，从中得出较为适宜与合理的设计和施工方案。

众多工程实例表明，桥梁的地基与基础的设计与施工质量的好坏，是关系到整座桥梁质量的根本问题。因为基础工程是隐蔽工程，如有缺陷，较难发现，也较难弥补或修复，而这些缺陷往往直接影响整座桥梁的使用和安全。基础工程施工的进度，经常控制着全桥施工进度。下部结构的造价，尤其是在复杂地质条件下的桥梁基础，通常占全桥相当大的比重。因此，桥梁基础的设计、施工都应紧密结合桥梁结构的特点和要求，全面分析，综合考虑，确保万无一失。

二、基础的类型（Foundation Type）

桥梁基础根据埋置深度分为浅置基础（shallow foundation）和深置基础两类，它们的施工方法不同，设计计算原理不同。浅置基础是在墩台处直接修建的埋深较浅的基础（一般小于 5m）。由于浅层土层土质不良，有时需把基础埋置于较深的良好地层上，这样的基础称为深基础（一般埋深大于 5m）。基础埋置在土层的深度虽较浅，但在水下部分较深，如深水中的桥墩基础，称为深水基础。浅基础最为简单，也最常用；当需要设计深基础时，常采用桩基础（pile foundation）或沉井基础（open caisson foundation），特殊桥位也可能采用其他大型基础或组合形式。本节重点介绍铁路桥梁中常用的浅置基础、桩基础以及沉井基础。

（1）浅置基础（shallow foundation）

浅置基础也称明挖扩大基础（spread foundation），其构造如图 9-21 所示。浅置基础是直接在墩台处开挖基坑修建而成的实体基础，适合于在岸上或者水流冲刷影响不大的浅水处，且浅表地基承载力合适的地层。它构造简单，施工方

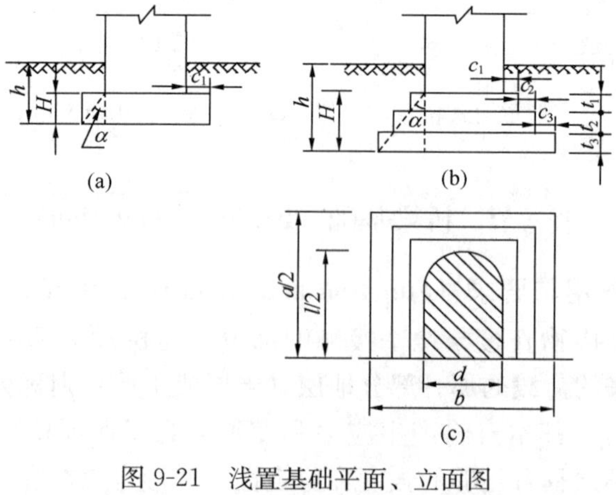

图 9-21　浅置基础平面、立面图
（plan and elevation of shallow foundation）

便，最为常见。

浅置基础的平面形状常为矩形，也有其他形式（视墩台身底面的形状而定）；立面形状可为单层或多层台阶扩大形式，其与地基承载力及上部荷载大小等有关。浅置基础的常用材料有混凝土、片石混凝土、浆砌片石等。混凝土强度一般采用 C20～ C25，浆砌片石一般用 M5 以上水泥砂浆，MU30 以上石料。

浅置基础的特点是稳定性好、施工简便、取材容易、能承受较大的荷载，所以只要地基承载力能满足要求，它就是桥梁的首选基础形式。但其缺点是自重大，并且在持力层为软弱土时，由于基础面积不能无限制扩大，需要对地基进行处理或加固后才能采用。所以对于荷载较大，上部结构对沉降变形较为敏感，持力层的土质较差且较厚的情况，不宜采用明挖扩大基础。

（2）桩基础（pile foundation）

当墩台所处位置的覆盖层很厚，适于承载的地基很深，或同时水深也较大时，往往需要采用深基础，桩基础就是一种常用的深基础。

桩基础由若干根桩（pile）和承台（footing slab）两部分组成，桩在平面排列上可为一排或几排，所有桩的顶部由承台连成一个整体。在承台上再修筑桥墩或桥台及上部结构，如图 9-22 所示。桩身可全部或部分埋入地基土中，当桩身外露在地面上较高时，在桩之间应加横系梁以加强各桩的横向联系。

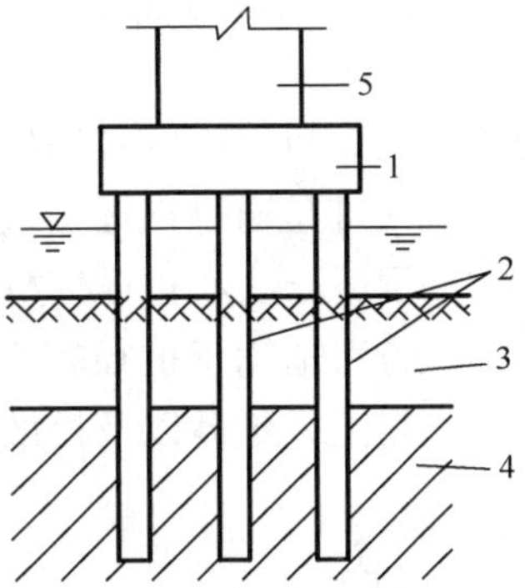

1—台帽；2—基础；3—松软土层；4—持力层；5—墩身

图 9-22 桩基础一般构造（general structure of pile foundation）

我国桥梁桩基础大多采用钢筋混凝土桩、预应力混凝土桩和钢桩，混凝土强度一般为 C20～C40。混凝土桩的截面形式有圆形、环形、方形、六角形等，钢桩的截面形式有圆形、H 形等。在桩轴方向，也分为竖直桩和斜桩，后者通常用于拱桥墩台基础。

随着桥梁建设的发展和工程技术的进步，在桥梁工程实践中已形成了各种形式的桩基础，它们在自身构造和桩土相互作用性能上都具有各自的特点，分别简述如下。

① 按承台位置分类

按承台位置的不同，桩基础可分为高桩承台基础和低桩承台基础。高桩承台的承台底面位于地面（或冲刷线）以下。高桩承台的桩身外露部分称为桩的自由长度，而低桩承台桩的自由长度为零。高桩承台由于承台位置较高或设在施工水位以上，可减少墩台材料用量，避免或减少水下作业，施工较为方便。然而由于承台或基桩外露部分无侧边土层来共同承受水平外力，对基桩受力较为不利，桩身内力和位移都将大于在同样水平作用下的低桩承台，稳定性亦较低桩承台差。近年来由于大直径钻孔灌注桩的采用，桩的刚度、强度都较大，因而高桩承台也多有采用。

② 按施工方法分类

按施工方法的不同，桩基础可分为钻（挖）孔灌注桩和沉入桩（driven pile）。

灌注桩是采用就地成孔的方法来完成的一种深基础。其施工方法是：先用机械或人工在土中做成桩孔，然后在孔内放入钢筋笼架，再灌注桩身混凝土而形成桩身，最后在桩顶浇筑承台（或系梁）。其中，若用钻（冲）孔机成孔，称为钻孔桩（drilled shaft）；若用人工开挖桩孔，则称为挖孔桩。灌注桩的特点是施工设备简单，操作方便，适用于各种砂性土、黏性土，也适用于碎卵石类土层和风化岩层。钻孔桩的直径一般为 0.8～3.0m，其长度可由几米至百米。挖孔桩的直径不宜小于 1.2m，长度不宜大于 20m，以便于人工挖土。钻孔灌注桩常用设备为冲击型钻机或旋转式钻机。

沉入桩是通过汽锤（或柴油锤）或振动打桩机等将各种预先制好的桩（主要是钢筋混凝土实心桩或管桩，也有钢桩或木桩）沉入或打入地基中所需深度。这种施工方法适用于桩径较小（一般直径在 0.6～1.5m），地基土质为砂性土、塑性土、粉土、细砂以及松散的不含大卵石或漂石的碎卵石类土的情况。

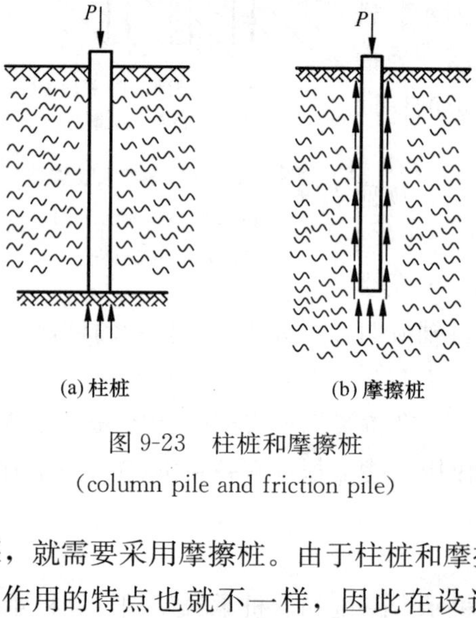

(a) 柱桩　　(b) 摩擦桩

图 9-23　柱桩和摩擦桩
(column pile and friction pile)

③ 按基础传力方式分类

按基础的传力方式，桩基础可分为柱桩和摩擦桩（friction pile）。柱桩是将桩尖通过软弱的覆盖层以后再嵌入坚硬的岩面，荷载由桩尖直接传到基岩中，桩像柱子一样受力，如图 9-23（a）所示。摩擦桩是当基岩埋藏很深，桩尖不可能达到时，荷载通过位于覆盖层中的桩壁与土壤间的摩阻力和桩的端部的支撑力共同承受的桩基础，如图 9-23（b）所示。柱桩承载力较大，较安全可靠，基础沉降也小，但若岩层埋置很深，就需要采用摩擦桩。由于柱桩和摩擦桩在土中的工作条件不同，它们与土共同作用的特点也就不一样，因此在设计计算时所采用的方法和有关参数也不一样。

桩基础是深基础方案的首选形式，它耗用材料少，施工简便，适应性强。但当上层软弱土层很厚，桩底不能达到坚实土层时，就需使用较多、较长的桩来传递荷载，这时桩基础的稳定性稍差，沉降量也较大；当覆盖层很薄时，桩的稳定性也可能会存在问题。

（3）沉井基础（open caisson foundation）

沉井基础是一种历史悠久的施工方法，适用于地基表层较差而深部较好的地层，既可以用在陆地上，也可以用在较深的水中。所谓沉井基础，就是用一个事先筑好的充当基础的混凝土井筒，一边在井筒内挖土，一边靠其自身重力不断下沉至设计高程的方法来完成。基本施工工序是：首先在地面（若在浅水中则先人工筑岛）上做成钢筋混凝土沉井底节，底节足部的内侧井壁做成由内向外斜的刃脚；然后用机械或人工方法挖掘与清除井底土壤，使之不断下沉，沉井底节以上随之逐节接高；沉井下沉到设计高程后，再以混凝土封底，并浇筑沉井顶盖，沉井基础便告完成。最后在沉井顶盖上修建墩身。沉井基础的施工步骤如图 9-24 所示。下沉时，为了减少沉井侧壁和土壤之间的摩阻力，可以采用泥浆护套、空气幕或塑料布膜衬壁等方法。

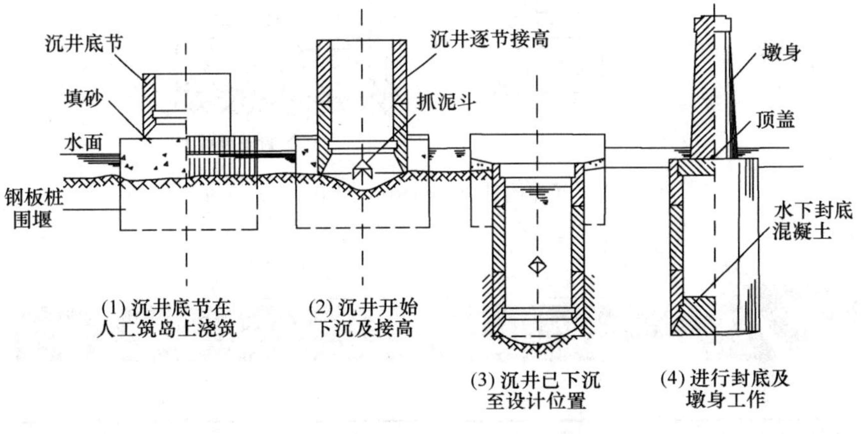

图 9-24　沉井基础施工步骤（construction steps of open caisson foundation）

沉井基础是桥梁工程中一种常见的基础形式。我国南京长江大桥 1 号墩采用的就是钢筋混凝土沉井基础。沉井的优点是埋置深度可以很大，整体性强，稳定性好，能承受较大的垂直荷载和水平荷载；沉井既是基础，又是施工时的挡土和挡水围堰（cofferdam）结构物，施工工艺也不复杂。其不足是工期较长；对细砂及粉砂类土在井内抽水易发生流砂现象，造成沉井倾斜；沉井下沉过程中遇到大孤石、树干或井底岩层表面倾斜过大，均会给施工带来一定困难。

按下沉方式，沉井基础可分为就地建造下沉的沉井和浮运就位下沉的沉井。按建筑材料，沉井基础可分为混凝土沉井，钢筋混凝土沉井等。桥梁上常用的是钢筋混凝土沉井，它的抗拉及抗压能力较好，下沉深度可达几十米。当下沉深度不大时，沉井壁大部分用混凝土，下部（刃脚）用钢筋混凝土。

沉井基础虽有多种形式，但构造基本相同。它由刃脚、井壁、隔墙、井孔、凹槽、射水管或探测管、封底、顶盖（或承台）等组成，如图 9-25 所示。刃脚位于井壁的下端，其作用是切割土层。井壁是沉井的外壳，在下沉过程中起防水挡土作用；当沉至设计位置后，井壁则成为基础的组成部分。设置凹槽是为了满足传递封底混凝土的基底反力至井壁，并增强封底混凝土和井壁的连接。顶盖用于承托其上的墩台身，一般为钢筋混凝土。

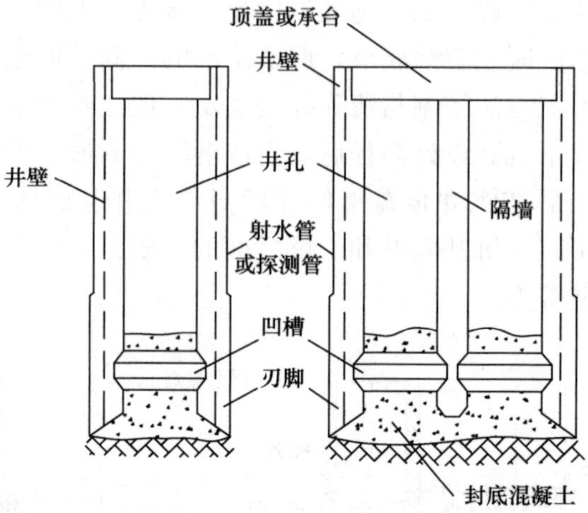

图 9-25　沉井构造（structure of open caisson）

专业词汇汉英对照（Glossary）

专业词汇	拼音	英文
固定支座	gùdìng zhīzuò	fixed bearing
钢支座	gāngzhīzuò	steel bearing
橡胶支座	xiàngjiāo zhīzuò	rubber bearing
盆式支座	pénshì zhīzuò	pot bearing
坡道	pōdào	ramp
曲线桥	qūxiànqiáo	curved bridge
剪切变形	jiǎnqiē biànxíng	shear deformation
平板支座	píngbǎn zhīzuò	plate bearing
弧形支座	húxíng zhīzuò	curved support
摇轴支座	yáozhóu zhīzuò	rocker bearing
辊轴支座	gǔnzhóu zhīzuò	roller bearing

续表

专业词汇	拼音	英文
球形支座	qiúxíng zhīzuò	spherical bearing
防尘罩	fángchénzhào	dust cover
沉降量	chénjiàngliàng	settlement
地基	dìjī	subsoil
超静定结构	chāojìngdìng jiégòu	statically indeterminate structure
重力式	zhònglìshì	gravity type
空心桥墩	kōngxīn qiáodūn	hollow pier
柱式桥墩	zhùshì qiáodūn	column pier
重力式桥墩	zhònglìshì qiáodūn	gravity pier
局部冲刷	júbù chōngshuā	local scour
横隔板	hénggébǎn	diaphragm
台身	táishēn	abutment body
枕木	zhěnmù	sleeper
台帽	táimào	abutment coping
U 形桥台	U xíng qiáotái	U-shaped abutment
翼墙	yìqiáng	wing wall
T 形桥台	T xíng qiáotái	T-shaped abutment
耳墙式桥台	ěrqiángshì qiáotái	abutment with cantilevered retaining wall
埋式桥台	máishì qiáotái	hidden abutment
挖台	wātái	excavation abutment
一字形桥台	yīzìxíng qiáotái	1-shaped gravity abutment
浅置基础	qiǎnzhì jīchǔ	shallow foundation
桩基础	zhuāngjīchǔ	pile foundation
沉井基础	chénjǐng jīchǔ	open caisson foundation
明挖扩大基础	míngwā kuòdà jīchǔ	spread foundation
桩	zhuāng	pile
承台	chéngtái	footing slab
沉入桩	chénrùzhuāng	driven pile
钻孔桩	zuànkǒngzhuāng	drilled shaft
摩擦桩	mócāzhuāng	friction pile
围堰	wéiyàn	cofferdam

思考题（Questions）

1. 桥梁支座的作用是什么？

2. 简述目前常用支座的类型及使用条件。

3. 简述简支梁支座布置的原则。

4. 已知某3跨宽桥面单箱多室连续梁，连续梁每个支点位置布置2个盆式支座，支座类型为固定、单向活动与多向活动支座，固定支座设置在中间墩上。请绘制全梁支座类型布置示意图，并标明支座类型图例代号。

5. 简述桥墩和桥台的作用。

6. 简述桥墩和桥台的类型及其特点。

7. 重力式桥墩有哪几种类型？其使用条件是什么？

8. 重力式桥台有哪几种类型？其使用条件是什么？

9. 简述桩基础的分类及其适用范围。

10. 收集并阅读港珠澳大桥、平潭海峡大桥等桥梁基础施工资料，了解深水基础施工工艺。

拓展阅读（Extensive Reading）

装配式桥墩

装配式桥墩是指将前述各种桥墩的施工方法从现浇施工改为全部或部分预制拼装的桥墩。采用拼装式桥墩可提高施工质量、缩短施工周期、减轻劳动强度，使桥梁建设向结构轻型化、制造工厂化及施工机械化发展。

拼装式桥墩适用于交通较为方便、同类桥墩数量多的长大干线中的中、小跨度桥梁，使用该类桥墩时应采用轻巧的结构形式和简单可靠的装配方法，并应注意提高构件的强度和精度以保证整个结构的正常使用。

港珠澳大桥浅水区非通航孔桥采用浅埋式预制墩台结构，墩高19.143～42.97m，承台尺寸为15.6m×11.4m×4.5m（横桥向×顺桥向×承台高度），承台采用C45海工混凝土。承台顶埋入海床面，高程+8m以下墩身与承台一起预制，预制承台及其底节墩身最高18.5m，最大质量为2370t。墩身采用矩形空心结构，为C50海工混凝土，高墩区墩底截面尺寸为11m×4.0m（横桥向×顺桥向），低墩区墩底截面尺寸为11m×3.5m（横桥向×顺桥向），顺桥向壁厚0.8m，横桥向壁厚1.2m；该桥预制墩台结构如图9-26所示。该桥墩台采用整体预制施工，其中低墩区分2节预制，高墩区分3节预制，湿接缝拼接。

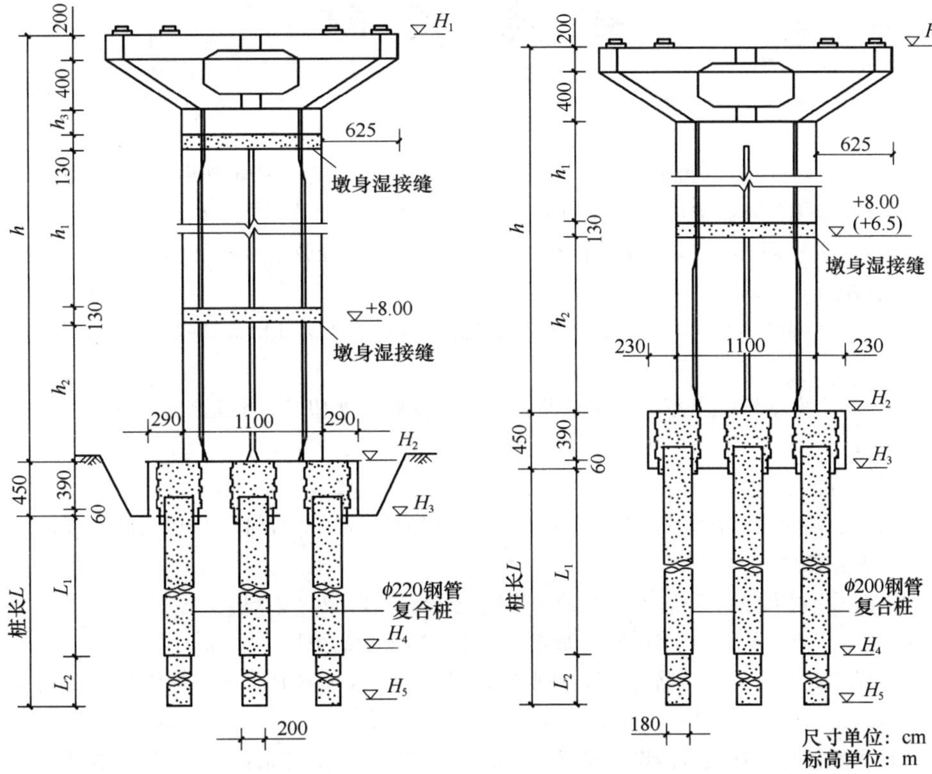

图 9-26　港珠澳大桥预制墩台结构

高速铁路拼装式桥墩应用于京雄城际铁路固霸特大桥，解决了高速铁路桥墩大体积大节段拼装、异型断面精度控制、顶帽与多墩柱间同步安装等关键问题，采用半圆端式、流线形预制拼装墩结构形式，解决预制拼装桥墩普遍存在的景观适应性和构件制造便捷性之间的矛盾。

参 考 文 献

References

［1］ 盛兴旺，乔建东，杨孟刚，等．桥梁工程[M]. 2 版．北京：中国铁道出版社，2020.

［2］ 郭文华，周智辉，文颖，等．钢桥[M]. 北京：中国铁道出版社，2023.

［3］ 中南大学桥梁工程系．架起中国桥：桥梁工程专业课程教学素材集[M]. 长沙：中南大学出版社，2023.

［4］ 谢毅，寇峻瑜，姜梅，等．中国铁路发展概况与技术展望[J]. 高速铁路技术，2020，11(1)：11-16.

［5］ 高宗余，方秦汉，卫军．中国铁路桥梁技术发展与展望[J]. 铁道工程学报，2007(1)：55-59.

［6］ 乔健．漫谈中国铁路桥梁发展的历程[J]. 铁道标准设计，2012(3)：27-30.

［7］《中国公路学报》编辑部．中国桥梁工程学术研究综述·2021[J]. 中国公路学报，2021，34(2)：1-97.

［8］ 周绪红，刘永健．钢桥[M]. 北京：人民交通出版社，2020.

［9］ 苏彦江．钢桥构造与设计[M]. 成都：西南交通大学出版社，2006.

［10］ 中国铁路总公司．铁路桥涵设计规范(极限状态法)：Q/CR 9300—2018 [S]. 北京：中国铁道出版社，2019.

［11］ 国家铁路局．铁路桥涵设计规范：TB10002—2017 [S]. 北京：中国铁道出版社，2017.

［12］ 国家铁路局．铁路桥梁钢结构设计规范：TB10091—2017 [S]. 北京：中国铁道出版社，2017.

［13］ 国家市场监督管理总局，国家标准化管理委员会．标准轨距铁路限界 第 2 部分：建筑限界：GB 146.2—2020 [S]. 北京：中国标准出版社，2020.

［14］ 李亚东．桥梁工程概论[M]. 3 版．成都：西南交通大学出版社，2014.

［15］ 刘勇，戴公连，康崇杰．中国高速铁路简支梁综述[J]. 铁道科学与工程学报，2015，12(2)：242-249.